# NEW STUDENT DICTIONARY

•

# DIKSHANEERIGA CUSUB EE ARDAYDA

English-Somali

Edited by S.M. Adam



HAAN Associates, London

49353
ADAM



*New Student Dictionary: Dikshaneeriga Cusub Ee Ardayda*
ISBN 1 874209 33 2

First published 1999 by
HAAN Associates Publishing
P.O. Box 607, London SW16 1EB

Printed and bound by Professional Book Supplies Ltd., Abingdon



Also available in Library Binding

## CONTENTS


Preface vi

To the Student:

*Vocabulary*

*Pronunciation*

Gogoldhig viii

Akhristaha

*Erayada*

*Ku dhawaaqa*

Dictionary/Dikshaneeri 1

Addendum 221

# PREFACE

## To the Student

*Vocabulary*: There are approximately 7000 entries ranging from everyday words to words of medium to advanced level difficulty. Each entry word in **bold** type in English is followed by a Somali phonetic pronunciation in brackets and italics: *(italics)*, followed by an abbreviation (*n./oun, v./erb, adj./ective, etc.*) to indicate the function of the word, and finally an explanation in Somali of the entry word. In some instances an example of the word in an English phrase or sentence is given to provide more clarity, and these phrases and sentences are underlined.

Example:

> **idle** *(aydal) adj.* Shaqo la'aan, dhaqdhaqaaq darro; qofka aan shaqo rabin ee caajiska ah; (lacag) meel iska taal ama aan lagu shaqayn oo aan faaiido ku soo gelin: She has a lot of idle money in the bank.

Throughout the book you will find blank spaces on pages at the end of each letter of the alphabet, and at the end of the book some blank pages with the title 'Addendum'. You could use these blank space and pages to store additional words and meanings that are most useful to *you*.

*Pronunciation*: In compiling this dictionary, we have not felt it appropriate at this level to use the international phonetic alphabet and thereby to burden the user with another set of things to learn before being able to make an attempt at pronouncing English. In general, Somali phonetics have been used to represent the way in which English words are pronounced. Since there are no Somali equivalents for some English sounds, the closest sound in Somali is substituted in many cases. The phonetics used, therefore, may only achieve an approximation of the correct English sound. English sounds which have no equivalent in Somali are: *p, v, z, th, ch*. In the phonetic spellings the letter *f* is used to represent both *f* and *v* in English, and the letter *j* to represent the sound for *j* and for *ch* (because *c* and *h* have two distinct sounds in Somali they cannot be used here in combination to represent the English *ch*). Although *p* does not occur in Somali (and a native speaker would naturally substitute *b*), the letter *p* occurs so frequently in English that it is necessary for even the begining speaker to learn this sound and so *p* has been used. Somali speakers will be familiar with *z* and *th* from their knowledge of Arabic and the Koran, so these, too, have been used in the phonetic spellings. Somali does not have the same combination of consonant clusters as English, and an extra vowel will thus intrude between certain consonant combinations in the Somali phonetic transcriptions (see: **acquaintance** *(akweyntanis) n.*; **bless** *(beles) v.*). Other pronunciation peculiarities will also be encountered.

Finally, for the student, more help is at hand in achieving good pronunciation by asking for assistance from a teacher or English-speaking friend; for the teacher, the anomolies in phonetic transcription which have been pointed out above may be of assistance in understanding where sound transfer problems can exist for the student. We hope both student and teacher will find the dictionary useful.

•

# GOGOLDHIG

## Akhristaha Qaamuuska

*Erayada*: Qaamuuskan cusub waxanu ugu talogalay ardayga dugsiga sare ama kulliyadda wax ka barta ee afka uu wax ku bartaa Ingiriisi yahay. Wuxu ku wanaagsan yahay arday heerkiisa aqooneed ee Ingiriisidu meel fiican joogo. Erayada wuxu koobayaa ila toddoba kun oo eray oo ah kuwa maalin walba la isticmaalo iyo kuwo heerkiisa aqooneed ee afka imtixaanaya si uu baadhitaan afeed u sameeyo oo gaadhsiiya heer sare. Eray walba oo Ingiriisi ahi wuxu ku qoran yahay far madow; waxa ku hor qoran sida loogu dhawaaqo oo laba qaanso ku dhex jira, far janjeedhana ku qoran (janjeedhana *in italics*); waxa daba socda nooca erayga oo la soo gaabshey (*n.*/noun, *adj.*/ective, *v.*/ verb, iwm), waxana ka danbeeya fasiraadda erayga oo Soomaali ah. Waxa mararka qaarkooda raaca weedh ama erayo kuu sahlaya isticmaalka erayga; erayadaa iyo weedhahaana xariiq baa hoos marsan.

Misaal:

> **idle** *(aydal) adj.* Shaqo la'aan, dhaqdhaqaaq darro; qofka aan shaqo rabin ee caajiska ah; (lacag) meel iska taal ama aan lagu shaqayn oo aan faaiido ku soo gelin: <u>She has a lot of idle money in the bank</u>.

Dhammaadka xaraf walba ee buugga iyo aakhirka buuggaba waxad arkaysaa meelo bannaan ama bogag madhan oo aanu ku nagacownay 'addendum;. Waxanu ugu talogalay in aad ku qorato erayo siyaado ah iyo micnahooda oo aad isleedahay way ku anfacayaan.

*Ku dhawaaqa*: Markii aanu qaamuuskan ururinayney maanaan isticmaalin codaynta caalamiga ee xarafka, sidaana waxaan u yeelay in aanaan ku dhibin isticmaalaha barashadooda isaga oo aan weli ka adkaan ku dhawaaqa Ingiriisida. Guud ahaan waxanu isticmaalay codaynta Soomaliga ee erayada Ingiriisida, codaynta xarafaha gaarkood ee Ingiriisida ma laha dhawaaq la mid ah oo Soomaali ah; markaa waxanu isticmaalay codaynta ugu dhow ee Soomaaliyeed. Waxa jira dhawaaqyo Ingiriisiyeed oo aan Soomaalidu lahayn, sida: *p,v.z,th,ch*. Codaynta *f* iyo *v* ee Ingiriisida waxanu isticmaalay *f* oo gudha; xarafka *j* ee Soomaaligu wuxu u taagan yahay *j* iyo *ch* ee Ingiriisida, sababta oo ah dhawaaqa *c* iyo *h* waxay Soomaaliga leeyihiin codayn u gaar ah; marka Soomaaliga lama isticmaali karo *ch* oo is raacsan. Xarafka *p* kuma jiro af Soomaaliga; waxa ugu dhow *b*. Hase yeeshee *p* waxay leedahay dhawaaq u gaar ah dhinaca Ingiriisida, aadna wey ugu badan tahay luqada. Sidaa darteed waanu deynay isticmaalka xarafka *p,* waxana isticmaalaha laga rabaa barashada ku dhawaaqiisa, xarafaha ee *z* iyo *th* waanu deyney isticmaalkooda maadaamo ay Soomaalidu Carabida iyo quraanka ugu barteen. Soomaaligu ma laha dhawr shibbane oo israaca, sidaa darteed waxad arkaysaa shaqal shabbanayaashan soo dhex gala, sida: **acquaintance** *(akweyntanis) n.*; **bless** *(beles) v.* Kuwo kale oo noocan ahina waa kaa hor iman karaan.

Ugu danbayntii waxanu akhristaha kula talinaynaa in uu weydiiyo baraha ama asxaabtiisa Ingiriiska ah weydiiyo marka uu ku dhawaaqo xarafka ama erayga shaki ka galay. Baraha waxa aanu ku rajo weynahay in uu qaamuuskani u sahlo u-gudhbinta codaynta Ingiriisada ee ardayga. Waxanu u rajaynaynaa ardayga iyo barahaba in uu qaamuuskani waxtar u yeesho.

•

## *Abbreviations/Ereyo la isku gaabiyey iyo astaamo*

v. verb/fal
adj. adjective/sifo
adv. adverb/sidii falka loo qabtay
conj. conjunction/xidhiidhiye
n. noun/magac
prep. preposition/meeleeye
etc./iwm. etcetera/iyo wixii la mid ah
e.g. for example/misaal

# A

**abandon** *(abaandan) v*. Ka haajirid, ka tegid aan soo noqod lahayn.
**abandon** *(abaandan) n.* Isku ilaawid (cunto, dhaanis): she danced/ate with abandon.
**abandoned** *(abaandanid) adj.* Laga guurey, laga tegay: abandoned village; abandoned child.
**abate** *(abeyt) v*. Yaraato, istaagey, go'ay (dabaysha, daadka): the wind/flood abated.
**abattoir** *(aabatwaa) n*. Meesha xoolaha lagu qalo, xerodhiig.
**abbreviate** *(abriifiyeyt)v*. Soo gaabi erayo, sida iwm. (erayadaoo la soo gaabsho).
**abbreviation** *(abriifiyeyshan) n.* Soo gaabin eray ama erayo: United Nations (UN).
**abdicate** *(aabdikkeyt) v.* Ka sabrid, la samro; is casillid.
**abdication** *(aabdikeyshan) n.* Samir; is casilis.
**abdomen** *(aabdowmen) n.* Uusleyda (caloosha, xiidmaha, iwm.)
**abduct** *(abdakt) v.* Khasab ku kaxaysi, qafaalid.
**abduction** *(abdakshan) n.* Qafaalasho, kaxaysasho khasab ah.
**aberration** *(aabareyshan) n.* Marin habow; ka weecasho runta, waxa caadiga ah.
**abhor** *(abhoo) v.*Nebcaysad: abhor injustice.
**abet** *(abet) v.* Ku kaalin, dembi ku kalkaalin; ku dhiirrigelin xumaato.
**abide** *(abaayd) v.* Ballan oofin, raacid go'aan: to abide by decisions of majority.
**ability** *(abilitii) n.* karti.
**abject** *(aabjekt) adj.* Isdhiibid, xaqiir: abject apology.
**abjure** *(abjyuur) v.* Ka noqasho dhaar ama ballan.
**able** *(eybal) adj.* Kari kara.
**ablaze** *(ableyz) adv*. Gubanaya, holcaya: a forest ablaze.
**ablution** *(abluushan)n.* Isdaahirin.
**abnegation** *(abnigeyshan) n.* Iska joojin, ka go'id.
**abnormal** *(abnoomal) adj.* Aan caadi ahayn.
**aboard** *(abood) adj.* Koris markab ama tereen.
**abolish** *(abolish)v.* Joogin, mamnuucid.
**abolition** *(aabolishan) n.* Mamnuucis, joojin.
**abominable** *(abominabal) adj.* La nebcaysto; aan la jeclaysan, karaahiyo.

**aboriginal** *(aabarijinal) n., adj.* Dadkii ama waxayaabihii kale oo meel loogu yimid iyaga oo sii deggan ama sii jooga.
**abortion** *(abooshan) n.* 1. Dhicis. 2. Ilmo laga soo ridey: she had an abortion
**abortive** *(aboortif)adj.* Guul-darre ah; dhicisoobay.
**abound** *(abownd) v.* Ku fara badan: Earth abounds in grass.
**above** *(abaf) adv.*, prep. Ka koreeya, kor.
**abroad** *(abrood) adj.* Joogid dal shisheeya, dal qalaad, waddammada kale, sii bahsan, ku baaahid.
**abrupt** *(abrapt) adj.* Lama filaan ah.
**abscess** *(aabses) n.* Nabar malax leh.
**abscond** *(abiskond) v.* Si qarsoodi ah xoolo ula baxso ama ciqaab ka baxso.
**absence** (*aabsans)n.* Maqnaasho.
**absent** *(aabsant) adj.* Maqan, aan joogin.
**absentee** *(aabsantii) n.* Qofka maqan, qofka aan joogin.
**absolute** *(aabsolyuut) adj.* 1. Dhammaystiran. 2. Aan cidi qaban karin: absolute dictator.
absolution (aabsalyuushan) n. Cafis, saamaxaad (xagga diinta ah).
**absorb** *(absoob) v.* Nuugid, cabid: earth absorbs water .
**absorption** *(absoobshan) n.* Cabbid, qabsasho.
**abstain** *(abisteyn) v.* Is-ka-deyn, waxyaabaha mukhaadaraaadka as: to abstain from Qat eating.
**abstract** *(abstirakt)) adj.* Waxa aan la taaban karin; sida, qurucda, urta, iwm.
**abundance** *(abandans) adj.* Aad u badan.
**abundant** (*abandant) adj.* Ka badan intii loo baahnaa.
**abuse** (*abyuus) v.* 1. Si xun wax ula dhaqanto ama ula dhaqaanto qof, cay, habaar, iwm. 2. Si xun awood u isticmaasho.
**abyss** (*abis) n.* God dheer oo aan guntiisa la gaadhey, (cadaabta aakhiro).
**acacia** *(akeysha) n.* Dhirta xabagta leh, dhirta laga xabakaysto (faleen).
**academy** *(akaadami) n.* Dugsi waxbarasho heer sare oo looogu tala galay aqoon gaar ah.
**accelerate** *(aakselareyt) v.* karaarid, karaarsii: he acceler ated his efforts.
**acceleration** *(akselareyshan) v.* Karaar.
**accept** *(aksept) v.* Aqbal la aqbalo; la yeelo.
**acceptance** *(akseptanis) n.* Isku raacis,lays la ogolaado.
**access** *(aakses) n.* Marin.
**access** *(akses) v.* Kayd kombuutar kala so bax.
**accident** (aksidant) n. Shil.

**accidental** *(aaksidental) adj.* Si iska fursad ah isaga dhacay; iska dhacay.
**acclaim** *(akleym) v.* Soo dhaweyn xamaasad leh: he was acclaimed President.
**acclamation** *(aaklameyshan) n.* Ku raacis xammaasad leh.
**accommodate** *(akomadeyt) v.* Soo dhoweyn qof, jiif siin, guri siin.
**accompany** *(akampani) v.* Raacid, u wehelyeelid, la rafiiqid.
**accord** *(akood) n.* Siin; heshiis ama macaahado (laba-dal)
**accordance** (in~with) *(akoodans)* Loo eega, laga tix raaco, la isku raaco.
**according** (to) *(akooding) adv.* Iyadoo loo eegayo.
**accordian** *(akood-yan) n.* Nooc ka mid ah qalabka muusigga la garaaco.
**account** *(akawnt) n.* Xisaab; warbixin.
**account** (for) *(akawnt foo) v.* Sababayn: account for your absence.
**accountable** *(akawntabal) adj.* Ka mas'uul ah, laga la xisaabtamo
**accountant** *(akawntant)* Xisaabiye, qofka xisaabiyaha ah.
**accoutrements** *(akuutramantis)* n. Qalabka askariga oo nay ku jirin hubkaiyo dharku.
**accredit** *(akredit)* v. Dirid danjire wata warqadihiisii.
**accumulate** (akyuumyuleyt) v. Ururso wax banan, isdul tuul.
**accumulator** *(akyuumyuleyta)* n. Beytariga weyn ee korontada sida: ka baabuurta oo kale
**accurate** *(aakyurit)* adj. Quman; khalad ka reeban (sax ah).
**accusation** *(aakyuseyshan)* n. Ashkato, dacwodayn.
**accuse** *(akyuuz)* v. Dacwee, ashkatee.
**accustom** (~to) *(akastam)* v. Caadaysto, la caadaysto.
**ace** *(eys)* n. Yeeke (ka turubka).
**acetylene** *(asetiliin)* n. Neef bilaa midab ah oo lagu shito tiriig gaar ah iyo waxyaabo kale (alxanka naqaska).
**ache** *(eyk)* n. Xanuun sida 'headache' (madax xanuun).
**achieve** *(achiif)*v. Dhammee, guul gaadh.
**achievement** *(achiifmant)* n. Wax si guul ah loo qabtay; guul ku dhammays.
**achromatic** *(aakrowmaatik)* adj. Wax aan midab lahayn.
**acid** *(aasid)* n. aaysiidh, aashito.

**ack-ack** *(aak-aak)* n. Hubka lidka dayuuradaha.
**acknowledge** *(aknolij)* v. Sheeg wanaag, run,, jiritaan, iwm., soo sheeg qabasho warqad, fariin.
**acknowledgement** *(aknolijmant)* n. Mahadcelin, qiris, soo sheegis helis.
**acme** *(aakmi)* n. Horumar heerka ugu sarreeya.
**acquaint (~with)** *(akweynt)* v. Baro qof: I will acquaint myself with her.
**acquaintance** *(akweyntanis)* n. Qof aanadaad u aqoon.
**acquire** *(akwaaya)* v. Doonid helid aqoon ama karti: to acquire knowledge/ skill.
**acre** *(eyka)*n. Qiyaas dhuleed oo la mid ah 4,840 talaaboo oo dhan kasta ama la mid ah 4,000 mitir oo dhan kasta ah. Daag.
**across** *(akros)* prep., adv. Ka gudbid. Gudub o jarid ama u marid dhinac ilaa dhinac; ka talaabid.
**act** *(aakt)* Fal, jilid, matalid.
**acting** *(aaktin)* adj. 1. Sii hayn xil in muddo ah. 2. Ku sii simid, xil qof kale.
**action** *(aakshan)* n. Wax qabad, ku dhaqaaqid, falid.
**active** *(aaktif)* adj. Firfircoon; wax qabanaya.
**activity** *(aaktifiti)* n. Firfircooni, waxqabad.
**actor** *(aakta)* n. Ninka jilaha ah (riwaayadaha ama filimada, iwm.);arbe.
**actress** *(aakt-ris)* n. Naagta jillaagga ah; qalanjo.
**actual** *(aaktyuwal)* adj. Xaqiiq ah, run ah, jira.
**actually** *(aaktyuwali)* adj. Xaqiiqdii, runtii.
**acumen** *(aakyumen)* n. Maskax wax tilmaamis ama abuuris leh; fahmi-ogaal.
**acute** *(akyuut)* adj. 1. (Xagga dareenka) ku fiiqan; dareemi og; xagasha ka yar 90 digrii (xisaabta). 2. Aad, kulul: acute pain.
**adage** *(aadij)* n. Odhaah murti leh oo hore loo yidhi (maahmaah caadi ah).
**adapt** *(adaapt)* v. Ogolaansho ama dabcigaaga ka dhigtid sida cusub ee loo baahan yahay.
**add** *(aad)* v. Jamci, ugeyn, ku darid (xisaabta).
**addition** *(adishan)* n. Isku geyn, isu-geynta xisaabta wadareynta.
**address** *(adrres)* v. La hadal, hadal u jeedin.
**address** *(adrres)* n. Cinwaan.

**adduce** *(adiyuus)* v. Soo bandhigid sabab ama tusaale ahaan.
**adept** *(adept)* adj. Karti khibradeed u leh.
**adequate** *(aadikwat)* adj. Ku filan, haysta intii loo baahnaa.
**adhere** *(adiya)* v. Raacid, daacad u ahaan: adhere to the rules/ programme.
**adherent** *(adiyarant)* n. Taageere (xisbi, koox kubbadeed, iwm.).
**adhesive** *(adiisif)* adj. Wax ku dhegaya (sida: xabagta; balaastarka, iwm.).
**adieu** *(adyuu)* int. Nabad-geliyo aad tidhaahdo nabad-gelyo.
***ad infinitum*** (Lat.) *(ad-infinaytam)* Aan xad lahayn, ilaa weligii.
**adjacent** *(ajeysant)* adj. Ku xiga, dhinac yaala, ku naban.
**adjust** *(ajast)* v. Wax ka beddel si aad u toosiso.
**administer** *(administa)* v. Maamulid; xukun, hawl-socodsiin, iwm.
**administration** *(administareyshan)* n. Maamul.
**administrator** *(administareyta)* n. Maamule, maareeye, isuduwe.
**admirable** *(admarabal)* adj. Aad u wanaagsan, fiican, loo qushuuci karo.
**admiration** *(aadmarabal)* adj. Aad u wanaagsan, fiican, loo qushuuci karo.
**admiration** *(aadmireyshan)* n. Qushuuc.
**admire** *(admaayr)* v. U qushuucid.
**admit** *(admit)* v. 1. Oggolaansho (meel gelid). 2. Oggolaansho, qirid, la qirto.
**admittance** *(admitanis)* n. Oggolaansho (meel gelid).
**admixture** *(aadmikisja)* n. Isku dar, isku laaqid ama qasid.
**admonish** *(admonish)* v. U digid, canaan fudud siin.
**adolescence** *(aadowlesanis)* n. Muddada u dhaxaysa baaluqidda iyo bisaylka qofnimo.
**adopt** *(adopt)* v. 1. Qaadosho iyo korsasho ilmo aanad dhalin. 2. Ra'yi cid kale qaado oo ku dhaqan. 3. Dal kale qaado oo ku dhaqan: he adopted England as his country.
**adore** *(adoo)* v. caabudid, jeclow.
**adult** *(adalt)* adj., n. Hanaqaad, gaashaanqaad, taabbagal (dadka iyo nafleydaba).

**adultery** *(adaltari)* n. Sinada qofka xaaska leh (sinaysi).
**adulterer** *(adaltara)* n. Ninka xaas leh ee sinaysta.
**adulteress** *(adaltares)* n. Naagta xaaska ah ee sinaysata (galmo xaaraan ah).
**advance** *(adfaans)* n. Horusocod; horumarin, horusocod-siin.
**advanced** *(adfaanst) adj.* Horumaray.
**advantage** *(adfaantij)* n. Faa'iido. Waxyaabaha ay wax ku wanagsan yihiin.
**advantageous** *(adfaanteyjas)* adj. Faa'iido leh. Wax laga heli karo,
**adventure** *(adfenja)* n. Muqaamaraad, Waxyaabaha yaabka leh ee la sameeyo.
**adversary** *(aadfasari)* n. Cadow.
**adversity** *(adfeesiti)* n. Xaalad xun.
**advertise** *(aadfataays)* v. Xayeysiin. Iidheh ka bixin.
**advertisement** *(adfeetismant)* n. Iideh. Xayeysiis.
**advice** *(adfays)* n. Talo.
**advisable** *(adfaysabal)* adj. Fiican; layskula talinkaro. Caqligal ah.
**advise** *(adfayz)* v. La talin, talosiin. Wax u sheegid.
**advocate** *(adfakat)* n. Qofka qadiyad ama mabda xambaarta ee daafaca.
**adze** *(aadz)* n. Yambo.
aeon; eon (ii-an) n. Wakhti ama millay aad u dheer oon la qiyaasi karin.
**aerial** *(eeriyal)* n. Hawada dhexe mari kara (ama jira) biraha iyo xarkaha laliya wararka, teligaraamada, TV, iwm.
**aeronautics** *(eeranootikis)* n. Sayniska cirbaxnimada (hawo-marida).
**aeroplane** *(eeropileyn)* n Dayuurad.
**affable** *(aafabal)* adj. Dabeecad fiican. Dad-dhexgal fiican. Edebsan.
**affair** *(afee)* n. Arrin.
affect (afekt) v. Wax dareen geliya. Saameeya.
**affectation** *(aafekteyshan)* n. Dabeecad aan dhab ama dabiici ahayn.
**affection** *(afekshan)* n. U dabacanaan. Jeclaan.
**affiance** *(affayans)* v. Ballan-qaadid guur. Doonan.
**affirm** *(afeem)* v. Ku taagerid, si adag aad u caddaysid, siqeexan u caddayn, shaac ka qaadid: affirm the truth of a claim or statement.

**affluence** *(aafluwans)* n. Maalqabis, maal.
**affluent** *(aafluwant)* adj. Barwaaqaysan, isku filan.
**afford** *(afood)* v. Awoodid kara, yeeli kara.
**afforest** *(afforist)* v. Dhireyn, dhir ku beerid.
**affright** *(afraayt)* v. Baqdin, ka bajin, cabsiin.
**affront** *(afrant)* v., n. Cay badheedh ah, u gef qofnimada qof kale.
**afield** *(afiild)* adv. Ka fog hoyga.
**afire** *(afaaya)* adv. Gubanaya; dabka dul saaran.
**aflame** *(afleym)* adv. Ololaaya, holcaya.
**afloat** *(aflowt)* adj., adv. Sabbaynaya, heehaabaya (biyaha ama hawada).
**afoot** *(afut)* adj., adv. Soconaya: war is afoot (is coming).
**afraid** *(afreyd)* adj. Baqanaya, cabsanaya, la baqo.
**afresh** *(afresh)* adv. Mar kale, hab cusub ama si cusub.
**African** *(aafrikan)* n., adj. Afrikaan.
**after** *(aafta)* prep., adv. Ka dib.
**afternoon** *(aaftanuun)* n. Gelin dambe.
**again** *(ageyn)* adv. Mar kale.
***against*** *(ageynst)* prep. Ka soo horjeed, lid ku ah.
**agape** *(ageyp)* adj. adv. Af kala qaad.
**age** *(eyj)* n. Da'.
agency (eyjansi) n. Wakaaladda ama wakaalad.
**agenda** *(ajenda)* n. Liiskawaxyaabaha la qabanaayo, waxyaabaha lagaga wasda hadlayo shir ama kulan.
**agent** *(eyjant)* n. Qof cid ka wakiil ah.
**agglomerate** *(aglomareyt)* v. Ururi, meel isku ururin.
**aggregate** *(agrigat)* n. Wax badan oo jacbur ah oo meel ku urursan; isku keenid, isku dhafid, isku ururin.
**aggression** *(agreshan)* n. Gardarro ku dagaallan.
**aggressive** *(agresif)* adj. Gardaran, dagaal badan.
**aglow** *(agloow) adv., adj.* Midab dhalaalaya.
**ago** *(agoow) adv.* Wakhti tagay, wakhti ka hor.
**agree** *(agrii) v.* Ku raacid, aqbalid.
**agreement** *(agriimant) n.* Heshiis, aqbalaad.
**agriculture** *(agrikalja) n.* Cilmiga ama sayniska beeraha.

**ahead** *(ahed) adj., adv.* Hore, xagga hore, madaxa hore.
**aim** *(eym) n., v.* Ujeeddo, muraayad, qasdi; ku jeedin (bunduq, iwm).
**aid** *(eyd) v., n.* Caawi, caawimo.
**air** *(eer) n.* Hawo.
**airless** *(eeles) adj.* Hawo la'aan.
**airy** *(eeri) adj.* Hawo neecaw ah oo badan leh (socota).
**akimbo** *(akimbow) adv.* Marka qofku gacmaha dhexda ku haysto.
**akin** *(akin) adj.* Isku cid, isku reer ah, isku qoys, isku dhiig ah, isu dhow.
**alarm** *(alaam) n.* Digniin, qaylo ama sanqadh digniin ama feejig bixinaya.
**alarm clock** *(alaam-klok) n.* Saacadda dawanka leh ee lagu tooso.
**album** *(albam) n.* Buugga sawirada lagu ururiyo ama xaafido, tigidhada, cajaladaha, duxuunta iwm., iyagana halka lagu urursho.
**alcohol** *(alkahol) n.* Isbiirto, walax madab aan lahayn oo dareere ah oo waxxyaabaha khamrada iwm., ku jora, alkool.
**alert** (aleet) adj. Digtoon, feejigan.
**algebra** *(aljibra) n.* Noocxisaabta ah oo xarfo iyo calaamado ka kooban.
**alien** *(eyliyan) n.* Waageeni, laaji, qofka dal shisheeye jooga, qariib.
**alight** *(alayt) v.* 1. Dabshidid, gubid, iftiimin, ilayn. 2. Ka soo degid.
**align** *(eylyan) v., n.* Saf gal, saf la gal (caskari).
**alignment** *(alaynment)* n. Saf la gelid, xulafo la noqod.
**alike** *(alaayk) adj.* Isku eg, u eg.
**alimentary** *(alimentari) adj.* Cuntada iyo dheefshiidka ah.
**alimentary canal** *(alimentari-kanaal) n.* Marinka (kanaal) dheef shiidka.
**alive** *(alaayf) adj.* Nolol leh.
**all** *(ool) adj,. pron., adv., n.* Giddi, dhammaan.
**allergy** *(alaji) n.* Xaaladda qofka u gaar ah (cunto, sufur, taabasho, iwm) uu jirkiisu diido (caaro).
**alley** *(aali) n.* Surin, wadiiqo yar oo dhismayaasha kala dhex marta, luuq.
**alliance** *(alaayanis) n.* Isbahaysi, gaashaanbuur.
**allocate** *(alokeyt) v.* Ugu talo galid.

**allot** *(alot) v.* Qaybin: allot a piece of land.
**allow** *(alaw) v.* U oggolaansho, u ogolow.
**allowance** *(alaawanis) n.* Lacag gunno ah, gunno.
**alloy** *(aalooy) n.* Laba macdan iyo ka cadan oo laysku daray.
**all told** *(ool toold) adj.* Marka la wada sheego, isku ah: Our family is five all told.
**allusion** *(alyuushan) n.* Si dadban wax uga sheegid.
**ally (~to, ~with)** *(alaay) v.* Isbahaysad: Britain allied with Russia in the Second World War.
**almighty** *(oolmaayti) adj.* Lahaansho aan la qiyaasi karayn, qawadda oo dhan leh.
**almost** *(oolmoowst) adj.* Ku dhawaad, kudhawaaday, ku sigtay.
**alms** *(aamis) n.* Sadaqo, wixii hor ilaah loo bixisto.
**alone** *(alown) adj., adv.* Keli, keli ahaan.
**along** *(along)* prep. Dhererertan, dhinacqaad: we walked along the road (annagu waddadaanu dhinac soconay).
**aloof** *(aluuf)* adj., adv. Ka durugsan, ka dheer, ka go'an: he is mostly aloof.
**aloud** *(alaawd)* adv. Kor u dhigid, kor ugu dhawaaqid.
**alphabet** *(aalfabet)* n. Alefbeeto, sida xarfaha r s t x, iwm.
**already** *(oolredi)* adv. Durtaba, islamarkiiba.
**also** *(oolsow)* adv. Weliba.
**alter** *(oolta)* v. Isbeddelid ama beddelid.
**altercation** *(ooltakeyshan)* n. Ilaaqtan, cilaaqtan, muran kulul.
**alternate** *(ooltaneyt)* adj. v. Isbedbedelaaya, talantaali: alternate houses; alternate sides of the street.
**alternative** *(oolterneytif)* adj. Iska beddel leh: to travel by car is an alternative to the bus.
**although** *(oolthow)* conj. Inkastoo.
**altitude** *(aaltityuud)* n. Dhereer, inta meeli badda ka sarreyso.
**altogether** *(oolagetha) adv.* Kulli, dhammaanba, giddigoodba.
**aluminium** *(aalyuuminiyam)* n. Jaandi; macdanta jaandiga ah.
**always** *(oolweyz)* adv. Had iyo jeer.
**amass** *(amaas)* v. Rasayn.
**amaze** *(ameyz)* v. La yaabid: she was amazed by his behaviour.

**ambassador** *(aambaasada)* n. Danjire, ambasatoor, safiir.
**ambiguity** *(aambigyuwati)* n. Aan la hubin macnaha; macno kale loo tarjumi karo.
**ambiguous** *(aambigyuwas)* adj. Tarjumedo badan leh: an ambiguous statement.
**ambitious** *(aambishas)* n. Hammo badan; hiyi badan ama fiican.
**ambulance** *(aambyulans)* n. Baabuurka qafilan ee dhawaca lagu qaado, iwm.
**amend** *(amend)* v. Laga roonaysiiyo, la hagaajiyo: the electoral law was amended.
**American** *(amerikan)* n. adj. Qofka Maraykanka ah, reer Maraykan.
**amiable** *(eymyabal)* adj. Dabeecad san, qalbi naxariis leh.
**amicable** *(aamikabal)* adj. Saaxiibtima leh.
**amity** *(aamiti)* n. Saaxiibtinimo (laba qof ama laba dal ka dhexeysa).
**ammeter** *(aamita)* n. Aalad ama qalab lagu qiyaaso qulqulka korontada.
**ammonia** *(amownya)* n. Neef xoog leh oon midab lahayn oo ur fiiqan ($NH_4$).
**ammunition** *(aamyunishan)* n. Rasaas (qon yar iyo mid weynba).
**amnesia** *(aamniishiya)* n. Xusuus darro; xusuus la'aan.
**amoeba** *(amiiba)* n. Wax yar oo nool oonay ishu arkayn oo laga helo biyaha.
**among** *(amang)* prep. Dhexdooda, ku dhex jira.
**amongst** *(amangast)* prep. Dhexda ama badhtanka (meel ama cid) ugu jira.
**amorous** *(aamaras)* adj. Dhibyari ku jeclaan, caashaq fudud.
**amount** *(amawnt)* v., n. Isku xisaabin, xisaab.
**ampere** *(aampee)* n. Cabbirka qiyaasta qulqulka maayadda korontada.
**amphibian** *(amfibiyan)* n. Xayawaanka berri biyoodka ah (raha oo kale).
**amplify** *(aamplifay)* v. Weyneyn ama faahfaahin. (Siiba codka, iwm.)
**amputate** *(aampyuteyt)* Waax jirid jidhka ah (gacan ama lug).
**amuse** *(amyuuz)* v. Maaweellin ama madadaalin, ka farxin.
**anaconda** *(aanakonda)* n. Mas weyn, siiba nooc wax burburiya.

**anaemia** *(aniimya)*n. Dhiig yaraan, dhiig ku filan la'aan.
**anaesthetic** *(aanisthetik)* n. Dawada wax lagu suuxiyo.
**analogy** *(anaalaji)* n. Isku yar dhigma; qaybo isaga ekaan.
**analyse** *(analaayz)* v.. Intixaamid ama baadhid wax si loo barto waxa uu ka samaysan yahay: to anaylse a problem.
**analysis** *(analisis)* n. Kala dhigdhig.
**anarchy** *(anarki)* n. Dawlad la'aan; nidaam la'aan.
**anatomy** *(anaatami)* n. Sayniska ama cilmiga barashada dhiska jirka xayawaanka.
**ancestor** *(aansesta)* n. Awoowyadii hore, midkood (qof), tafiirtiisii hore midkood.
**anchor** *(aanka)* n. Barroosin, birta markabka dhulka loogu xidho.
**anchorage** *(aankarayj)* n. Meel maraakiibtu ku xidhato.
**anchovy** *(anjafi)* n. Kalluun yar oo suugo laga samaysto.
**ancient** *(eynshant)* adj. Qadiim, aad u da'weyn, beri hore jiray.
**and** *(aand)* conj. Iyo.
**angel** *(eynjal)* n. Malag; qof wanaagsan (naxariis leh).
**anger** *(aanga)* n. Cadho.
**angle** *(aangal)* n. Xagal.
**angry** *(aangri)* adj. Cadhoonaya; cadhaysan.
**angular** *(aangyula)* adj. Xaglo leh, cidhifyo leh, xagleed, xagleysan.
**animal** *(aanimal)* n. Xayawaan.
**animate** *(aanimat) adj*. Nool, nolol leh.
**animosity** *(aanimositi)* n. Cadaawad ama necbaasho xoog ah.
**ankle** *(aankal)* n. Canqow, halka cagta iyo lugta iska galaan.
**annex** *(aanekes)* v. Qabsasho dal kale oo aad kaaga ku darsato.
**annihilate** *(anayhileyt)* v. Baabi'in, tirtirid (wax jiray): the aborigines were almost annihilated.
**anniversary** *(aanifeesari)* n. Sannadguuro.
**announce** *(anawns)* v. Ku dhawaaqid, daah ka qaadid.
**annoy** *(anoy)* v. Ka cadhaysiin.
**annual** *(aanyuwal)* adj. Sannad walba dhaca; sannad qudha ku dhammaada; sannadkiiba.
**anomalous** *(anomalas)* adj. Sida caadiga ah ka yara duwan.
**anonymous** *(anonimas)* adj. Aan magaciisa la aqoon, magac la; aan aragiisa la aqoon.

**anopheles** *(anofaliis)* n. Kaneecada nooca cudurka duumada fidisa.
**another** *(anatha)* pron. adj. Mid kale.
**answer** *(aansa)* n., v. Jawaab, ka jawaabid, laga jawaabo.
**answerable** *(aansarabal)* adj. Laga jawaabi karo.
**ant** *(aant)* n. Qudhaanjo.
**antagonist** *(aantaaganist)* n. Qofka la dagaalamaya mid kale.
**ante(-)** *(aanti)* n., prefix. Hordhig, ka hor.
**antelope** *(aantiloop)* n. Ugaadha geesaleyda ah (deero, cawl, iwm.).
***antemeridiem*** *(aantimaridiyam)* (Lat.) (abbreviation:A.M.) Wakhtiga u dhexeeya saqbadhka habeenkii ilaa duhurka maalintii (8.30 a.m.: siddeedda iyo badhka aroornimo).
**antenna** *(aantena)* n. Birta dheer ee codka raadiyaha toosisa.
**antenuptial** *(aantinapshal)* adj. Guurka ka hor, guurka hortii.
**anterior** *(aantiyariya)* adj. Ka hor imanaya (wakhtii ama meel).
*ante-room (aantirum)* n. Qolka ka horreeya ka weyn.
**anther** *(aantha)* n. Mid ka mida qaybaha ubaxa oo bacrinta sida. 'Bacriminta'.
**anthropology** *(aanthrapolaji)* n. Cilmiga ama sayniska dadka : bilowgiisii, horumarkiisa, caadooyinkiis, waxyaabuhuu rumaysan yahay, iwm.
**anti-** *(aanti)* prefix. (hordhig) Ku lid ah, ka soo hor jeeda.
**anticipate** *(aantisipeyt)* v. Ka hor falid, rajayn.
**antidote** *(aantidoot)* n. Dawo loo isticmaalo lidka sunta, ama ka sii hortegidda sunta, iwm.
**antique** *(antiik) adj., n.* **a thing that is very old (and usually valuable because if its age)**
**antitank** *(aantitank)* adj. Qoriga lidka dabaabadaha (milateriga).
**anus** *(eynas)* n. Ibta futada xayawaanka (godka).
**anvil** *(aanfil)* n. Cudad, cuddad; birta biraha lagu dul tumo.
**anxiety** *(aansayati)* n. Xaalad laga walaaco mustaqbalka wax dhici doona; werwer.
**anxious** *(aankshas)* adj. Ka walaacsan, ka werwersan.
**any** *(eni)* adj., pron., adv. Walba (wax marka aad sheegaysid gebiba): Tusaale mid uun, mid uun.

**anybody** *(enibodi)* n., pron. Miduun, qofuun.
**anything** *(enithing)* n., pron. Wuxuun.
**anyway** *(eniwey)* adv. Si kastaba.
**anywhere** *(eniwee)* adv. Meel uun, meeshay doontaba ha noqotee.
**aorta** *(eyoota)* n. Halbawlaha dhiigga wadnaha ka qaada ee jidhka geeya.
**apart** *(apaat)* adj. Ka durugsan, ka fog: two miles apart.
**apartheid** *(apaatheyt)* n Midab kala sooc.(policy of racial segregation in S. Africa)
**apartment** *(apaatmant)* n. Qol gaar ah oo guriga ka mid ah.
**apathetic** *(apathetik) adj.* Ka yididii lo xun, xiisad la'aan: The public is apathetic about the coming general election.
**apathy** *(apathi) n.* Xiiso la'aan, ka qaacid wanaag: There is general apathy in the country about government economic policy.
**ape** *(eyp)* n. Daayeer aan dabo lahayn: goriila ,iwm.
**apex** *(eypeks)* n. Halka ugu sarraysa.
**apiary** *(eypiyari)* n. Meesha shinnida lagu sareeyo ama lagu hayo.
**apocalypse** *(apokalips)* n. Waxyi (cilmiga xagga Ilaahay ka yimaado).
**apologize** *(apolajayz)* v. Raalli gelin; meeldhac ka soo noqod (raaliyeyn).
**apoplexy** *(aapapleksi)* n. Miyir doorsan, suuxdimo.
**apostrophe** *(apostrafi)* n. Hamse (').
**apparatus** *(aapareytas)* n. Qalab wax loogu tala galay.
**apparent** *(apaarant)* adj. Si geexan loo arkayo ama loo fahmayo, si cad u muuqda.
**appeal** *(apiil)* v., n. Codsasho rafcaan, dalbasho rafcaan, racfaan, baryo: He appealed for mercy.
**appear** *(apiya)* v. Muuqda, la arkayo.
**appearance** *(apiyaranis)* n. Muuqasho, muuqaal.
**appease** *(apiis)* v. Aamusiin ama qaboojin (qof cadhaysan).
**appendix** (apendikis) n. Wax gadaal lagaga daro; qabsin (jid ku yaal).
**appetite** *(aapitayt)* n. Nafsad u hayn. (Cunto cunid u niyad wanaag.)

**applaud** *(aplood)* v. U sacbin, sacab ku taageerid: his speeches were often applauded.
**apple** *(aapal)* n. Tufaax (khudrad).
**appliance** *(aplayanis)* n. Qalab farsamo.
**applicable** *(aplikabal)* adj. La isticmaali karo, habboon ama lagu dhaqmi karo.
**applicant** *(aaplikant)* n. Qofka arjiga (dalabka) soo qorta.
**application** *(aaplikeyshan)* n. Codsi sameyn, isticmaalid arji.
**apply** *(aplay)* v. 1. Isticmaalid. 2. Soo dalbo.
**appoint** *(apoynt)* v. Go'aamid, qoondayn, u qabasho (wakhti), magacaabid.
**appointment** *(apoyntmant)* n. Ballan, wakhti la ballamo.
**apportion** *(apooshan)* v. Qaybin, u qaybin si is le'eg.
**apposite** *(aapasit)* adj. Ku habboon, u qalma, sax ku ah.
**appraise** *(apreys)* v. Qiimayn.
**appreciate** *(apriishiyeyt)* v. Qiimeyn faham ah, kor u dhigid (mudnaasho), ku farxid.
**apprentice** *(aprentis)* n. Waxbartayaasha shaqada, ka loo yeelo inuu wax ka barto meelaha shaqadu ka socoto.
**apprise** *(aprayz)* v. Ogeysiin, wargelin.
**approach** *(aprooj)* v. Ku dhawaansho, soo dhowaansho: The train is approaching London.
**appropriate** *(aproopriyat)* adj. Ku habboon, ku hagaagsan, ugu talo gelid.
**approve** *(apruuf)* v. Yeelid, ogolaansho: he approved my agenda.
**approximate** *(aproksimat)* adj. Aad ugu dhow.
**approximately** *(aproksimeytli)* adv. Ugu dhawaan.
**April** *(eypril)* n. Bisha afraad ee sannadka milaadiga, Abriil.
**aptitude** *(aaptityuud)* n. Karti dabiici ah oo xagga aqoonta ah.
**Arab** *(aarab)* n. Carab.
**arable** *(aarabal)* adj. Ku habboon beero ama beerasho.
**arbiter** *(arbita)* n. Gar soore.
**arbitrary** *(aabitrari)* adj. Ku saleysan fikrad iyo ra'yi aan sabab lahayn.
**arbitrate** *(aabitareyt)* v. U gar qaadid, dhexdhexaadin.
**arbour** *(aabor)* n. Meesha hadhka leh ee dhirta u dhaxaysa.
**arc** *(aak)* n. Qaanso (xisaab).
**archbishop** *(aajbishap)* n. Wadaad ama shiikh kiniisadaha (mansabka u sareeya).

**archer** *(aaja)* n. Qofka leebka iyo qaansada wax ku toogta ama shiisha.
**architect** *(aakitekt)* n. Qofka sawira nakhshadaha dhismayaasha kana war haya shaqada dhismaha markay socoto.
**architecture** *(aakitektja)* n. Cilmiga naqshadaynta dhismaha.
**archives** *(aakayvis)* n. Meesha lagu kaydsho waraaqaha iyo warbixinada dawladda ama dadweynaha; aarkiifiyo.
**area** *(eeriya)* n. Bed, cabbirka sakxada.
**argue** *(aagyuu)* v. Murmid.
**arise** *(araays)* *v.* Soo bixid, soo shaacbixid.
**arithmetic** *(arithmatik)* n. Cilmiga tirada. Xisaab.
**arm** *(aam) n., v.* Gacan; hubsiin, hubayn.
**armour** *(aama)* n. Hu' ama dahaadh bir ka samaysan oo difaaca loo xidho.
**arms** *(aarmis)* n. Hub.
**army** *(aami)* n. Ciidan milatary, ciidammada gaashaandhigga.
**around** *(arownd) adv.* Dhinac kastaba, hareeraha oo dhan, meelahakan.
**arouse** *(arowz) v.* Guubaabin, kicin (hiyi ama niyad).
**arrange** *(areynj) v.* Isku hagaajin, nidaamin.
**arrangement** *(areynjmant) n.* Nidaam, hagaajis.
**arrest** *(arest) v.* Xidhid, qabasho (jeelka la dhigo).
**arrive** *(arayf) v.* Meel gaadhid, imaatin.
**arrogant** (aragant) adj. Kibir badan, isla weyn, heer sare isu haysta.
**art** (aat) n. Wixii qurux leh (sawir, qorid, naqshad, dabiiciga ahayn), fan.
**artery** (aatari) n. Halbowle (kuwa dhiigga).
**arthritis** (aatharaaytis) n. Cudur ku dhaca lafaha oo xubna xannuuja ama xidha.
**article** *(aatikal) n.* Qodob, shay.
**artifact** *(aatifakt) n.* Waxyaabaha aadamigu sameeyo.
**artificial** (aatifishal) adj. Aan dabiici ahayn ama dhab, wax qof sameeyay.
**artist** *(aatist) n.* Qofka wax sawira ama naqshadeeya ama qoraa ah.
**ascend (asend) v.** Kor u korid, fuulid.

**ascertain** *(aasateyn) v.* Xaqiijin, hubin.
**ascetic** *(asetik) n.* Qof wixii nolosha fiican keena iska dhowra, saahid.
**ash** *(aash) n.* Dambas.
**ash-tray** *(aashtrey) n.* Walaxda sigaarka lagu bakhtiiyo ama la dul saaro.
**ashamed** *(asheymid) adj.* Isla yaabid, isku sheexid.
**ashore** *(ashoo) adj.* Xagga xeebta ama beriga jira.
**aside** *(asaayd) adv.* Dhinaceyn, dhinac ama dhan ka yeelid (dhigid): Put it aside until later.
**ask** *(aask) v.* Weydiin, la weydiiyo.
**asleep** *(asliip) adv., adj.* Gam'id, (hurdo) hurda.
**aspect** *(aaspekt) n.* Qaab ama muuqaal uu qof ama wax leeyahay.
**asphalt** *(aasfalt) n.* Daamur, laami.
**ass** *(aas) n.* Dameer; qofka edebta xun ama nasakha ah.
**assassination** *(asaasineyshan) v.* Dilid qof muhikm ah (madax ah).
**assault** *(asolt) v.* Weerar kedis ah oo xoog leh, dagaal.
**assemble** *(aasembal) v.* Isku ururin, isku xidhxidhid.
**assembly** *(asembali) n.* Gole, shir: an assembly of elders.
**assert** *(aseert) v.* Ku adkaysi xuquuq ama ra'yi.
**assign** (asaayn) v. Lagu qaybiyo, loo qoondeeyo.
**assist** *(asist) v.* Caawin (qof).
**assistant** *(asistant) n.* Kaaliye, caawiye (qof).
**associate** *(asowshit) adj.* Isku xidhid, isku keenid (urur iwm).
**association** *(asowsiyeyshan) adj.* Urur (ujeeddo wada leh).
**assume** *(asyuum) v.* Xil qaadasho: Assume responsibility/office; u qaado (tusaale: run u qaado), la tahay.
**assurance** *(ashuwaranis) n.* Hubaal, ku dhiirigelin adkaysi.
**assure** *(ashuwa) v.* Xaqiijin, kalsooni ku siin.
**astonish** *(astonish) v.* Aad u yaabid, aad ula yaabid.
**astray** *(astarey) adv., adj.* Habow, marin habaabid, ambasho: Some camels went astray.
**astronomy** *(astronami) n.* Cilmiga xiddigiska.
**asylum** *(asaylam) n.* Magangelyo, meel lagu badbaado.
**ate** *(eyt) v.* Waa cunay, cunay (eat bay ka timid).

**atheism** (eythiisam) n. Rumasnaanta ama ciqiidada inaan Ilaah jirin.
**atlas** *(aatlaas) n.* Buugga khariidadaha, buugga maababka.
**atmosphere** *(atmosfiya) n.* Hawada sare.
**atom** *(atam) n.* Waa saxarka ugu yar ee aan la jajabin karin.
**attach** *(ataaj) v.* Isku xidhid, isku dhejin.
**attack** *(ataak) n., v.* Weerarid, weerar.
**attempt** *(atempit) v.* Isku deyid, tijaabin.
**attend** *(atend) n.* Ka qaybgalid, ilaalin, tegid (shir).
**attendance** (atendanis) n. Joogid, xaadirid, joogis.
**attention** *(atenshan) n.* Digtooni, si fiican u dhugasho.
**attitude** (aatityuud) n. Sida qof wax u arko ama cid ula dhaqmo.
**attract** *(atraakt) v.* Soo jiidasho sida birlabta oo kale: attract the attention of an audience.
**attractive** *(atraaktif) adj.* La jeclaysanayo, ku soo jiidanaya.
**auction** *(ookshan) n.* Xaraash.
**audible** *(oodibal) adj.* La maqli karo.
**audience** *(oodiyanis) n.* Dhageystayaal.
**audit** (oodit) n. Faaqidaad ama kormeerid hanti (lacag).
**auditor** *(oodita) n.* Hantidhowre.
**auditory** *(oodiari) adj.* Dareenka maqalka la xidhiidha.
**auger** *(ooga) n.* Aalad gacmeed looxaanta lagu duleeliyo.
**August** *(oofast) n.* Bisha siddeedaad ee sannadka, Ogosto.
**aunt** *(aant) n.* Eddo ama habaryar.
**aural** *(ooral) n.* Xubnaha maqalka la xidhiidha.
**auricle** *(oorikal) n.* Dhegta inteeda dibadda ah, godka sare ee wadnaha.
**author** *(ootha) n.* Oraa, qofka qora buug, sheeko, iwm.
**authority** *(oothoriti) n.* 1. Awood. 2. Qof ama cid awood fulineed leh. 3. Qof aqoon siyaado wax u leh: He is an authority on insects.
**auto** *(ooto) n.* Hordhig iskii, iswada, baabuur, iwm.
**automatic** *(ootamaatik) adj.* Is wada, iskii isku wada ama is dhaqaajiyay.
**automobile** *(ootomawbil) n.* Baabuur.
**autumn** *(ootam) n.* Wakhtiga dayrta (wakhtiga).

**auxilliary** *(oogzilyari) adj.* Caawin, caawin ama taageerid leh: auxiliary staff.

**avenue** *(aafenyuu) n.* Waddo hareeraha dhir ku leh, suuq weyn ee hareeraha dhir ku leh.

**average** *(aafarij) n.* Isku celcelin, isku celcellis.

**aversion** (afeeshan) n. Nebcaasho xoog ah.

**avert** *(afeet) v.* Ka jeedin ama is hor taagid khatar.

**aviary** *(eyfiyari) n.* Meesha shimbiraha lagu dhaqo.

**aviation** *(eyfiyeyshan) n* Cilmiga duulista, cir-mareenimada.

**aviator** *(eyfi-eyta) n.* Qofka kontaroolka dayuuradaha iyo gaadiidka cirka kala socodsiiya.

**avid** *(afid) adj.* Ku hamuunsan, hunguri weyni (akhris).

**avoid** *(afoyd) v.* Iska dhowrid, ka warwareegid.

**await** *(aweyt) v.* La sugo, u keydsan: A lot of difficulties await him.

**awake** *(aweyk) v.* Laga tooso hurdada.

**award** *(awood) v.* Abaalmarin.

**aware** *(awee) v., adv.* Ka war qaba: aware of events; og: He is aware of his weaknesses.

**away** *(awey) adv.* Maqan, fog.

**awe** *(oo) n.* Xurmayn ay cabsi ku jirto; lagu cabsiiyo.

**awful** *(ooful) adj.* Aad u xun.

**awhile** *(awaayl) adv.* Wakhti yar ku siman.

**awl** *(ool) n.* Mudaca kabaha lagu tolo.

**awning** *(ooning) n.* Teendho, daah.

**axe** *(aakas) n.* Faash, gudin.

**axiom** *(aaksiyam) n.* Odhaah ama hadal laysku raacay muran la'aan.

**axis** *(aaksis) n.* Xariiq xuddun ah.

**axle** *(aaksal) n.* Khalfad, shay giraan ama giraamo ku wareegaan.

**azalea** *(aseyliya) n.* Noocyo ubaxa cufan ka mid ah.

**azure** *(eyzya/aazya) adj., n.* Midab buluug khafiifa sida cirka oo kale.

# B

**baa** *(baa) n.* Cida idaha, iyo wixii u egba.

**baboon** *(babuun) n.* Daayeer weyn oo wejiga eyga oo kale ah leh.

**baby** *(beybi) n.* Cunug; ilma aad u yar.

**baccarat** *(baakarat) n.* Khamaarka turubka lagu ciyaaro.

**bachelor** *(baajala) n.* Doob, ninka aan guursan.

**back** *(baak) n., adj.* Dhabar; gadaal; xagga dambe.

**backbite** *(baakbayt) v.* Xamasho.

**backbone** *(baakboon) n.* Awoodda wax wadda, lafdhabar: women are the backbone of today's Somali society.

**backdate** *(baakdayt) v.* Laga soo bilaab muddo hore: to backdate a cheque.

**backdoor** *(baakdoor) n.* Shaqo ku hela si qarsoodi ah ama musuqmaasuq: he got his present job through the back-door.

**background** *(baakgrownd) n.* Wixii qof noloshiisa sameeya (dabaqaddiisa, waxbarashadiisa, degaankiisa, waayo aragnimadiisa).

**backstage** *(baaksteyj) n.* Masraxa (tiyatarka) xagiisa danbe ee jilayaashu isku soo diyaariyaan.

**backtrack** *(baaktraak) v.* Dib uga gurasho (ka noqosho) ra'yi hore oo aad muujisay ama istaagtey.

**backup** *(baakab) v.* Gacan-siin, caawin.

**backward** *(baakwad) adj.* Dib-u-socod; xagga dambe; dambeeya.

**bad** *(baad) adj.* Xun, ma wanaagsana.

**badminton** *(baadmintan) n.* Ciyaar teniska u dhow oo seled la isu celcasho leh.

**bag** *(baag) n.* Alaabooyinka (shandadaha iwm.) ee safarka loo qaato.

**bail** *(beyl) n.* Lacag maxkamadi kaa haysto oo kaa lunta haddii aad maxkamadda ku iman weydo waqtigii lagu qabtay.

**bail** *(beyl) n.* Gacanta la qabsado kildhi ama baaldi.

**bail out** *(beyl owt) v.* Dhibaato ka saaris qof ama cid.

**bait** *(beyt) n.* Culaaf, raashinka ama waxyaabaha kale ee dabinka la gesho.

**bake** *(beyk) v.* Dubid; solid; moofayn; (rootiga, keegga, iwm.).
**baksheesh** *(baakshiishka) n.* Bakhshiish; lacagta abaal-marinta laysku siiyo.
**balance** *(baalans) n., v.* Miisaan, miisaamid, isku dheellitir.
**bald** *(boold) adj.* Timo la'aan, bidaar leh.
**balderdash** *(booldadaash) n.* Hadal ama qoraal maslayecni ah.
**baldric** *(booldrik) n.*Jeeni-qaar.
**bale** *(beyl) n.* Dhibaato, waxyeelo.
**ball** *(bool) n.* 1. Kubbad. 2. Waqti fiican oo la qaato (tumasho).
**balloon** *(baluun) n.* (Biibiile); caag laga buuxsho naqas neef.
**ballot** *(baalot) n.* Xaashiyaha doorashada.
**ban** *(baan) v.* Joojin; mamnuucid.
**banana** *(banaana) n.* Muus (khudrad).
**band** *(baand) n.* Koox, urur samaysan; duub.
**bandage** *(baandij) n.* Baandheys; maro qaro adag oo meesha jirran lagu duubo.
**bandit** *(baandit) n.* Fallaag, budhcad; dadka xoog wax ku dhaca.
**bane** *(beyn) n.* Qof dhibaato socota kugu ah: my youngest son is the bane of my life.
**bane (refer to pad)**
**bang** *(baang) n.* Sanqar weyn; qaylo kadis ah.
**banish** *(baanish) n.* Masaafurin; dal dibadda looga saaro.
**bank** *(baank) n., v.* Baan; baangi (meesha ama xafiisyada lacagta).
**bankrupt** *(baankrapt) n.* Fakhriyid. Kicid.
**banquet** *(baankwit) n.* Casuumad ballaadhan, qado-sharaf ama casho sharaf.
**bar** *(baa) n. v.* Meesha wax lagu cabbo ama laga cuno (baar).
**barbarian** *(baabeeriyen) adj., n.* Ilbax la'aan.
**barber** *(baaba) n.* Timo-xiire; jeega xiire; rayiisle.
**bare** *(bee) adj.* Qaawan. Aan waxba saarayn.
**bargain** *(baagin) n.* Baayactan.
**bark** *(baak) n.* Jilifta dhirta; cida eyga.
**barometer** *(baromita) n.* Qalab lagu qiyaaso cadaadiska hawada.

**baroque** *(barowk) adj.* Wax si heer sare ah loo qurxiyo.
**barouche** *(baruush) n.* Gaadhi-faras.
**barrack** *(baarak) n.* Guryaha askartu wadajir ugu nooshahay; diidmo qaylo buuq leh.
**barrage** *(baraaj) n.* 1. Biyo-xireen. 2. Wax badan (leeb, suaalo) oo mar lagugu kulmiyo: the press gave him a barrage of questions.
**barrel** *(baaral) n.* Walax sida toostada u samayn oo wax lagu shubta.
**barren** *(baaran) adj.* 1. Aan midho bixin (dhir).
2. Aan wax dhalin (naag).
**barrier** *(baariya) n.* Carqalad aan laga gudbi karin.
**barrow** *(baaroq) n.* Kaaryoone.
**base** *(beys) n.* 1. Halka ugu hoosaysa ee wax haysa : the base of a building.
2. Meesha wax ka unkamaan.
**base** *(beys) adj*, xaqiir, xun.
**basic** *(beysik) adj.* Gundhig; aasaasi, sal.
**basin** *(beysin) n.* Saxan bir ama dhoobo ah oo wax lagu shubto.
**basis** *(beysis) n.* Unug.
**basket** *(baaskit) n.* Sallad, sanbiil, kolay.
**bass** *(baas) n.* Nooc kalluunka ka mid ah.
**bastard** *(baastad) n.* Garac, qof meher la'aan gu dhashay.
bat (baat) n. 1. Fiidmeer.
2. Usha kirikitka (cricket) lagu cayaar.
**bath** *(baath) n.* Qubaysi, maydhashada jirke.
**bath** *(baath) n.* Qubaysi, maydhashada jirka.
**bathe** *(beyth) v.* Biyo ku shubid, maydhaso.
**batman** *(baatmaan) n.* U-adeegaha sarkaalka ciidanka.
**baton** *(baatan) n.* Usha ninka booliska ah qaato.
**battalion** *(bataalyan) n.* Guuto (ciidan ah).
**battery** *(baatari) n.* Dagaal ka dhex dhaca laba dal ama laba ciidan.
**batty** *(baati) adj.* Yar waallan; aan aadi ahayn.
**bawl** *(bool)* v. Qaylin ama oohin dheer.
**bayonet** *(beyanit) n.* Soodh, maddiisha buuduqa afkiisa la gesho.
**bazaar** *(bazaa) n.* Suuq ganacsiga.
**bazooka** *(bazuuka) n.* Qoriga ama bunduqa lidka kaaraha ama dubaabadda.
**beach** *(biij) n.* Meelaha badda lagaga dabbaasho.

**bead** *(biid) n.* Kuul, tusbax iwm.
**beak** *(biik) n.* Afka dhuuban ww shimbiraha.
**beam** *(biim)* Biin. Loox ama bir dheer.
**beam** *(biim) v.* Weji-ka qosol ballaadhan.
**bean** *(biin) n.* Midho gal ku jira; biin (cunto).
**bear** *(beer) n.* U dulqaadasho: bear with me.
**bearable** *(beerabal) adj.* Loo adkaysan karo.
**beard** *(biyed) n.* Gadh. Timaha ka soo baxa gadhka.
**bearer** *(beera) n.* Qofka badhi-walaha ah; qofka war sida.
**beast** *(biist) n.* Xayawaanka afarta addin leh; qofka axmaqa ah.
**beat** *(biit) v.* Garaacid, tumid, laga badiyo.
**beatify** *(biyaatifay) v.* U bushaarayn, ka farxin.
**beatitude** *(biyaatityuud) n.* Aad u faraxsan.
**beautiful** *(biyuutiful) adj.* Qurxoon, qurux badan.
**beauty** *(biyuuti) n.* Qurux.
**because** *(bikoos) conj.* Maxaa yeelay, maxaa wacay.
**become** *(bikam) v.* Noqda (wuxuu noqday nin caan ah: he has become a famous man).
**bed** *(bed) n.* Sariir.
**bee** *(bii) n.* Shinni, cayayaanka malabka sameeya.
**beef** *(biif) n.* Hilibka lo'da.
**beer** *(biiya) n.* Biire, nooc khamri ah.
**beeswax** *(biiz-waks) n.* Kaxda shinnidu malabka ku samayso.
**beetle** *(biital) n.* Nooc cayayaanka ka mid ah oo qolof dusha ku leh.
**before** *(bifo) prep., adj.* Ka hor, hore.
**befoul** *(bifawl) v.* Wasakhayn.
**befriend** *(biferend) v.* Saaxiib la noqdo.
**beg** *(beg) v.* Baryid, dawarsi.
**began** *(bigaan)v.* Bilaabay, la bilaabay.
**beggar** *(begar) n.* Miskiin, qofka dawarsada.
**begin** *(begin) v.* Bilaabid.
**beguile** *(begaayl) v.* Khiyaameyn.
**behave** *(beheyf) v.* Layska dhigo, ula dhaqmo: she behaves well.
**behaviour** *(beheyfiya) n.* Akhlaaw, dabeecad.
**behead** *(behed) v.* Madax ka goyn, gurta laga jaro.
**behind** *(behaynd) adv., n.* Xagga dambe, gadaal.
**being** *(biiying) n.* Jiritaan, jira.

**belabour** *(beleyba) v.* Aad u garaacid, garaacid xoog leh.
**belated** (bileytid) adj. Habsamid, dib uga dhicid: he made a belated effort to please me.
**belief** *(biliif) n.* Rumeyn, qirid, ictiqaad.
**believe** *(biliif) v.* Rumeysan, qirsan.
**bell** *(bel) n.* Jeles, dawan.
**belle** *(bel) n.* Gabadh ama naag qurux badan.
**bellicose** *(belikows) adj.* U janjeedha xaffa dagaalka, dagaal jecel.
**belong** *(bilong) v.* Leh, iska leh.
**beloved** *(bilofid) adj.* La jeclaado, jecelyahay.
**below** *(bilow) prep., adv.* Ka hooseeye, hoos.
**belt** *(belt) n.* Suun (ka dhexda lagu sidho oo kale).
**bench** *(benj) n.* Miiska shaqo-xirfadeedka lagu dul qabto.
**bend** *(bend) v.* Qalloocin.
**beneath** *(biniith) prep.* Xagga hoose, ka hooseeye, hoos yaal.
**beneficial** *(benifishal) adj.* Faa'iido ama waxtar u leh.
**benefit** *(benifit) n.* Faa'iido, waxtar.
**beri-beri** *(beriberi) n.* Jirro ay fiitamiin la'aantu keento.
**berth** *(beeth) n.* 1. Meesha la seexdo ee tareenka, markabka ama dayuuradda, iwm.
2. Meesha markabku ku soo xidho: Berbera port has four berths.
**beside** *(bisayd) prep.* Dhinaceeda, ku naban; marka loo eego (Ii kaalay oo dhinaceyga fariiso: Come and sit beside me).
**beside** *(bisayd) prep.* Weliba...; oo kale.
**besiege** *(bisiij) v.* Hareerayn, go'doomin.
**besmirch** *(bismeej) v.* Wasakhayn.
**best** *(best) adj., adv.* Ugu wanaagsan, ugu fiican.
best (best) v. Ka adkado; ka guuleysto: he bested his opponent in wrestling.
**bet** *(bet) v.* Daacad-daro, samin darro.
**betray** *(bitrey) v.* Cadow war ka gaadsiin. Sir ka sheegid.
**betroth** *(bitrowth) v.* Doonan; (guurka) sida gabadha Cali bay u doonan tahay: she is betrothed to Ali.
**better** *(beta) adj. adv.* Ka wanaagsan, ka fiican, ka roon.
**beverage** *(befarij) n.* Sharaab, wax kasta oo la cabbo (sida caano, shaah, khamri, iwm.)

**bevy** *(befi) n.* Shirikad ama urur haween ah; raxan-shimbiro ah.
**bewilder** *(biwilda) v.* Dhaka-faar, madax-fajac, amakaak: I am bewildered by his behaviour.
**bewitch** *(biwij) v.* Fal u qabatin, sixiraad; khushuuc gelin. So jiidasho.
**beyond** *(biyond) prep., adv.* Xagga shishe, dhanka kale; ka shisheeya; ka dib.
**bible** *(baaybal) n.* Kitaabka masiixiyinta.
**biceps** *(baaysepis) n.* Muruqa gacanta.
**big** *(big) adj.* Weyn.
**bigamy** *(bigami) n.* Guursada mid kale isaga (ama iyada) oo mid hore qaba. Qabitaan qof wax ka badan.
**bikini** *(bikiini) n.* Dharka ay dumarku gashadaan marka ay dabbaalanayaan; dharka dabbaasha ee haweenka
**bile** *(bayl) n.* Dheecsan qaraar oo beerku ku soo daayo marka cuntada dheef-shiidkeedu socdo oo wax fara dheef-shiidka.
**bilharzia** *(bilhaarsiya) n.* Kaadi-dhiig (cudur).
**bi-lingual** *(naylingwal) adj.* Laba af (luqadood) ku hadlaya; laba af yaqaan oo qori kara akhriyina karo.
**bill** *(bil) n.* Biil, qaan sheegad lacageed.
**billion** *(bilyan) n.* Malayan malayan; milyan meelood oo malyan ah.
**billy-goat** *(biligawt) n.* Orgi.
**binoculars** *(baaynokyulaz) n.* Diirad, qalab aragga soo dhaweeya.
**biography** *(baayografi) n.* Qof taariikhdii oo uu qof kale qoray.
**biology** *(bayologi) n.* Cilmiga barashada noolaha, nafleyda.
**biped** *(bayped) n.* Nafleyda labada lugood ku socota sida dadka, shimbiraha, iwm.
**bird** *(beed) n.* Shimbir.
**birth** *(beeth) n.* Dhalasho.
**biscuit** *(biskit) n.* Buskut.
**bisect** *(baysekt) v.* U kala goyn laba meelood oo is le'eg ama u kala qaybin laba meelood oo is le'eg.
**bit** *(bit) n.* Xakame; in yar.
**bitch** *(bij) n.* Dheddigga ama ka dheddig ee eyga, yeyga ama dawaxada.
**bitch** *(bij) n* (Af suugdi) naag dabci ama akhlaaq xun.
**bite** *(bayt) v.* Qaniin, qaniinyo.
**bitter** *(bita) adj.* Qaraar, qadhaadh. dhadhan garaar.
**blab** *(balab) v.* Si micno darro ah u hadal; si dabaalnimo ah iska hadashid; sir sheegid.

**blabber** *(balaaba) n.*Hadal micno laan ah. Hadal nacasnimo.
**black** *(balaak) n.* Madow, midab madow.
**bladder** *(bilaadar) n.* Kaadi-hays.
**blade** *(bileyd) n.* Mindida ama soodhka, iwm. intiisa ballaaran ee wax jarta; seefta intiisa ballaaran.
**blame** *(bileym) v.* Canaan, eedayn.
**blank** *(balaank ) adj.* 1. Aan waxba ku qorneyn, cad ama banaan: a blank piece of paper. 2. Aan garan, asqaysan: He seemed blank when I put the question to him.
**blanket** *(balaankit) n.* Buste, maro (suuf) qaro weyn oo dhaxanta laga huwado ama sariirta lagu goglo; wax wax ka qarsha ama daboola: a blanket of clouds, smoke, etc.
**bleat** *(biliit) n.* Cida idaha (ariga weylaha.
**bleed** *(biliid) v.* Dhiig ka imaatin: his nose frequently bleeds.
**bless** *(beles) v.* U ducayn, alla u baryid.
**blind** *(balaynd) adj.* Indha la', aan waxba arkayn.
**blink** *(bilink) v.* Il-jabin, sanqasho.
**blithering** *(bilitharing) adj.* Iska hadalid; hadal badni nacasnimo ah.
**bloated** *(balowtid) adj.* Bararay, bararsan (meeljiran).
**block** *(bolok) n.* Waslad weyn oo ah qori, loox, dhagax iwm.
**blockhead** *(bolokhed)* n. Qofka nacas; qof aan waxba ka dhaadhicin.
**blood** *(balad) n.* Dhiig.
**bloody** *(baladi) adj.* Dhiig leh.
**blossom** *(blosam) n.* Ubax.
**blossom** *(blosam) v.* Ubax bixin.
**blow** *(blow) v.* Afuufid; garaacid, tumis.
**bludgeon** *(balajan) n.* Budh, ul madax kuusan oo gacan qabsi.
**bludger** *(bladja) n.* Qof aan shaqaysan ee wax uun barya.
**blue** *(buluu) n.* Midabka cirka oo kale (calanka Soomaalida midabkiisa oo kale).
**blunt** *(balant) adj.* Af la', raawis ah, aan waxba jarayn.
**boa** *(bowa) n.* Jebiso.
**boat** *(bowt) n.* Dooni.
**bobby** *(bobi) n. slang* Askari boolis ah.
**body** *(bodi) n.* Jidh, jirka.
**boil** *(boyl) n., v.* 1. Karkarin, baylin. 2.Fin.

**bolt** *(bowlt) n.* Bool, boolka wax lagu xodha; handaraab irid xidha
**bolt** *(boolt) v.* Qufulid: to bolt a door or gate.
**bomb** *(bom) n.* Qunbulad, bambaane.
**bombard** *(bombaad) v.* Duqeyn (dagaal ciidameed), weerar laxaad leh oo hubeysan.
**bondage** *(bondij) n.* addoonnimo.
**bone** *(bown) n.* (laf.
**bonny** *(boni) adj.* Aragti caafimaad leh, caafimaadqaba (ilmaha yar); qurux badan: a bonny baby/girl.
**bony** *(booni) adj.* Lafo leh, laho miiran ah; cadku ku yar yahay.
**booby** *(buubi) n.* Qof doqon ah, maraan ah, segegar.
**book** *(buk) n.* Buug, buugga ku qorid.
**bookish** *(bukish) adj.* Qofka wax akhriska badan leh.
**boost** *(buust) v.* Sii kordhin, sii hinqadsiin, sii cusboonaysiin; dhiirigelin: she boosts my morale with her encouraging comments.
**boot** *(buut) n.* 1. Buudh, kabaha dusha ka qafilan.
2. Baabuur xagiisa danbe ee wax lagu rito.
**booth** *(buuth) n.* Balbalo.
**border** *(booda)* n. Xad, xariiq laba dal kala qaybsho.
**bore** *(boor) v.* 1. Daloolin. 2. Ku jactadin hadal, haddarin, diiqadayn: he bored the gathering with his talk, but they still put up with him.
**bore** *(boot) n.* Qof hadalkiisa (sheekadiisa) lagu diiqadoodo.
**borrow** *(borow) v.* Amaahdo.
**botany** *(botani) n.* Cilmiga barashada dhirta.
**bother** *(botha) v.* Arbushaad, la arbusho (maxaa ku haya?): What is bothering you?
**bottle** *(botol) n.* Dhalo, qaruurad wax lagu shuban karo.
**bottom** *(botam) n.* Gunta ama xagga ugu hoosaysa.
**boudoir** *(buudwaa) n.* Qofka dumarku ku beddeshaan, qolka fadhiga ee dumarka.
**bounce** *(bawns) v.* 1. La soo cesho, dib uga soo booda: the cheque bounced.
2. Bood-bood (kubad, qof).
**boundary** *(bawndari) n.* Xirriiqa laba meelood kala qaybiya, xad, xuduud, sohdin.
**bourgeois** *(buushwaa) n.* Maalqabeen.
**bow** *(baw) v.* Sujuudis, madax foorarin.

(bow n. fancy necktie, knot for shoes lace.)
**bowser** *(bawsa) n.* Baabuurka diyaaradaha shidaalka siiya.
**box** *(boks) n., v.* Shandad, sanduuq, feedh (tantoomo).
**boy** *(boy) n.* Wiil.
**boycott** *(boykot) v.* Qaaddacaad; takoorid.
**brackish** *(braakish) adj.* Biyo xaraq ah, biyo adag (dhadhan).
**brae** *(brey) n.* Buur sinteed ama sanaag; buur yar.
**brain** *(breyn) n.* Maskax.
**brake** *(breyk) n.* Bireegga ama fareenka wax socda lagu joojiyo, sida bireegga baabuurka joojiya.
**braille** *(breyl) n.* Farfa dadka indhaha la'i wax ku bartaan ama ku akhristaan, ama ku qortaan.
**branch** *(braanj) n.* Laan geed; laan.
**brand** *(brand) n.* Summad, calaamad, maddane, birta wax lagu sunto.
**brassiere** *(brasiyee) n.* Keeshali, candho saabka dumarka.
**brave** *(breyf) adj.* Geesi.
**bravo** *(braafow)* Eray kor loogu dhawaaqo markaad, qof leedahay si fiican baad fashay.
**bray** *(brey) n.* Cida dameerka.
**brazier** *(breysiya) n.* Girgire bir ah; jalamad ama marakab bir ah.
**bread** *(bred) n.* Rooti, furin, canjeero, laxox.
**breadth** *(bredath) n.* Qiyaasta ama masaafadda ballaarka, balac.
**breakfast** *(brekfast) n.* Quraac.
**breast** *(brest) n.* Naas, naaska dumarks; laabta; xabbad ka.
**breath** *(breth) n.* Neef.
**breathe** *(briith) v.* Neefsasho.
**breed** *(briid) n.* Tarmin (dhalmada), dhaqis (xoolaha).
**bribe** *(brayb) n.* Laaluush.
**bribe** (brayb) v. Laaluushid.
**brick** *(brik) n.* Jaajuur, leban.
**bridal** *(braydal) adj.* La xidhidhiidno aroosad ama aroos: bridal gown, bridal party.
**bride** *(brayd) n.* Naagta aroosadda ah.
**bridegroom** *(braydguruum) n.* Ninka arooska ah.
**bridesmaid** *(braydismeyd) n.* Minxiisad.
**bridge** *(brij) n.* Biriish ama buundo, meesha togga lagaga dul tallaabo.
**bridle** *(braydal) n.* Jaraha faraska.

**brief** *(briif) adj.* Gaaban (hadal): make a brief statement.
**brief** *(briif) v.* Warsiin, wargelin: she briefed the meeting.
**brigade** *(brigeyd) n.* Guuto (ciidan); koox iska biirtay oo hawl wada qabta: a fire brigade.
**bright** *(braayt) adj.* 1. Dhalaalaya. 2. Xariif: he is very bright in math.
**brilliant** *(brilyant) adj.* Aad u dhalaalaysa.
**brim** *(brim) n.* Qar.
**bring** *(bring) v.* Keen, la kaalay.
**brisket** *(briskit) n.* Laabta xayawaanka waa weyn (lo', geel, biciid, iwm.)
**Britain** *(britan) n.* Dalka Ingiriiska.
**British** *(british) adj.* Dadka Ingiriiska ah, qofka Ingiriiska ah.
**broad** *(brood) adj.* Ballaaran.
**broadcast** *(broodkaast) v.* Warfaafin, raadiyaha ka sii deyn.
**broil** *(boyl) v., n.* Dubis, solis, sida hilibka dabka lagu dul solo.
**broken** *(browkan) adj., adv.* Jaaban (lug, gacan).
**broker** *(browka)* n.Baayacmushtar, dilaal ganacsadaha ah (suuqa lacagta).
**broom** *(bruum) n.* Xaaqdin, mafiiq.
**brothel** *(brothal) n.* Aqalka ama guriga sharmuutooyinka loogu tago, guriga dhilloyinka lagu booqdo.
**brought** *(broot) v.* (Bring) La keenay, la keeno.
**brow** *(braw) n.* Foodda qofka.
**brown** *(brawn) adj.* Midab boodhe ah.
**brush** *(brash) n., v.* Burush; buraash ku masaxid, burushayn.
**brutal** *(bruutal) adj.* Waxshi, axmaq: he gave the child a brutal blow.
**brutality** *(brutaaliti) n.* Axnaqnimo dil iyo naxariis la'aan leh.
**brute** *(bruut) n.* Xayawaanka oo idil ninka mooyee, xayawaanka oo dhan dadka mooyee, qof iska xayawaana oo aan akhlaaq ama naxariis lahayn.
**bucket** *(bakit) n.* Baaldi.
**budget** *(badjit) n.* Miisaaniyad.
**bug** *(bag) n.* Dukhaan, kutaan.
**bugle** *(biyuugal) n.* Bigilka ama turuumbada ciidammada oo afuufo.

**build** *(bild) v.* Dhis, dhisid.
**building** *(bilding) n.* Dhismo, guri iwm.
**bulldozer** *(buldoosa) n.* Cagafta afka ballaaran leh ee wax burburisa.
**bullet** *(bulit) n.* Rasaas; xabadda wax disha.
**bulletin** *(bulitin) n.* War rasmi; war gaaban oo raadiyaha ka baxa.
**bully** *(buli) n., adj.* 1. Hilibka lo'da oo qasacadaysan (bully beef). 2. Fiican (*exclamation*). 3. Qofka xoog ama awood wax bajiya ee inta ka liidata ku cabcabsiiya.
**bump** *(bamp) v.* Xubin jidka ah oo aad si xoog ah wax ugu dhufato.
**bump** (into) *(bamp intu) v.* La kullan lama filaan ah: I bumped into Asha at the meat market.
**bump** *(bamp) n.* Barar jidhka ah oo uu aabar keeno.
**bunch** *(banj) n.* Xidhmo, wax isku guntan (xidhmo furayaal ah: a bunch of keys).
**bungalow** *(bangalow) n.* Guri fillo ah ama bangalo.
**bunker** *(banka) n.* Meesha tareenka ama markabka shidaalka loogu kaydiyo.
**bunkum** *(bankam) n.* Hadal ama ujeeddo lahayn, hataatac.
**burden** *(beedhan) n.* Culays. Wax culays maskaxeed ku saara.
**burglar** *(beegla) n.* Qofka guryaha jabsada si uu u xado. Tuugga guryaha xada.
**burial** *(beriyal) n.* Aas, xabaalis ama duugis, marka qof la aasayo.
**burn** *(been) v.* Gubid, la gubo.
**burrow** *(barow) n.* God dacaweed ama godka dacawada, iwm.
**bury** *(beri) v.* Aasid, xabaalid, duugid, marka qof dhintay xabaasha lagu rido ee la aaso.
**bus** *(bas) n.* Bas, baabuurka baska ah.
**bush** *(bush) n.* Kayn, duurka.
**business** *(bisnis) n.* Ganacsi, shaqada ganacsiga, shaqo.
**busy** *(bizi) adj.* Mashquul, hawl badan.
**but** *(bat) conj., prep.* Se, ha yeeshee, laakiin.
**butter** *(bata) n.* Subag burcad ah (buuro), burcad, wax lagu darsado.
**butterfly** *(batafalaay) n.* 1. Balanbalis. 2. Qof aan shaqo ama mada' ku negaan.
**buttock** *(batak) n.* Badhida dadka sal ahaan, sal.
**button** *(batan) n.* Sureer, badhan, guluus.

**buy** *(bay) v.* Iibsi, gadasho.
**bye-bye** *(baybay) int.* Nabadgelyo, eray carruurtu ay wax ku nabadgeliso.
**bypass** *(baypaas) v.* Waddo weyn oo cidhiidhiga ka duda magaalado.
**bypass** *(baypaas) n.* Marka xidid wadnaha ihi xidhmo, marin labaad oo loo sameeyo.
**byre** *(baaya) n.* Xerada lo'da.

## C

**cab** *(kab) n.* 1. Taxi.
2. Gaadhi-faras ama tigta, shidhka tareenka ama baabuurka, iwm.

**cabal** *(kabaal) n.* Koox sir siyaasadeed haysa.

**cabbage** *(kaabij) n.* Waa khudrad, kaabash.

**cabin** *(kaabin) n.* Qol hurdo oo markabka ama cariish yar.

**cabinet** *(kabinet) n.* Kabadhka ama armaajada; qol gaar loo leeyahay.

**cable** *(keybal) n.* Xadhig weyn oo gar ah (kuwa maraakiibta iyo korontada); wararka laga tebiyo 'keybalka'.

**cabriolet** *(kabriyoley) n.* Baabuur yar oo dushu marna firanto mrna xidhanto.

**cacao** *(kakaaw) n.* Midho ama geedka kookaha iyo shaglaydka laga sameeyo.

**cackle** *(kaakal) n., v.* Qeylada ama dhawaaqa digaagadda markay dhasho; qosolka dheer.

**cactus** *(kaaktas) n.* Geedka tiinka.

**cadence** *(keydanis) n.* Cod, dhawaaq ama hadal si is le'eg u baxaya.

**cadet** *(kadet) n.* Ardayga kulliyadda ciidanka.

**cadge** *(caaj) v.* Tuugso, baryo, dawersi.

**cafe** *(kaafey) n.* Makhaayad, maqaaxi.

**cage** *(keyj) n.* Qafis, kaamka maxaabiista dagaallka lagu hayo.

**cake** *(keyk) n.* Keeg, doolshe (cunto).

**calamity** *(kalaamiti) n.* Masiibo weyn.

**calcium** *(kaaksiyam) n.* Kaalsho, macdan jidhka (lafaha iyo ilkaha) ku jirta.

calculate (kalkyuleyt) v. Ka shaqee ama soo saar (xisaab).

**calculus** *(kalkyulas) n.* Nooc xisaabta ka mid ah, kalkulas.

**calendar** *(kalinda) n.* Buugga tirada bilaha iyo maalmaha sannadka, kalandar.

**calf** *(kaaf) n.* Weyl, ilmaha yar ee lo'da, weysha.

**calibre** *(kaliba) n.* Shakhsiyadda qofka: a man of outstanding calibre.

**calico** *(kalikow) n.* Go' cad ama turraaxad.

**call** *(kool) v.* Wacid, u yeedhid, la waco, loo yeedho.

**call off** *(kool of) v.* Joojin,baajin: call off a meeting.

**calligraphy** *(kaligarafi) n.* Far dhigan, qoraal, qoraal qurux badan.

**calliper** *(kaalipa) n.* Aalad lagu qiyaaso dhumucda.
**callous** *(kaalas) adj.* Aan damqasho ama raxmad lalayn.
**callus** *(kaalas) n.* Safanta, meel adag, dhumuc leh oo maqaarka jidhka ku samaysanta sida barta, burada, iwm.
**calm** *(kaam)v.* La dejiyo, la qaboojiyo (in lays qaboojiyo): to calm down.
**calm** *(kaam) adj.* Degan, aan shucuurtiisu kacsanayn.
**camel** *(kaamal) n.* Geel - awr, ratti, tulud.
**camera** *(kaamara) n.* Aalad ama qalab wax lagu sawiro, kamarad.
**camp** *(kaamp) n.* Xero.
**campaign** *(kaampeyn) n.* Olole.
**campus** *(kaampas) n.* Dhulka dhismaha dugsiga, xarunta kulliyaddu jaamacaddu ku taal.
**can** *(kaan) int.* Karaya, karaysa (Ma bixin karaysaa?): Can you pay?
**can** *(kaan) n.* Qasacad.
**canal** *(kanaal) n.* Biyo mareen laba badood isku xidha.
**cancel** *(kaansal) v.* La buriyo, la iska dhaafo.
**cancer** *(kaansa) n.* Waa cudur khatar ah oo loo dhinto, nabar boog ah.
**candidate** *(kaaandideyt) n.* Qofka imtixaanka qaadanaya; qofka la soo sharxo.
**candle** *(kandal) n.* Shamac la shito si uu iftiin u bixiyo.
**cane** *(keyn) n.* Qasabka sonkorta laga sameeyo; ul dhuuban.
**canine** *(keyayn) adj.* Fool (ilkaha dadka foolasha).
**cannibal** *(kaanibal) n.* Dadqal, qofka hilibka dadka cuna.
**cannon** *(kanan) n.* Madfac (noocii hore).
**canoe** *(kanuu) n.* Huudhi, huuri, saxiimada yar ee seebka lagu kaxeeyo.
**canteen** *(kaantiin) n.* Hudheeh cunto oo jaamicad, dugsi ama warshad ku yaal.
**canvas** *(kaanfas)* n. Shiraac, darbaal.
**cap** *(kaap) n.* Koofiyad, koofiyadda madaxa la gashado.
**capable** *(keypabal) adj,* Kari kara, la kari karo.
**capacity** *(kapaasiti) n.* Mug, intuu shay qaadi karo.
**cape** *(keyp) n.* Maro garbaha la saaro oo gacmo lahayn; dhul badda gashan.
**capital** *(kaapital) n.* Magaalo madax, caasimad; xarfaha waa weyn ee alafbeetada; qaniimad ama hanti (lacag, iwm.).

**capon** *(keypan) n.* Digirinka lab ee la naaxsada (sii loo cuno).
**capsize** *(kaapsays) v.* Qalibmo (doon, huudhi, iwm.).
**capsicum** *(kaapsikam) n.* Basbaas akhdar, basbaas cagaar.
**captain** *(kaaptin) n.* Dhamme (saddex xiddigle); madax qaybeed; qofka markab ka masuul ah.
**caption** *(kaapshan) n.* Erayo wax ka yara faaloonaya (sinimaha, iwm.); hordhac yar oo erayo ah (qoral daabacan).
**captive** *(kaaptif) adj.*La hayo, la xidhay.
**capture** *(kaapja) v.* La qabto.
**car** *(kaa) n.* Baabuur yar, fatuurad.
**carafe** *(karaaf) n.* Dhalada biyaha ee miiska ama waynka.
**caramel** *(kaaramal) n.* Nacnac, shaglaydh.
**caraway** *(kaarawey) n.* Geed xawaashka ka mid ah.
**carbine** *(kaabayn) n.* Bunduq yar, kaarabiin.
**carbon** *(kaaban) n.* Curiyaha kaarboonka C., kaarboon.
**carboy** *(kaaboy) n.* Dhalo weyn oo saab leh.
**carburetter** *(kaabareeta) n.* Qeybta qaraxu ka dhaco ee injiinka (gaariga).
**carcass** *(karkas) n.* Raqda xayawaanka (xoolaha).
**card** *(kaad) n.* Kaadh, kaarka turubka oo kale.
**cardamon** *(kaadaman) n.* Haylka (xawaash).
**cardinal** *(kaardinal) n.* Sarkaal sare oo kaniisadda masiixiga ah.
**cardinal** *(kaadinal) adj.* Aad u muhiim ah, uu wax ku tirsan yahay.
**care** *(kee) n., v.* Feejignaan; ilaalin, xannaanayn, daryeelid.
**career** *(kariiya) n.* Majraha shaqada qof.
**careful** *(keeful) adj.* U feejignaan, daryeel leh.
**careless** *(keelis) adj.* Feejig la'aan, xannaano darro.
**caress** *(kares) n.* Taabasho jaceyl ku jiro (dhunkasho).
**cargo** *(kaagow) n.* Alaabta markabka lagu qaado, shixnad.
**caries** *(keeriiz) n.* Lafo qudhunka, ilka qudhunka (suuska).
**carnage** *(kaanij) n.* Dilista dad badan, le'adka (sida goobta dagaalka).
**carnivore** *(kaanifoo) n.* Habar-dugaag, xayawaanka hilib cunka ah.
**carp** *(kaap) n.* Kalluunka biyaha macaan ku nool.

**carpet** *(kaapit) n.* Roog ama ruumi, gogosha sibidhka (dhulka) lagu goglo.
**carpenter** *(kaapinta) n.* Nijaar, ninka farsamada qoryaha (looxyada) iyo ku shaqeyntooda yaqaana.
**carriage** *(kaarij) n.* 1. Qayb tereenka ka mid ah.
2. Sida qofku madaxiisa ama jidhkiisa u dhaqaajo (ruxo): I can recognise him from a distance by his carriage.
**carrier** *(kaariya) n.* Xamaal, qaade.
**carrion** *(kariyan) n.* Bakhti.
**carrot** *(kaarat) n.* Dabacase, geed (khudrad) badhidiisa la cuno.
**carry** *(kaari) v.* Qaadid, la qaado, qaad (amar).
**cart** *(kaat) n.* Gaadhi carabi, gaadhi dameer.
**cartilage** *(kaatilij) n.* Carjaw.
**carton** *(kaatan) n.* Kartuush, kartoon.
**cartridge** *(kaatirij) n.* Qasharka rasaasta.
**case** *(keys) n.* Kiish, shandad; kiis.
**cash** *(kaash) n.* Naqad (bixinta lacagta).
**cashier** *(kaashiye) n.* lacag haye, lacag bixiye.
**casing** *(keysing) n.* Dahoolid, dahaadhid.
**casino** *(kasiinow) n.* Meesha lagu tunto ama lagu khamaaro.
**casket** *(kaaskit) n.* Shandad yar oo warqadaha iyo alaabta yar yar lagu rito.
**casque** *(kaask) n.* Koofiyadda milateriga ee birta ah (halmat).
**cast (away)** *(kaast) v.* Tuurid, la tuuro ama la rido.
**castigate** *(kaastigeyt) v.* Si adag u cannaanasho.
**castle** *(kaasal)* n. Qalcad milateri.
**castrate** *(kaastreyt) v.* Dhufaanid, xaniinyo ka siibid ama ka saarid.
**casual** *(kaashuwal) adj.*
1. Wax dar alle isaga dhacay.
2. Aan rasmi ahayn (dhinaca huga): a casual dress.
**cat** *(kat) n.* Bisad, dinnad, mukulaal, basho.
**catapult** *(katapalt) n.* Shimbir-laaye (qalab).
**cataract** *(kataraakt) n.*
1. Gebi weyn oo biyo shub ah.
2. Xuubka indhaha fuula marka da' la gaadho.
**catarrh** *(kataa) n.* Sanboor (cudur).
**catastrophe** *(kataastrafi) n.* Masiibo lama filaan ah oo weyn.

**catch** *(kaj) v.* Qabo, la qabto, gacanta lagu dhigo.
**category** *(kaatigari) n.* Dabaqad; nooc gaarkii ah.
**caterpillar** *(kaatapila) n.* Diir, dirxiga balanbaalista noqda.
**cattle** *(kaatal) n.* Lo'.
**cauldron** *(kooldaran) n.* Dheri weyn.
**cause** *(kooz) n., v.* Sabab, sababo.
**caustic** *(koostik) adj.* 1. Lagu gubi karo ama lagu dumin karo fal kiimiko.
2. Ku jarid (hadal): a caustic remark.
**caution** *(kooshan) n.* Foojignaan, ka tabaabulsheysi.
**cavalry** *(kaafalri) n.* Askarta ku dagaal fasha fardaha, (fardooleyda).
**cave** *(keyf) n.* God.
**cavity** *(kafiti)* n. 1. Meel godan oo jidhka ah. 2. Iligga inta qudhunta. 3.Meel godan.
**cayenne (pepper)** *(keyan) n.* Nooc basbaas ah oo aad u kulul.
**cease** *( siis) v.* Joojin.
**cease-fire** *(siis-faaya) n.* Xabbad joojin.
**ceiling** *(siiling) n.* Saqafka jiingadda ka hooseeya (siliig).
**celebrate** *(selibreyt) v.* Dabbaaldegid, damaashaadid.
**celebrity** *(silebriti) n.* Qof aad u magac dheer.
**celerity** *(sileriti) n.* Degdegga.
**celibacy** *(selibasi) n.* Doobnimo ama gashaan-tinnimo (gabarnimo).
**cell** *(sel) n.* Qol yar oo jeelka ku yal; unugga jirka; dhagaxa danabka leh ee radiyowga, toojka, iwm. lagu isticmaalo; unug : <u>the smallest cell of a political organisation</u>.
**cement** *(siment) n.* Sibidh, shamiinto.
**cemetery** *(semitri) n.* Qabuuraha, xabaalah.
**censor** *(sensa) n.* Cid awood u leh inuu baadho warqadaha, filimada, wargeysyada, iwm. (Sarkaal awoodda leh).
**census** *(sensas) n.* Tira koobta dadka dalka.
**cent** *(sent) n.* Lacag, 1/100 shilin, doolar, iwm.
**centenary** *(sentiinari) n., adj.* Sannadguurada, boqol guuro.
**centigrade** *(sentigreyd) adj.* Halbeegga kulaylka, sentigireet, heerka kulka.
**centimeter** *(sentimiita) n.* Qiyaas ama cabbir (1/100 mitir), dherer.
**central** *(sentral) adj.* Badhtamaha, dhexaadka, dhexdhexaadhka.

**centralise** *(sentralayz) v.* Badhtanka la keeno; maamul badhtame-ka-wadid: centralise the administration of a country.
**centre** *(senta) n.* Dhexda, xarun.
**century** *(senshari) n.* Qarni, 100 sannadood.
**cereal** *(siiriyal) n.* Heed (qamandi, bariis, sarreen, heed, iwm.)
**cerebral** *(seribaral) adj.* Qeybta sare ee maskaxda.
**ceremony** *(serimani) n.* Xaflad.
**certain** *(seetan) adj.* Hubaal, xaqiiq.
**certificate** *(setifikit) n.* Shahaadad.
**chain** *(jeyn) n.* Silsilad.
**chair** *(jee) n.* Kursi.
**chalk** *(jook) n.* Tamaashiir, ta sabuuradda lagu qoro.
**challenge** *(jaalinj) n.* Martiqaadka laguugu yeedho inaad wax ka ciyaarto ama tartan gasho.
**challenge** *(jaalenj) v.* Awoodda qof tijaabiya: being a cashier challenges my integrity.
**chamber** *(jeymba)* n. Qol.
**champion** *(jaampiyan) n.* Ciyaartooyga koobaad.
**chance** *(jaanis) n.* Fursad.
**chandler** *(jaandala)* n. Qofka gada (iibiya) shamaca, saliidda, saabuunta; qofka markabka shiraaca, xarkaha, iwm. ka shaqeeya.
**change** *(jeynj)* n. Beddelid, beddel.
**chanty, shanty** *(jaanti/shaanti) n.* Ku heesidda shaqada.
**chap** *(jaap) n.* Haraga jidhka, daanka; nin; wiil.
**chapter** *(jaapta) n.* Tuduc (qaybaha buugga); cutub.
**charcoal** *(jaakowl) n.* Dhuxul, qayb ka mida dhuxusha.
**charge** *(jaaj) n., v.* 1. Qiimo-u-goyn. 2. Dacwayn (xukun lagu qaado). 3. Dagaal-ku-qaadis degdeg ah.
**charity** *(jaariti) n.* U debecsanaan, u roonaanta dadka jilicsan ama faqiirka, samafal.
**charm** *(jaam) n.* Soo jiidasho, jinniyad, xaga quruxda.
**charter** *(jaarta) n.* Warqad ballan qaad, axdi.
**chase** *(jeys) v.* Eryad, la eryado.
**chaste** *(jeyst) adj.* 1. Bikradnimo (nin iyo naag ba). 2. Isu-galmood iska deyn.
**chastise** *(jaastays) v.* Ciqaabid xun, ciqaab, canaansho.
**chat** *(jat) v.* Kaftamid, sheekaysi.
**chatter** *(jaata) v.* Hantataac-hadal.

**chaufeur** *(showfa) n.* Wadaha ama darewalka lacagta la siiyo.
**cheap** *(jiip) n.* Rakhiis ah.
**cheat** *(jiit) v.* Khiyaamayn.
**check** *(jek) v.* Hubin, hubi, hubso.
**cheek** *(jiik) n.* 1. Dhaban. 2. Ku-dhac hadak dadka kale ka xishooda: What a cheek!
**cheer** *(jiir) n.* Ka farxin.
**cheerful** *(jiirful) adj.* Ku farxad gelinaya, kaa farxinaya, faraxsan.
**cheerio** *(jiiriiyow) int.* Nabadgelyo, isnabadgelyeyn.
**cheerless** *(jiirlas) adj.* Murugeysan, aan faraxsaneyn.
**cheese** *(jiiz) n.* Cunto faarka caanaha laga sameeyo, jiis.
**cheetah** (jiita) n. Harimcad.
**chef** *(shef) n.* Dabbaakha ama kariyaha hudheelka (madaxa kariye-yaasha).
**chemical** *(kemikal) adj.* Kimiko.
**chemist** *(kemist) n.* Qofka aqoonta u leh cilmiga kiimikada.
**chemistry** *(kemistari) n.* Cilmiga kiimikada.
**cheque** *(jeek) n.* Warqadda lacagta, jeeg.
**cherish** *(jerish) v.* Yiddidiilo gelin.
**chess** *(jes) n.* Shax, ciyaar (miiseed) la ciyaaro.
**chest** *(jest) n.* Xabadka, laab; kabadhka yar (kabadiin ama tawaleed).
**chevron** *(shefron) n.* Alifka askarta (darajo).
**chew** *(juu) v.* Calaalid, raamsi (cunto calalin).
**chick** *(jik) n.* 1. Shimbirta yar, ilmaha yar. 2. Gabadh, naag yar oo qurux badan.
**chicken** *(jikin) n.* Digaagga.
**chief** *(jiif) n.* Qofka meel maamula ama madax ka ah.
**chieftain** *(jiiftan) n.* Nabad-doon, caaqil.
**chignon** *(shiinyong) n.* Guntin dheer oo timo ah oo qadaadka laga lulo.
**child** *(jaayld) n.* Cunug, ilmo, qofka yar.
**children** *(jilderen) n.* Carruurta yaryar, dadka yaryar, carruur (wadar).
**chill** *(jil) n.* Qabowga dhaxanta xun.
**chill** *(jil) v.* Qaboojin (cunto, sharaab, iwm.).
**chilli** *(jili) n.* Basbaas kulul.
**chin** *(jin) n.* Ghadka (timaha maaha ee jidhka uun).
**chine** *(jayn) n.* Laf-dhabarta xoolaha.

**chink** *(jink) n.* Dalool yar ama dillac oo derbiga ku yaal; sanqadha lacagta.
**chintz** *(jintiz) n.* Maro daabac la qurxiyey leh.
**chip** *(jip) n.* Falliidh yar oo xabuub ah (birta, looxa, quraaradda, dhagaxa, iwm.) ka go'a.
**chirp** *(jeep) n., v.* Sanqadha ama dhawaaqa dhuuban ee fudud; sida ka cayayaanka ama dhinbiraha.
**chisel** *(jisal) n.* Qalab wax lagu qoro (dhagax, qoriga, iwm.).
**chit** *(jit) n.* Warqad yar oo wax ku qoran yahay; rasiidh.
**chloride** *(kaloorayd) n.* Wixii curiyaha kaloorin ku jiro.
**chloroform** *(kaloorafoom) n.* Curiyaha cagaar-hurdi ah, qarmuun ah.
**choice** *(joys) n.* Doorasho; laba wax marka la kala doorta.
**choke** *(jowk) n.* Ku sixadka, ku mirgasho, ku saxasho.
**cholera** *(kolera) n.* Daacuun calooleedka (cudur dalalka kulul ku badan).
**choose** *(juuz) v.* Dooratid, xulid, la doorto, la xusho.
**chop** *(jop) v.* Gudin ku jarid, ku goynta ama ku jaridda (looxa, cadka, iwm.) ee faaska ama gudinta.
**chopper** *(jopa) n.* 1. Faash weyn. 2. Helikobtar.
chord (kood) n. Boqon (xisaabta).
**chorus** *(kooras) n.* Koox heesaa ama cayaartoy ah.
**Christ** *(karaayst) n.* Masiixi (Nebi Ciise).
**christian** *(kiristiyan) adj.* Masiixi ah, kiristaan ah.
**Christmas** *(kirismas) n.* Damaashaad sannadkiiba mar ah oo dhalashada nebi Ciise Masiixiyiintu xusto; ciidda masiixiyiintu xusto 25 ka Disembar.
**chromium** *(karownyam) n.* Curiye waxa adag lagu dahaado, la mariyo.
**chronic** *(karonik) adj.* (Xanuun ama xaalad) dabadheeraada ama raaga.
**chronology** *(karanoloji) n.* Cilmiga isku dubbaridka tariikhaha wax dhacaan liis garaynta. Isku-toosin dhacdooyinku sida ay u kala horeeyeen.
**chuck** *(jak) n.* Tuurid; qaybta toornada ka mid ah loogu qabto birta la samaynayo.
**chuckle** *(jalal) v.* Hoos loo qoslo.
**chum** *(jam) n.* Saaxiib aad kuugu xidhan.

**chump** *(jamp) n.* 1. Kurtun qori ah, waslad hilib ah. 2. Qof nacas ah, aan waxba ka dhaadhicin.
**chunk** *(jank) n.* Waslad laga jaray (in hilib ah, saanjad rooti ah ama burcad).
**church** *(jeej) n.* Kiniisad, meesha ay Masiixiyiintu ku tukato.
**churl** *(jeel) n.* Qofka maaquuraha ah, qaabka xun, ama koritaan xumaystay.
**churn** *(jeen) n., v.* Haanta ama dhiisha weyn ee caanaha lagu lulo si subag looga saaro; lulid.
**chutney** *(jatni) n.* Shigniga raashinka lagu cuno (basbaas la ridqay, liin dhanaan iyo waxyaalo kale oo laysku daray).
**cider** *(sayda) n.* Wax la cabbo oo tufaaxa laga sameeyo.
**cigarette** *(sigaret) n.* Sigaar.
**cinch** *(sinj) n.* Wax hawl yar oo lana hubo, wax la hubo.
**cinema** *(sinima) n.* Shaneemo, sinime, meesha filimada lagu daawado.
**cipher, cypher** *(saayfa) n.* Tirada ah 'O' = eber; qof ama wax aan muhiim ahayn.
**circle** *(serkal) n.* Goobo, giraangir.
**circuit** *(serkit) n.* 1. Mareeg. 2. Marin is haysto oo korontadu marto.
**circular** *(serkyula) adj., n.* Wareeg (sida: dhiska wareegga ee dhiigga).
**circumcise** *(serkamsayz) v.* Gudniin, jaridda balagta ama buuryada ku taal.
**circumference** *(seekamfarans) n.* Wareegga goobada.
**circumspect** *(seekamispekt) adj.* Duruuf, xaalada.
**circus** *(seekas) n.* Gole ciyaareed (stadium).
**cistern** *(sistan) n.* Haanta biyaha ee guryaha kor saaran.
**citizen** *(sitizan) n.* Qof muwaadin ah; qof rayid ah oo aan dawlad u shaqayn.
**citrus** *(sitras) n.* Dhirta bahda liinta ah.
**city** *(siti) n.* Magaalo weyn.
**civics** *(sifikis) n.* Cilmiga bulshada.
**civvies** *(sifis) n.* Dharka dadka aan ciidammada ahayn; dadka rayidka ah.
**civil** *(sifil) adj.* Shicib, rayid, muwaadin ku shuqul leh: civil rights.
**civilian** *(sifilyan) n., adj.* Rayid, qofka aan ciidammada ka mid ahayn.

**civilisation** (cifilayseyshan) n. Ilbaxnimo, xadaarad.
**civilise** (sifilays) v. Ilbixin la ilbixiyo, jaahilnimada laga saaro oo wax la baro.
**claim** *(kilaym) v.* Ku doodis, ku dacwoodid, sheegasho.
**claimant** *(kileymant) n.* Qofka dacwoonaya, andacoonaya, sheeganaya.
**clairyoyance** *(kaleefooyans) n.* Awooda uu qof maskaxda ka arkayo wax dhici doona ama wax ku jira meel fog (aragti la'aan qof sidaasi ah).
**clamber** *(klamba) n.* Dhibaato ku-fuulid (gacmaha iyo adimada isticmaasho).
**clamour** *(klama) n.* Sawaxan iyo qaylo dheer oo madax arbush ah.
**clamp** *(klamp) v*. Qalab wax la isugu qabto (si adag) oo laysugu xejiyo.
**clan** *(klan) n.* Jilib qabiil ka mid ah, qoys ama reer.
**clandestine** *(klandeestin) adj.* Sir, qarsoodi ah.
**clang** *(klang) n. v.* Kaga sanqadhin xoog ah, sida dubbe bir lagu dhuftay.
**clank** *(klank) v. n.* Ka sanqadhin dhegasha u daran.
**clannish** *(klanish) adj.* Qoysnimada ku adag, qoysnimo isugu urura.
**clap** *(klap) v.* Sacab tumid, sacab garaacid, u sacabbayn, u sacbid.
**clapper** *(klapa) n.* Carrabka koorta ama dawanka.
**clarify** *(klarifay) v*. Qeexid, caddayn, sifayn.
**clarinet** *(klarinet) n.* Aalad la afuufo oo qalabka muusigga ah.
**clash** *(klash) v.* Isku dhufasho, is duqayn.
**clasp** *(klasp) n.* Qalab wax laysugu qabto (laba shay); isku xidhka gacmaha ee faraha lays waydaarsho.
**class** *(klas) n.* Fasal; dabaqad.
**classic** *(klasik) adj.* Wax tayo heer sare ah leh (fanka, suugaanta).
**classification** *(kaasifikey-shan) n.* Kala soocid, kala qaybid.
**clavicle** *(klafikal) n.* Lafta kalxanta.
**claw** *(kloo) n.* Ciddayaha fiiqan ee soo godan (sida kuwa dhuuryada, bisadda, iwm.).
**clay** *(kley) n*. Dhoobo.
**clean** *(kliin) adj. v.* Nadiif, nadiifin.
**clear** *(kleer) adj., adv*. Qeexan.
**cleave** *(kliif) v.* Kala jarid, kala gooyn.

**clemency** *(klemansi) n.* Naxariis, dabcesanaan.
**clerical** *(klerikal) adj.* Karraaninimo ku lug leh ama waddaadnimo.
**clench** *(klenj) v.* Isku cadaadis, isku xidhis aad ah.
**clerk** *(klaak) n.* Karraani; qofka ka shaqeeya xafiis, baan, iwm. ee qora xisaabaha iyo warqadddaha.
**clever** *(klefa) adj.* Xariif.
**client** *(klayant) n.* Macmiil; qofka looyarka ama qareenka loo yahay.
**cliff** *(klif) n.* Dhagxan koritaankeedu adag yahay. (siiba cirifyada badda).
**climate** *(klaymit) n.* Cimilo.
**climax** *(klaymakas) n.* Marxaladda ugu xiiso badan (ugu heer sareysa), sheekada ama riwaayadda.
**climb** *(klaym) v.* Kor u korid; korista dhirta, gidaarka, buurta, iwm.
**clinch** *(klinj) v.* 1. Isku qabatin. 2. Ku heshiin: to clinch a deal.
**clinic** *(klinik) n.* Xafiiska takhtarka; isbitaal.
**clip** *(klip) n.* Biinka wax laysugu qabto (warqadaha).
**clock** *(klok) n.* Saacadda wayn ee miiska ama darbiga.
**clog** *(klog) n.* Kabo jaantoodu loox tahay (qaraafic); gufeyn.
**close** *(klows) adj., n., v.* Xidhid, xidh; ku dhawaan ama ku dhaweyn.
**clot** *(klot) n.* Xinjir (kuus dhiig ah).
**cloud** *(klawd) n.* Daruur.
**club** *(klab) n.* Budh, ul madax buuran; karaawil turub; urur dad ah.
**clump** *(klamp) n.* Burka cawska ah.
**clutch** *(klaj) v., n.* Xoog-u-qabasho; kileyshka baabuurka.
**coach** *(kowj) n.* Tababaraha ciyaaraha (kubbad, orod, iwm.); bas.
**coal** *(koowl)* n. Dhuxusha dhulka laga soo qodo.
**coarse** *(koos) adj.* Qallafsan.
**coast** *(kowst)* n. Xeeb, badda dhinaceeda (dhulka badda u dhow).
**coat** *(kowt) n.* 1. Koodh. 2. Maris, lakab: a coat of paint, dust, etc. 3. Dhogorta xayawaanka.
**cobra** *(kowbra) n.* Mas sun leh oo Africa iyo Indiya laga helo.
**cobweb** *(kobweb) n.* Xuub caaro.
**coca-cola** *(kowka-kowla) n.* Koka-koola.

**cockroach** *(kokrooj)* n. Baranbaro.
**coconut** *(kowkanat) n.* Qunbe.
**code** *(kowd) n.* Hab-dhiska sharci ururinta.
**co-education** *(kowedyu-keyshan) n.* Wax wada dhigashada ama wax wada-barashada wiilasha iyo gabdhaha.
**coeval** *(kowiifal) adj.* n. Isku da' ama isku fil, isku fac.
**coexist** *(koo-ekzist) adj.* La noolaansho, meel ku wada noolaansho.
**coffee** *(kofi) n.* Bun; kafee.
**coffer** *(kofa) n.* Khasnad, sanduuq weyn oo adag oo lacagta iyo dahabka, iwm., lagu rito ama lagu qaato.
**cog** *(kog) n.* Ilkaha geerka.
**cogitate** *(kojiteyt)* v. U fakirid si qoto dheer, aad u fakirid.
**cognate** *(kogneyt) adj.* Isku tafiir ah, meelo badan wadaaga oo isaga mid ah, wax meel ka soo wada farcamay.
**cognomen** *(kognowman) v.* Naanays (magac dheeraad).
**cohabit** *(cowhabit) v.* Wada noolaasho sida laba is qaba.
**cohere** *(koohiye) v.* Isku dhegga, isku midooba.
**coil** *(kooyl) n., v.* Ku duubid, duub (wax duuban).
**coin** *(kooyn) n.* Lacagta, qadaadiicda ah, dhuruuri, lacagta dhagaxda ah.
**cold** *(kowld) adj. n.* Qabow; duray, hargab (dhurey) jiroo qufac leh.
**colic** *(kolik) n.* Calool xanuun weyn oo aan shuban ahayn.
**collaborate** *(kalaabarwyt) v.* Wada shaqeyn, siiba qoraalka ama fanka.
**collapse** *(kalaps) v.* Dumid, burburid.
**collar** *(kola) n.* Kaladhka shaadhka (shaatiga), koodhka, iwm., raqabada.
**collate** *(kooleyt)* v. Isu geyn sugidi ku jirto.
**collation** *(koleyshan) n.* Cunto khafuf ah.
**colleague** *(koliig) n.* Qof la shaqeeyo dad ay isku darajo yihiin, qof aad meel ka wada shaqaysaan.
**collect** *(kalekt) v.* Ururin, isku ururid.
**collection** *(kalekshan) n.* Ururis, isku keenis.
**college** *(kolij) n.* Kulliyad, xarun tacliineed (wax lagu barto).
**collide** *(kalayd) v.* Isku dhicid, is duqayn.

**collocation** *(kolowkeyshan) n.* Isu ururin, isku bahayn, si nidaamsan isugu geyn.
**colon** *(kowlan) n.* Qaybta hoose ee weyn ee xiidmaha (mindhicirka) weyn; laba dhibcood oo is kor saaran (;).
**colonel** *(keenal) n.* Gaashaanle sare (darajo ciidameed).
**colonist** *(kolanist) n.* Qofka mustacmarka ah; gumeyste.
**colonialism** *(kalowniyalisam) n.* Gumeysi, mustacmarnimo.
**colonise** *(kolanayz) v.* Gumeysad; la gumeysto.
**colony** *(kolani) n.* Mustacmarad, dhulka la gumeysto.
**colour** *(kalar) n.* Midab: casaan, madow, boodhe, cagaar, hurdi, iwm.
**colt** *(kowlt) n.* Faraska yar; ninka yar ee waayo-arag-nimada yar leh.
**column** *(kolam) n.* Tiir dheer; saf is daba-joog ah.
**coma** *(kowma) n.* Hurdada dheer ee aan dabiiciga ahayn, suuris, sardho dheer.
**comb** *(kowm) n.* Shanlo, gadhfeedh (farfeer), qalabka timaha lagu feero.
**combat** *(kombat) n.* Dagaal laba qof ah ama laba ciidan.
**combination** *(kombineyshan) n.* Isku darid, isku biirin, isku biiris.
**combine** *(kambayn) v.* Isku darid.
**combustible** *(kambastibal) adj.* Guban og, holci kara, holci og, dabqabsiga u hawl yar oo guban og.
**combustion** *(kambasjan) v.* Qarxid, gubasho.
**come** *(cam) v.* Kaalay, imow.
**comedy** *(komedi) n.* Qayb rawaayadda ka mid ah oo la xiriirta nolol maalmeedka oon murugo lahayn; sheeko aan murugo lahayn ama ka qoslisa.
**comestible** *(komestibal) n.* Cunto.
**comfort** *(kamfat) n.* Raaxaysi, raaxo.
**comfortable** *(kamfatabal) adj.* Raaxo leh.
**comfy** *(camfi) adj.* Raaxo leh.
**comic** *(komik) adj.* Ka qosliya dadka.
**comma** *(koma) n.* Hakad (,).
**command** *(kamaand) n. v.* Amar, amarsiin.
**commander** *(kamaanda) n.* Taliye (ciidammada ah).
**commend** *(kamend) v.* Ammaanid, war fiican ka bixin in qof xil qaban karo.

**comment** *(koment) n.* Faallo.
**commerce** *(komees) n.* Ganacsi.
**commissioner** *(kamishana) n.* Wakiil hay'adeed.
**committee** *(kamiti) n.* Guddi.
**common** *(koman) adj.* Caadi ah, dadka ka dhexeeya.
**commonwealth** *(komanwelth) n.* Barwaaqosooran ka dhexeeya dalal isbahaystay.
**communicate** *(kamyuunikeyt) v.* Isgaarsiinin, la isgaarsiiyo.
**communism** *(komyuunisam) n.* Mabda'a shuuciyadda, hantiwadaagga.
**communication** *(kamyuuni-keyshan) n.* Isgaadhsiinta.
**community** *(kamyuuniti) n.* Bulsho, dad meel ku wada nool.
**commute** *(kamyuut) v.* So gaabin ciqaab xabsi, ama dil u-rogis xabsi.
**commutator** *(komyuuteytar) n.* Qalab korontada talantaaliga ah u rogga ama beddela toos; qofka kala beddela.
**commutation** *(komyuuteyshan) n.* Yarayn ciqaab xabsi ama dil u-rogid xabsi.
**compact** *(kompakt) n. adj.* Heshiiska dhex mara xisbiyo; isku xidhid adag.
**companion** *(kompaanyan) n.* Wehel, rafiiq, saaxiib kula jira.
**company** *(kamani) n.* Shirkad.
**compare** *(kampeer) v.* Isu eegid, isu qayaasid, is barbardhig.
**comparison** *(kompaarisan) n.* Is barbardhigis.
**compass** *(kampas) n.* Jiheeye, aalad saacadda u eg oo leh irbad tilmaanta jihada waqooyi (jihooyinka lagu kala farto); qalab lagu sawiro goobada ama wareegga.
**compassion** *(kampaashan) n.* Raxmad.
**compel** *(kompel) v.* Ku qasab, ku dirqiyid.
**compensation** *(kompensey-shan) n.* Xiqid, xaqsiin.
**compete** *(kampiit) v.* Tartamis, beratan.
**competent** *(kompitant) adj.* U leh karti, awood, tamar, xirfad iyo aqoon inuu qabto waxa loo baahan yahay.
**competition** *(kompitishan) n.* Tartan, baratan.
**competitor** *(kampetita) n.* Beratame.
**complacent** *(kampleysant) adj.* Si aad ah isugu kaloon, laga yaabo in ayna run ku fadhiyin.
**complain** *(kompleyn) v.* Ka dacwood.
**complete** *(kampliit) adj, v.* Dhan, la dhammeeyo, hammee.

**complex** *(komplekas) adj.* Adag in la fahmo; isku dhisid.
**complicate** *(komplikeyt) v.* La adkeeyay (in la fahmi karo ama la sixi karin.
**compliment** *(komplimant) n.* Amaan, bogaadin.
**component** *(kompownant) adj., n.* Qayb wax kuu idlaysa, kuu dhameystira.
**compose** *(kampows) v.*
1. Ka koobid, isku biirid.
2. Curin (sheeko).
**composition** *(komposishan) n.* Curis, isku dar, isku biiris, isku dhisid.
**compound** *(kompownd) n.* Isku dhis, wax ka kooban laba iyo in ka badan.
**comprehension** *(komprihenshan) n.*
1. Layli.
2. Fahan, fahmid.
**compress** *(kompres) v., n.* Isku cadaadin.
**compulsory** *(compalsari) adj.* Bil qasab.
**computer** *(kompyutar) n.* Kumbuyuutar, qalab sida maskaxda biniaadamka loogu adeegsado (fikir).
**comrade** *(komreyd) n.* Jaalle, saaxiib daacad ah.
**con** *(kon) v., n.* Khiyaamayn.
**conceal** *(konsiil) v.* Qarin, khabbeyn, sir hayn.
**concede** *(konsiid) v.* U oggolaansho, is-dhiibid: to concede defeat.
**conceit** *(konsiit) n.* Kibir.
**concentrate** *(konsentreyt) v.* Aad uga fakerid, feker ku ururin.
**concept** *(konsept) v.* Ra'yi.
**concern** *(konseen) v.,* n. Ku saabsan, ku xiriirta.
**concert** *(konsert) n., v.* Riwaayad muusiiqo iyo heeso ka kooban.
**conch** *(konj) n.* Alaalaxay, xaaxeeyo.
**conclude** *(konkluud) v.* La gabagebeeyo.
**conclusion** *(koncluushan) n.* Gabagabo.
**concrete** *(konkriit) adj.* Shubka sibidhka, sabbad.
**condenser** *(kondensar) n.* Kondhensar (walax korontada kaydisa).
**conduct** *(kondact) v.* Akhlaaq, dabeecad.
**conductor** *(kondaktar) n.*
1. Gudhiye, tebaye, qofka lacagta ka uruursha baska ama tareenka (Kaari).
2. Qof koox ballaadhan oo muusiiqa tumaysa haga.

**conduit** *(kondwit) n.* Tuumbada ama qasabadda weyn ee biyaha ama korontada la dhex mariyo.
**cone** *(kown) n.* Shey sida koorta u samaysan.
**confabulate** *(konfabyuleyt) v.* Hadal; kaftan saaxiibtinnimo.
**confederate** *(konfedarit) n.* Koox is gaashaanbuureysatey.
**conference** *(konfaranis) n.* Shir, kulan.
**confess** *(konfes) v.* Qirasho (qalad, denbi, iwm.).
**confidence** *(konfidanis) n.* Kalsooni.
**confine(s)** *(konfaynis) n.* Xad, cidhifyada: <u>the confines of our country.</u>
**confirm** *(konfeem) v.* Xoojin (war); lagu raacsan yahay.
**conflict** *(konfalikt) n.* Dirir, dagaal, khilaaf.
**conform** *(konfoom) v.* Aqbalaad, ogolaansho: <u>to conform to the beliefs of society.</u>
**conformation** (konfoom-eyshan) n. Qormada ama sawirka guud ee shay.
**confront** *(konfrant) v.* Iska hor keenid, is qaabbilsiin (weji-weji).
**confuse** *(konfyuuz) v.* Dhaka-faar, maskax fajac, maskax ka arbushid.
**confute** *(confyuut) v.* Ku caddayn (inuu qof) khalad sameeyay ama been sheegay).
**congestion** *(kanjesjan) n.* Aad loo buuxsho, aad u buuxis, qaadiid is xidhay.
**congratulation** *(kongraatyuuleyshan) n.* Tahniyad, hambalyo.
**congregate** *(kongrigeyt) v.* Isu ururid, isku ururid (dadka).
**congress** *(kongres) n.* Fadhi, shir, kulan.
**congruent** *(konguruwant) adj.* Is dabaqay, isu eg.
**conjunction** *(konjankshan) n.* Xidhiidhiye (naxwe).
**conquer** *(konka) v.* Qabsasho, xoog ku qabsi.
**conscious** *(konshas) adj.* U feejignaan, u baraarugsan, dareenkiisu soo jeedo.
**consent** *(konsent) v.* Qogolaansho siin, fasax siin.
**conservation** *(konsafeyshan) n.* Ilaanlinta, dhawridda, daryeelidda ama madhxinta biyaha, kaynta dhirta, korontada, iwm.
**consider** *(konsida) v.* Tixgelid, ka fikirid.
**consist** *(konsist) v.* Ka kooban.
**consomme** *(konsomey) n.* Maraq fuud (hilibka ka baxa).

**conspiracy** *(konspirasi) n.* Mu'aamarad.
**conspire** *(konspaayar) v.* Mu'aamaradayn, mu'aamara dhisid.
**constant** *(konistant) adj.* Joogto, aan isbeddelin.
**constipation** *(konistipeyshan) n.* Calool fadhi, markay caloosha taagan tahay, saxaro yaraan.
**constitution** *(konistityuushan) n.* Dastuur, distuur, sharci - qawaaniin ay dawladi ku dhaqanto.
**constrict** *(konistrikt) v.* Isku u uruurin, isku xejin, isku yarayn, isku cidhiidhid.
**construct** *(konistract) v.* Dhisid, rakibid, laysku rakibo ama dhiso.
**construction** *(konistrakshan) n.* Dhis, dhisme.
**construe** *(konistruu) v.* Tarjumid, ama qeexid.
**consult** *(konsalt) v.* La tashi.
**consume** *(konsyuum) v.* La isticmaalis; cudur siiba ku dhaca sambabada.
**contact** *(kontakt) v.* Is taabsiin (isku nabid), la xidhiidhis (qof).
**contagion** *(konteyjan) n.* Cudurka ku faafa taabashada.
**contain** *(konteyn) v.* 1. Qaadid (mug), wax ku jiraan: <u>the kettle contained only water</u>. 2. Ka qabasho, ka joojin (xume, qalad). 3. Ka kooban: <u>this book contains six stories.</u>
**content** *(kontent) n.* Inta ku jirta meel, ka kooban.
**content** *(kontent) adj.* Ku qanacsan, raali ah.
**continent** *(kontinant) n.* Qaarad; iska-adkaan.
**continual** *(kontinyuwal) adj.* Socod goor walba ah, joogsaneyn ama marmar yara hakada.
**continue** *(kontinyuu) v.* La wado, la socodsiiyo, socda.
**contract** *(kontrakt) n.* Qandaraas, beshiis.
**contract** *(kontrakt) v.* Soo ururid, soo gaabasho.
**contraction** *(kontrakshan) n.* Isku soo uruurid.
**contradict** *(kontradikt) n.* Is burin.
**contraditiction** *(kontradikshan) n.* Is burin, iska horimaad.
**contrary** *(kontraari) adj.* Lid ku ah.
**control** *(kontrowl) n., v.* Ilaalin oo kala dabarid, kontorool.

**convalesce** *(konfales) v.* Ladnaan, xannuun ka nasasho iyo is baanasho.
**convenient** *(konfiinyant) adj.* Ku habboon, hawl yar loo isticmaali karo.
**converge** *(confeej) v.* Meel isugu soo urura, meel la isugu keeno.
**conversation** *(konfaseyshan) n.* Wada hadal, wada sheekeysi, haasaawe.
**convert** *(confeet) v., n.* Ka beddelin (qaab), ka wareejin; ka beddelid ra'yi.
**convey** *(konfey) v.* Gaarsii, ka gee, dareensii (fariin).
**convoke** *(konfowk) v.* Isugu yareed, kulansiin.
**cook** *(kuk) n., v.* Kariye, la kariyo.
**cool** *(kuul) adj.* Qabowga yar.
**coop** *(kuup) n.* Qafiska digaagga lagu xereeyo.
**cooperation** *(kowopareyshan) n.* Iskaashi.
**copper** *(kopa) n.* Maar (macdan).
**copulate** *(kopyuleyt) v.* Isa saarashada xayawaanka.
**copy** *(kopi) n., v.* Nuqli, nuqul.
**cormorant** *(koomarant) n.* Xuur-badeed, taaj madow leh.
**corn** *(koon) n.* Hadhuudh, masaggo, badar.
**corner** *(koona) n.* Dacalll, koorne, gees.
**cornet** *(koonit) n.* Aalad la afuufo (muusigga).
**corolla** *(korola) n.* Qaybta hoose ee ubaxa.
**corporal** *(kooparal) n.* Laba alifle (darajo ciidan).
**corps** *(koo) n.* Mid ka mid ah laamaha tiknikada ciidanka.
**corpse** *(koops) n.* Meydka dadka, qofka dhinta meydkiisa.
**correct** *(karekt) adj., v.* Saxid, sax, waa sax.
**correction** *(karekshan) n.* Saxis, saxnimo.
**corrective** *(karektif) adj.* Wax saxa: <u>corrective imprisonment.</u>
**correspond** *(korispond) v.* Xidhiidhin, xidhiidh isweydaarsi; isle'ekeyn.
**correspondence** *(korispondanis) n.* Heshiis, isu ekaan; cilaaqaad waraaqo qoris ama diris.
**corridor** *(koridoor) n.*
1. Wadiiqooyinka dhismaha ku dhex yaal.
2. Marinta xidhiidhiya gaadhi (<u>coach</u>) tereen.
3. Marin dal ama dalal kale dhexmara oo loogu talo-galay in uu dal badda ku xidho.
**corrugate** *(korugeyt) v.* Tuuro-tuureyn (xariiryen).

**corrugated** *( korugeytid) adj.* Tuuro leh: corrugated iron/ paper.
**corrupt** *(karapt) adj.* Musuqid ama musuq sameyn.
**corruption** *(karapshan) n.* Musuqmaasuq.
**cortex** *(kooteks) n.* jidhif, qolof, dahaadh.
**cosmos** *(kozmos) n.* Caalamka, kownka.
**cost** *(kost) n.*Qiime.
**cot** *(kot) n.* Xool, sariirta carruurta lagu seexiyo.
**cottage** *(kotij) n.* Cariish, guri yar.
**cotton** *(kotan) n.* Cudbi, suufka (ka dharka laga sameeyo).
**cough** *(kof) v.* Qufac.
**council** *(kownsil) n.* Guddi, gole.
**counsel** *(kowsal) n., v.* Talo; talo-siin.
**count** *(cawnt) v.* Tirin, la tiriyo sida: 1, 2, 3, 4........
**counter** *(kownta) n.* Mafrash, miiska badeecada lagu gado.
**counter** *(kownta) n., v.* Ku lid ah; ku rogaal celin wareer dagaal.
**counter-clockwise** *(kawnta-klokways) adv.* U socda (ka wareegaya) xagga bidixda.
**counterpoise** *(kawntapoyz) n.* Dheelitir.
**countless** *(kowntlis) adj.* Aan la tirin karin, way tiro daysay, xad-dhaaf.
**country** *(kantari) n.* Dal (waddan).
**countryside** *(kantarisayd) n.* Miyiga, dalka miyigiisa.
**coup** *(kuu) n.* Inqilaab.
**couple** *(kapal) n.* Laba qof ama laba shay (nin iyo naag).
**courage** *(kaarij) v.* Geesinimo.
**courageous** *(kareyjas) adj.* Geesi, dhiirri badan, dhiirran, aan cabsanin.
**course** *(koos) n.* 1. Cutub ka mid ah waxbarashada qof (kulliyad, jaamicad).
2. Marin (waddo): the course of a river.
**course** *(koos) v.* Qulqulid: The river coursed down the valley.
**court** *(koot) n.* 1. Maxkamadda ama maxkamad.
2. Guriga ama xarunta boqor (boqorad).
3. Guri ama guryo xero ku jora.
**courtly** *(kootli) adj.* Edebsan oo sharaf leh.
**cousin** *(kasin) n.* Ina'adeer.
**cover** *(kafa) n., v.* Dahaadh, daboolid.
**cow** *(kaw) n., v.* Sac (lo'da ka dheddig); cabsigelin.
**coward** *(cawad) n.* Fulay, qofka baqdinta badan.

**coy** *(kooy) adj.* Inanta xishoodka badan, gabadh xishoota, xishmada badan.
**crab** *(krab) n.* Carsaanyo.
**crack** *(krak) n.* Dillaaca, dildillaaca, jeedhadh.
**craft** *(kraaft) n.* Xirfad (hawl-gacmeed).
**crafteman** *(kraaftisman) n.* Xirfadle, ninka hawl gacmeedka u xirfadda leh.
**cram** *(kram) v.* Cabbeyn.
**cramp** *(kramp) n., v.* Kabuubyo; ciriiri; ku cidhiidhiyid.
**crane** *(kreyn) n., v.* Xuur; wiish; luqun fidin: she craned her neck to see.
**crash** *(krash) n.* Duqeyn; degdeg: a crash course.
**crawl** *(krool) v.* Xabad ku socod, xamaarasho (sida maska, dirxiga, iwm.).
**crazy** *(kreyzi) adj.* Waa waalan yahay, nasakh.
**creak** *(kriik) v.* Jiiqiiq, sanqadha ama dhawaaq ay sameeyaan wax saliid la'aan isu xoqaya.
**cream** *(kriim) n.* Burcad, labeen; kan ugu fiican: that football team is the cream of the league.
**cream** *(kriim) v.* Burcad kala bixid; labeen ka qaadid.
**create** *(kriiyeyt) v.* Abuurid, ku abuurto, ku dhaliso.
**creator** *(krii-eyta) n.* Abuure (Eebe, macbuudka): ka wax abuura.
**creature** *(kriija) n.* Nafley, noole.
**creche** *(kreesh) n.* Meesha xannaanada dhallaanka.
**credible** *(kredabal) adj*, La rumeysan karo, la qaadan karo, la garowsan karo.
**creep** *(kriip) v.* Guurfuurasho.
**cremate** *(krimeyt) v.* Meyd gubid, la gubo meydka.
**crescent** *(kresant) n.* Bil; wax sida bisha u soo qoolaaban.
**crew** *(kruu) n.* Shaqaalaha markabka, doonida, dayuuradda, iwm.
**crib** *(krib) n.* Xoolka carruurta lagu seexiyo.
**crick** *(krik) n.* Muruqa luqunta ama dhabarka galaa.
**cricket** *(krikit)n.* Jiiq-jiigle; kabajaa; cayaar ul (loox) lagu dhufto.
**crime** *(kraym) n.* Dembi.
**criminal** *(kriminal) adj.* Dambiile; la xidhiidha dembi.
**cringe** *(krinj) v.* Waabasho.

**crisis** *(kraysis) n.* 1. Marxalad ama waqti khatari jirto ama xishiidh ah. 2. Maxaladda dhacdo ama xannuun wanaag iyo xumaan mid uun isu rogi karo.
**critical** *(kritikal) adj.* Heer qadhaadh, heer xun.
**criticism** *(kritisizam) n.* Naqdin, dhaleeceyn, cambaarayn.
**crocodile** *(krokadayl) n.* Yaxas.
**crook** *(kruk) n.* Bakoorad; khaa'in, tuug.
**crop** *(krop) n.* Maxsuulka beereed (hadhuudh, qamadi).
**cross** *(kros) n., v.* Ka tallaabid; laanqayr.
**cross-eyed** *(kros-ayd) adj.* Cawaran, qofka indhuhu iska soo horjeedaan.
**cross-roads** *(kros-roodis) n.* Isgoyska waddada.
**croup** *(kruup) n.* Kixda (cudur).
**crow** *(krow) n.* Tuke (shimbir madow oo hilib cun ah).
**crowd** *(krawd) n., v.* Dadka meel isugu ururay; isu soo ururid.
**crown** *(krown) n., v.* Taaj; caleema sarid.
**crude** *(kruud) adj.* Aan bislayn, qaydhin; akhlaaq xun.
**cruel** *(kruwal) adj.* Axmaq, cadow ah, aan tudhin.
**crunch** *(kranj) v.* Ruugid; burburin sanqad leh.
**crush** *(krash) n., v.* Duqayn, jiidh.
**crutch** *(kraj) n.* Ulaha curyaanka ama qofka dhutinaya ku socdo.
**cry** *(kray) v.* Qaylo, ooyid.
**cub** *(kab) n.* Libaax yar (dhasha ah) ilmaha; dawacada, shabeelka, iwm.
**cube** *(kyuub)n.* Walax saddex dhinac leh; saddex jibbaar (4x4x4=64).
**cud** *(kad) n.* Calyoceliska xoolaha ishinka ah; calaqsi.
**cultivate** *(kaltifeyt) v.* Beer falid, beer qodid.
**culture** *(kalja) n.* Dhaqan.
**cup** *(kap) n.* Koob (weel).
**cure** *(kyuuwa) v.* Daawayn, la daaweeyo.
**curfew** *(keefyuu) n.* Bandoo.
**curious** *(kyuuriyas) adj.* Jecel inuu wax walba ogaado.
**current** *(karant) adj. n.* Socda; qulqul; mowjad.
**curtain** *(keetan) n.* Daah; marada lagu shaqlo iridda iyo daaqadaha.
**curve** *(keef) n.* Qallooc; qoolaab.

**cushion** *(kushin) n.* Wax lagu fariisto oo buush ah (jilicsan).
**custard** *(kastad) n.* Labaniyad (cunto qabow).
**custom** *(kastam) n.* 1. Caado. 2. Dad badan oo meel wax ka iibsada.
**customer** *(kastama) n.* Qof macmiilnimo meel wax uga iibsada.
**cut** *(kat) n.* 1. Gooyn; la jaro ama la gooyo. 2. Waddo toos ah ama dhaqso badan: a short cut.
**cut-throat** *(kat-throwt) v.* Gawrace, dilaa.
**cycle** *(saykal) n.* Wareeg; dhacdo soo noqnoqota; bayskiil.
**cylinder** *(silinda) n.* Dhululubo.

## D

**dad** *(dad) n.* Eray ay carruurtu aabbahood ugu yeeraan.

**dagger** *(daaga) n.* Toorray, amlay. golxob.

**daily** *(deyli) adj., adv.* Maalin walba.

**dairy** *(deeri) n.* Dukaanka caanaha, subagga, ukunta, iwm. lagu iibiyo; meesha la dhigo ama lagu sameeyo caanaha, subagga. iwm.

**dam** *(dam) n.* Biyo-xidheen.

**damage** *(damij) n.* Waxyeelo, dhaawacaad; badhi-gooyo (lacag).

**dame** *(deym) n.* Naagta la qabo.

**damp** *(damp) adj.* Suyuc ah, aan weli qalalin.

**damsel** *(damsal) n.* Gabadha aan wali la guursan.

**dance** *(daanis) n.* La ciyaaro, qoob-ka-ciyaar, niikis.

**danger** *(deynja) n.* Khatar, halis.

**dark** *(daak) adj.* Mugdi; iftiin la'aan.

**darken** *(daakan) v.* La mugdiyeeyo ama mugdi laga yeelo.

**darling** *(daaling) n.* Qofka ama shayga si aad ah loo jecel yahay ama qof u jecel-yahay.

**darn** *(daan) v.* Tolid, xiddayn.

**dash** *(dash) v., n.* 1. Loo tuuro ama loo gooyo si xoog ah; baabi'in. 2. Si degdeg ah loo ordo; in la degdego.

**dastard** *(dastad) n.* Fuley; fuley isa sii halliga.

**data** *(daata/deyta) n.* Dhacdooyin la xaqiijey, xaqiiqooyin.

**data base, data bank** *(deyta beys/bank) n.* Kayd war badani ku jiro.

**date** *(deyt) v., n.* Taariikh, odhaah waqtiga ah (maalin, bil, sannad); sida; timir, midhaha timirta.

**daughter** *(doota) n.* Inanta, gabarta qof dhalay ama inantaada (Iyadu waa inanteydii): She is my daughter.

**daunt** *(doont) v.* Niyad jebin; cabsigelin.

**dawn** *(doon) n.* Waaberi.

**day** *(dey) n.* Maalin, dharaar.

**daylight** *(deylaayt) n.* Iftiinka ama ilayska maalintii, dharaarnimo.

**daze** *(deyz) v.* Nasakhin, wareerid.

**dead** *(ded) adj., n.* Dhintay, mootan.

**dead-end** *(dedend) n.* Xaalad isa soo xidhay (aan xal lahayn).

**deadlock** *(dedlok) n.* Is mari waayey (dagaal), barbaro.
**deadweight** *(dedweyt) n.* Miisaanka xammuulka saafiga eh ee uu markabku sido (waxa laga saaray markabka oo madhan miisaankiisa).
**deaf** *(def) adj.* Dhega la'aan; aan waxba maqlayn.
**deafen** *(defan) v.* Dhego-barjayn; sameeya qaylo ama sanqar badan oo aan waxba laga maqli karin.
**deal** *(diil) v., n.* La maacaamilid; heeshiis.
**dear** *(diya) adj.* Qaali; la jecelyahay; ku dheer (jacayl).
**death** *(deth) n.* Dhimasho, geeri.
**debate** *(dibeyt) n., v.* Dood.
**debility** *(dibiliti) n.*Tamar-darro; taag-darro.
**debt** *(det) n.* Deyn.
**debtor** *(deta) n.* Deynsaane, qofka qaamaysan.
**decade** *(dekeyd) n.* Muddo toban sano ah.
**decapitate (dikapiteyt) v**. Kur ka jarid; madax ka goyn.
**decamp** *(dikamp) v.* Ka guurid meel; si qarsoodi ah u tegid.
**decay** *(dikey) v.* Qudhun; qudhmid.
**deceit** *(disiit) n.* Khiyaamo; beenbeenis.
**deceive** *(disiif) v.* Khiyaamayn.
**decelerate** *(diselareyt)* v. Karaar-dhimid.
**December** *(disemba) n.* Bisha ugu dambaysa sannadka miilaadiga (Dishambar).
**decent** *(diisant) adj* Hagaagsan; habboon, wanaagsan.
**decide** *(disayd) v.* Go'aan la gaadho, talo-goosid.
**decimal** *(desimal) adj.* Jabjab tobanle.
**decision** *(disishan) n.* Go'aan, qaraar.
**deck** *(dek) n.* Sagxad; sagxad bannaan; saxadda markabka ama baska.
**declaration** *(deklareyshan) n.* Caddayn, shaaca-ka-qaadid; ku dhawaaqid.
**declare** *(diklee) v.* Ku dhawaaqin, shaac-ka-qaadid.
**decline** *(diklayn) v.* La dhaho 'maya', diidmo ama ku gacmo-saydhid; hoos u dhac.
**decompose** *(diikampooz) v.* Kala jajabin; kala saarid; u-kala-bixid waxa uu ka kooban yahay: <u>a dead body decom-poses</u>.
**decorate** *(dekareyt) v.* Qurxin, sharraxaad.
**decoration** *(dekareyshan) n.* Sharrax; qurxid.

**decrease** *(dikriis) v.* Yarayn; dhimid.
**decrepit** *(dikrepit) adj.* Duq ah; taag-darro da'ama qabow ah.
**dedicate** *(dedikeyt) v.* Lagu magacaabo: She dedicated the book to her mother; We dedicate this school to Ahmed Gurey.
**deduct** *(didakt) v.* Ka jarid.
**deed** *(diid) n.* Fal ama wax gabasho.
**deep** *(diip) adj. adv.* Hoos u dheer, godan.
**deer** *(diir) n.* Cawl, deero (ugaadh).
**defeat** *(difiit) v.* Jebin, ka guulaysi.
**defence** *(difens) n.* Daafac, gaashaandhig.
**defend** *(difend) v.* Daaficid; gaashaan-daruurid.
**deficiency** *(difishansi) n.* Yaraan ama la'aan wax muhiim ah.
**defile** *(difayl) v.* Wasakhayn; fadarayn.
**define** *(difayn) v.* Sharaxa macnaha; macnayn (erayada).
**definition** *(definishan) n.* Sharraxaad; macno-sheegid.
**deflect** *(diflekt) n.* Dhan u leexid; ka leexin.
**deform** *(difoom) v.* Kharribaad; qaabka-ka-xumayn.
**degrade** *(digreyd) v.* Hoos u dhac; dib u dhicid.
**degree** *(digrii) n.* Qiyaas lagu qiyaaso xaglaha, digrii; qiyaas kul ama qabow.
**dehorn** *(diihoon) v.* Geeso-ka-jarid, geeso ka gooyn (lo').
**deject** *(dijekt) v.* (Ka murugaysiin, niyad jebin.
**dejected** *(dijektid) adj.* Murugeysan.
**delay** *(diley) v.* Dib u dhigid; u kaadin (dhawrid).
**delectation** *(delekteyshan) n.* Raaxo, ku-raaxaysasho.
**delegate** *(deligeyt) v.* U ergeyn; ergo u dirid; qofka ergey ah.
**delegation** *(deligeyshan) n.* Wafdi, koox dad ah oo ergo loo diro.
**deliberate** *(diliberat) adj.* Badheedhid; ula kac.
**deliberate** *(dilibereyt) v.* Si aad ah uga fekerid.
**delicate** *(delikit) adj.* Jilicsan; khafiif ah; qoonmi kara; xasaasi ah: a delicate situation.
**delight** *(dilaayt) v., n.* Ka faraxsiin; jeclaysiin; ka helid.
**deliver** *(dilifa) v.* Gaadhsiin; u geyn.
**deluxe** *(dilukus) adj.* Leh tayo heer sare ah; raaxo heer sare.

**demand** *(dimaand) v., n.* Weydiisasho; ku adkaysad doonis.
**demarcation** *(diimarkeyshan) n.* Xadayn, qoondayn, xad-xariiqid.
**demobilize** *(diimowbilaayz) v.* Ka sii deyn ama ka ruqseyn shaqada ciidammada (milateriga).
**democracy** *(dimokrasi) n.* Hab dawladeed uu dadku xuquuqda u siman yahay, dawlad dadweynuhu iska dhex doortaan madaxdooda.
**democratic** *(demakraatik) adj.* Dimogaratig ah ama ka samaysan oo ku dhisan xuquuqda dadweynaha.
**demonstrate** *(demanistreyt) v.* Qeexid; mudaharaadid.
**demonstration** *(demanstreyshan) n.* Mudaaharaad; banaanbax; fasiraad mitaal bixin leh.
**demoralize** *(dimoralayz) v.* Niyad dilid, niyad jebin.
**demote** *(dimowt) v.* Casilid.
**deniable** *(dinayabal)* adj. La beenin karo ama la burin karo.
**denominate** *(dinomineyt) v.* U magacbixin, u magacaabid.
**denominator** *(dinomineyta) n.* Tirada hoose ee jajabka sida: ½, ¼.
**denounce** *(dinowns) v.* Dhaleecayn; cambaarayn.
**density** *(densiti) n.* Cuf.
**dental** *(dental) n.* Ee ilkaha; ilkaha ah: <u>he has a lot of dental problems</u>.
**dentist** *(dentiist) n.* Takhtarka ilkaha.
**deny** *(dinay) v.* Beenayn; dafiraad.
**depart** *(dipaat) v.* Dhoofid, tegid.
**department** *(dipaatment) n.* Hay'ad; qayb ama laan ka mid ah dawlada, ganacsi, jaamacad, iwm.
**departure** *(dipaaja) n.* Dhoofitaan, dhoof.
**depend** *(dipend) v.* Ku tiirsan.
**dependant** *(dipendant) adj.* Ku tiirsani.
**dependance** *(dipendanis) n.* Ku tiirsanaan.
**deport** *(dipoot) v.* Khasab kaga saarid (eryid) dal.
**deposit** *(dipoosit) v., n.* Carbuun, deebaaji.
**depreciate** *(dipriishiyeyt) v.* Qiimo dhicid, qiimo ridid.
**depress** *(dipres) v.* Hoos u cadaadin; murugo gelin; qiim hoos-u-dhigid.
**depth** *(depth) n.* Dherer hoose; dhererka gunta.

**deputy** *(depyuuti) n.* 1. Dhibitaati. 2.Qof qof kale ka wakiil ah.
**descend** *(disend) v.* Ka soo degid, ka soo dhaadhicid, hoos uga soo degid.
**describe** *(diskarayb) v.* Sharxid, sifayn, faafaahin.
**description** *(diskaripshan) n.* Sharax, sifo, sifaalo.
**desert** *(dizeet) v.* Kaga bixid marka loo baahan yahay: He deserted me when I most needed help.
**desert** *(dezat) n.* Lama degaan, sida: Saxaraha.
**deserve** *(dizeef) v.* U qalmo, xaq loo yeesho.
**design** *(disayn) n.* Ugu talo-gal, qorshayn.
**desirable** *(dizaayrabal) adj.* La jeclaan karo, loo bogi karo.
**desk** *(desk) n.* Miiska wax lagu akhristo ama lagu qorto; qayb jariidad ama raadiya wax ka masuul ah: the news desk, editorial desk.
**desperate** *(desparit) v.* Mintidid; ka cadday arrini.
**despise** *(dispaayz) v.* Xaqirid, yasid, quursi.
**despot** *(despot) n.* Taliye ama qof meel haysta oo xukunkiisu xad dhaaf yahay. Macangag.
**destination** *(destineyshan) n.* Meesha qof ama wax ku egyahay - ee socdaalkiisu ku dhammaanayo/gebagaboobayo.
**destitute** *(destityuut) adj.* Caydh ah; caydhoobay.
**destroy** *(distaroy) v.* Burburin; baabi'in; dumin.
**destruction** *(distarakshan) n.* Dumis, baaba', bur bur.
**destructive** *(distaraktif) adj.* Wax burburinaya; baabi'inaya.
**detail** *(diiteyl) n, v.* Si buuxda loo sharxo ama looga faaloodo.
**detect** *(ditekt) v.* Baadhid; dareemid.
**detective** *(ditektif) n.* Qofka shaqadiisu tahay dembi baaris, qofka dembiyada baara.
**deteriorate** *(ditieriyereyt) v.* Xumaada ama qiimo yaraada.
**determine** *(diteemin) v.* Ku goyn arrin.
**determined** *(diteeminid) adj.* Ku adkaysasho, mintidid.
**detest** *(ditest) v.* Aad u necbaysi, karhid.
**detonate** *(detaneyt) v.* Qarxid sanqadh weyn leh.
**detriment** *(deteriment) n.* Wax-yeelo.
**devalue** *(diifaalyuu) v.* Qiimo rididda lacagta adag ama habka.

**devastate** *(defasteyt) v.* Baabi'in; kaga fijacin maskaxeed.
**develop** *(difelap) v.* Horukicin, korin, korid.
**development** *(difelapmant) n.* Horukac; horumar.
**device** *(difaays) n.* Qalab hawl gaar ah qabta.
**devil** *(defil) n.* Qofka shaydaanka ah, waxyeelada badan.
**devise** *(difaayz) v.* Samayn, qorsheyn, dejin.
**devoid** *(difooyd) adj.* La'aan, ay ka madhan tahay.
**devote** *(difoot) v.* Isku taxallujin; ugu-talo-gelid.
**devour** *(difawa) v.* Liqliqid, cunto cunid-dedejin.
**dew** *(diyuu) n.* Dheddo, ciiro.
**dewlap** *(diyuulap) n.* Macal, laalaad.
**dhobi** *(dowbi) n.* Doobbi; dhardhaqe (Hindiya baarooga yaqaan).
**dhow** *(daaw) n.* Sixiimad.
**diagram** *(dayagraam) n.* Jaantus, sawir.
**dial** *(dayal) n.* Lambarada saacada, telefoonka, iwm.
**dialect** *(dayalekt) n.* Lahjad, odhaahda, luuqadda.
**dialogue** *(dayalog) n.* Sheeko laba qof ka dhexaysa.
**diameter** *(dayamita) n.* Dhexroore, goobada dhexroorkeeda.
**diamond** *(daymand) n.* Dheeman (macdan).
**diary** *(dayari) n.* Xusuusqor.
**dice** *(days) n.* Lafta laadhuuda, iwm.
**dictation** *(dikteyshan) n.* Yeeris; yeedhis (qoraal laysugu yeerinayo); ku khasbid go'aankaaga.
**dictator** *(dikteyta) n.* Kelidii taliye.
**dictionary** *(dikshaneri) n.* Qaamuus, eray-bixiye, dikshaneeri.
**die** *(daay) v.* Dhimo; dhimasho.
**diesel** *(diisal) n.* Naafto (wixii ku shaqeeya naafto).
**diet** *(daayat) n.* Nooc cunto ah oo miisaanka ama caafimaadka lagu ilaaliyo.
**differ** *(difa) v.* Kala duwan, ka duwan, kala geddisan.
**difference** *(dif-rants) n.* Kala saarid.
**differentiate** *(difa-rrenshiyeyt) v.* Kala saarid.
**difficult** *(difikalt) adj.* Aan sahlanayn, xal-u-helkeedu adag yahay.
**dig** *(dig) v.* Qodid.
**digest** *(daayjest) v.* Dheef shiidid.

**digestion** *(daayjest-shan) n.* Dheef-shiid.
**digit** *(dijit) n.* Tirada u dhexaysa 0 ilaa 9 midkood; far ama suul.
**dignity** *(digniti) n.* Sharaf.
**dilemma** *(dilema) n.* Laba daran midkood.
**dilly-dally** *(dili-daali) v.* Ka warwareegid, dabo-meermeerin.
**dilute** *(daaylyuut) v.* Badhxid; badhax ka dhigtid.
**dim** *(dim) adj.* Diniikh (ilayska).
**dimension** *(dimenshan) n.* Qiyaas.
**dine** *(daayn) v.* Qadayn; qado-cunid.
**dinner** *(dina) n.* Hadhimo ama qado.
**dip** *(dip) v.* Muquurin; la muquursho.
**diploma** *(diplowma) n.* Shahaado aqooneed.
**diplomat** *(diplamaat) n.* Qofka siyaasiga ah (arrimaha dawladda).
**diplomatic** *(diplamaatik) adj.* Siyaasadeed, la xiriirta siyaasadda.
**direct** *(dayrekt) adj., v.* Toos ah; tilmaamid.
**dipper** *(dipa) n.* Dhure: fandhaalka dheer.
**direction** *(dayrekshan) n.* Jiho.
**directly** *(dayrektili) adj.* Si toos ah.
**director** *(dayrekta) n.* Agaasime, qofka meel agaasime ka ah.
**dirt** *(deet) n.* Wasakh, aan nadiif ahayn.
**dirty** *(deeti) adj.* Wasakhsan, aan mayrnayn.
**disability** *(disabiliti) n.* Tamar la'aan; karti darro, laxaad dhammi la'aan.
**disadvantage** *(disadfaantij) n.* Laga door-roonaansho, xaalad lagaa door roon yahay.
**disadvantaged** *(disadfantijid) adj.* Laga door roon yahay, laga dabaqad fiican yahay; laga fursad wanaagsan yahay.
**disagree** *(disagrii) v.* Ku diidid; ku raacid la'aan.
**disappear** *(disapiya) v.* Libdhay, aan la arkayn.
**disappoint** *(disapoynt)v.* Ka xumaan; ku gacmo-saydhid.
**disarrange** *(disareynj) v.* Kala daadin; hab ka lumin.
**disaster** *(dizasta) n.* Waxyeelo weyn, masiibo weyn.
**disc, disk** *(disk) n.* Saxan.
**discharge** *(disjaaj) n., v.* Ka rogid, ka sii dayn shaqo ama cusbitaal; bixin ama dirid danab, iwm.

**disciple** *(disaypal) n.* Khalliif ama muriid (diineed), aragtida qof kale raace.
**discipline** *(disiplin) n.* Xeer-edebeed.
**discipline** *(disiplin) v.* Edbin.
**disclose** *(disklows) v.* Dabool ka qaadid, daah ka qaadid, u bandhigid, shaac-ka-qaadid.
**discomfort** *(diskamfat) n., v.* Raaxo la'aan; raaxo-ka-qaadid.
**disconnect** *(diskkanekt) v.* Kala furid.
**discourage** *(diskarij) v.* Niyad-jebin.
**discover** *(diskafa) v.* Soo ogaan, soo helid (wax aan hore loo aqoon se jira).
**discredit** *(diskredit) n., v.* Aaminaad ama kalsooni ka qaadid; qiris la'aan.
**discriminate** (for or against) *(diskirimineyt) v.* 1. Macruuf u sameyn ama ka eexasho qof gaar ahaaneed. 2. Midab-takooris. 3. Kala garasho ama kala soocid: I cannot discriminate between certain colours (red and pink).
**discuss** *(diskas) v.* Laga wada hadlo, laga wada faalloodo; gorfayn, falanqeyn.
**discussion** *(diskashan) n.* Faallo.
**disease** *(diziiz) n.* Cudur; jirro.
**disgrace** *(disgreys) n.* 1. Sharaf-dhac. 2. Qofka ciddiisa ceeb u soo hooya (jiida).
**disgrace** *(disgreys) v.* Sharaf-dhac u soo jiidid cidaada.
**disguise** *(disgayz) n.* Midab geddiyid; isqaab geddiyin.
**dish** *(dish) n.* Sixni; xeedho.
**dishonest** *(dis-onist) adj.* Aan daacad ahayn, khaayin.
**dishonour** *(dis-ona) n.* Sharaf darro, ceeb, fadeexad.
**disintegrate** *(disintigreyt) v.* Kala daadasho, burburid: Somalia disintegrated after the fall of a dictator.
**disjoint** *(disjoynt) v.* Kala furfurid; is-galayaasha jidhka ka kala bixid.
**dislike** (dislaayk) Necbaansho; karaahid; necid.
**dismal** *(dismal) adj.* Murugaysan, ka xun.
**dismantle** *(dismantal) v.* Furfurid, kala digh-dhigid.
**dismiss** *(dismis) v.* Shaqo ka eryid; sii dayn; la waayid; maskax ka sii dayn.
**dismount** *(dismawnt) v.* Ka degid (wax aad fuushanayd).
**disobey** *(disobey) v.* Addeecid la'aan.
**disparity** *(dispariti) n.* Sinnaan la'aan; kala duwanaan.

**dispel** *(dispel) v*. Kaxayn, kala kaxayn ama kala firdhin.
**dispensary** *(dispensari) n.* Meesha dawooyinka lagu bixiyo; isbitaalka yar ee dawooyinka laga qaato.
**disperse** (dispees) v. Kala dareerin, kala baahin ama kala firdhin.
**displease** *(dispiliiz) v*. Farxad ka qaadid, ka cadhaysiin.
**disprove** *(dispruuf) v.* Burin, beenayn.
**dispute** *(dispyuut) n., v.* Muran; dood ama fadqalalo; khilaafsan, ka murma.
**disquiet** *(diskwaayat) v.* Arbushaad.
**disquiet** *(diskwaayat) n.* Welwel ama qalaq, baqe nafsaani ah.
**disregard** *(disrigaad) v.* Tixgelin la'aan, xurmo la'aan.
**dissension** *(disenshan) n.* Afka cadho lagaga hadlo, afka oo layska dagaalo.
**dissident** *(disidant) n*. Qof aragtida dawladda ka soo horjeeda; qof dawladda diidan.
**dissimilar** *(disimila) adj*. Aan isu ekayn, kala gooni ah.
**dissolve** *(dizolf) v.* Milid, biyo ku dhex laaqid; sida sonkorta marka lagu dhex walaaqo biyo, iwm.
**dissuade** *(disqeyd) v.* Ka waanin; waano ama taxadar siin.
**distance** *(distanis) n.* Masaafo; inta meeli jirto ama fog tahay.
**distant** *(distant) adj*. Fog; aan dhawayn, durugsan.
**distemper** *(distempa) n.* 1. Istambar; rinji biyo lagu qaso oo gidaarada iyo saqafyada guryaha lagu midabeeyo. 2. cudur ku dhaca eyda iyo xayawaanka kale qaarkood oo qufac iyo taag darro ku reeba.
**distinguish** *(distingwish) v.* Kala garasho, ka soo cid.
**distract** *(distraakt) v.* 1. Maa weelin: Whenever we want to do our work he distracts us. 2. Arbushid, kaga cadaysiin.
**distribute** *(dis-tribyuut) v.* Kala qaybin; u qaybin; qaybqaybin.
**district** *(distrikt) n.* Degmo.
**disturb** *(disteeb) v*. Arbushid; rabshayn.
**disturbance** *(disteebanis) n.* Arbushad, rabsho.
**disuse** *(disyuuz) n*. Aan isticmaal dambe lahayn, aan dib loo isticmaalin: a house in disuse (khraab).
**ditch** *(dij) n.* Saaqiyad; gacan (ka biyuhu maraan).

**dive** *(dayf) v*. Quusid; muquurasho; (sida dabbaasho marka biyaha la dhex muquurto).
**diverse** *(dayfees) adj*. Kala jaad ah, kala qaab ah; kala nooc ah.
**diversify** *(dayfeesifay) v.* Kala soocid; kala duwid, iwm.
**divert** *(dayfeet) v.* Duwid; weecin; leexin; ka jeedin: The monkey diverted my attention.
**divide** *(difayd) v.* Qaybin; qaybid.
**dividers** *(difaydas) n.* Kambaska wax lagu qiyaaso.
**division** *(difishan) n.* 1. Qayb; kala qaybin. 2. Qayb cidan, gaas. 3. Cod qaadid (baarlimaan).
**divorce** *(difoos) n, v*. Furis, furid.
**divulge** *(daayfalj) v.* Sir baahin.
**dizzy** *(dizii) adj*. Marka qof dayoobo ama wareero.
**do** *(duu) v*. Qabo ama fal (wax), yeel.
**doctor** *(dokta) n.* Takhtar, qofka wax daweeya ee cilmiga dawooyinka bartay; qofka haysta shahaadada ugu sarreysa ee jaamacadeed.
**doctrine** *(dok-trin) n*. Caqiido.
**document** *(dokyumant) n.* Waraaqaha sharciga ah.
**dodge** *(dodj) v*. Ka-gabasho: to dodge a coming blow.
**dog** *(dog) n.* Eey.
dog (dog) v. Dabo-gelid dhibaato ah: Misfortune dogged him for years.
**dogged** *(dogid) adj*. Canaad ah, madax adag.
**doings** *(duuwingz) n.* Waxyaabaha la qabtay ama la qabanayo, dhacdooyin.
**doll** *(dol) n.* Caruusadaha yaryar ee carruurtu ku ciyaarto.
**dollar** *(dola) n.* Lacagta Mareykanka (iyo dalal yar oo kale laga isticmaalo).
**domestic** *(domestik) adj*. Ee hooyga, aan dibadda ahayn; la rabayn karo, rabaysan.
**domino** *(dominow) n*. Dubnad; ciyaar miiseed.
**donkey** *(dong-ki) n.* 1. Dameer. 2. Nacas.
**door** *(doo) n.* Irrid, albaab.
**dot** *(dot) n*. Dhibic.
**dotage** *(dowtij) n.* Asaasaqnimo; jacayl macasnimo.
**double** *(dabal) adj., adv., v.* Laba jeer; laba ah; labanlaab.
**doubt** *(dawt) n., v*. Shaki, ka shakiyin.
**doubtful** *(dawtful) adj*. Aan la hubin, shaki laga qabo.

**doubtless** *(dawtlas) adj.* Shaki la'aan, la hubo.
**dove** *(dof) n.* 1. Qoollay. 2. Qof siyaasi ahaan dagaalba ka soo horjeeda. 3. Qof jajaban (dabci) oo la jecel yahay.
**down** *(dawn) adj.* Xagga hoose, hoos. Kaash loo bixiyo: He made a down (cash) payment of £/$30,000 for his house.
**downward** *(dawn-wad) adj.* Xagga hoose; geesta hoose; hoos u jeeda.
**dowry** *(dawari) n.* Yarad; hanti ama lacag la siiyo gabadha la guursado.
**doze** *(dowz) v.* Laamadoodsi.
**dozen** *(dazin) n.* Tiro laba iyo toban ah; dersin.
**drag** *(draag) v.* Jiidis dhib leh, qunyar loo jiido (xoog).
**drag** *(draag) v.* Jiitan hadal oo laga cajiso: His speech dragged on for a long time.
**drain** *(dreyn) n., v.* 1. Qasabadda ama dhuunta qashinka (bulaacada) qaadda; qashin qubis. 2. Culays dhaqaale ama maskaxeed: Sending the child to a private school was a drain on the family resources.
**drama** *(draama) n.* Riwaayad.
**dramatist** *(draamatist) n.* Qoraha sheekooyinka riwaayadaha.
**drank** *(draank) v.* Wuu/way cabbay/cabtay; la cabbay.
**draught** *(draaft) n.* Hawo meel dhex socota (wareegaysa).
draw (droo) v. Sawir samee; soo jiidid (khaanad).
**draw** *(droo) v.* Soo jiidasho: draw her attention to.
**drawing-room** *(droo-ing-rum) n.* Qolka martida la geeyo.
**dread** *(dred) n.* Cabsi ama baqdin weyn.
**dream** *(driim) n.* Riyo; la riyoodo (hurdada dhexdeeda); ku feker ama doonid wax xaqiiq ahayn.
**dreamy** *(driimi) adj.* Riyo-riyo ah; aan xaqiiq ahayn.
**dress** *(dres) n. v.* Dhar-xidhasho; labbis.
**dried** *(draayd) v.* La qalajiyey; la engejiyey.
**drill** *(diril) n.* Qalab wax lagu daloolliyo, walax daloolada lagu sameeyo.
**drill** *(diril) n.* Cayaarsiin (milateri).
**drink** *(drink) v., n.* Cabbid, cab; cabbitaan ama sharaab.

**drive** (*drayf*) *v., n.* 1. Kaxayn, wadid; safar baabuur: it was a short drive from home to work. 2. Quwad nafsaani ah, dumuux.
**driver** *(drayfa) n.* Wade; qofka baabuurta kaxeeya; darawal.
**drizzle** *(drizal) v., n.* Shuux (roob); roob.
**drop** *(drop) n., v.* Tifiq; dhibic dareera ah; ridis.
**drought** *(drawt) n.* Abaar raagta; abaar wakhti dheer.
**drown** *(drawn) v.* Qarraqan (biyo ku dhex dhimasho) , liqid biyo ku dhimasho.
**drug** (*drag) n.* Daawo; daroogo; waxyaabaha maskaxda geddiya.
**drum** *(dram) n.* Durbaan.
**dry** *(draay) adj., v.* Qallajin, engejin; qallalan ama engegan.
**duck** *(dak) n., v.* Shimbir; ka gabasho nabar ama arag.
**dull** *(dal) adj.* Aan qeexnayn; xiiso ma leh; fahmo daran.
**dumb** *(dam) adj.* Aan hadli karayn; aan yeedhin.
**during** *(duyuuring) prep.* Inta wakhti socda; wakhti (gaar ah) dhexdi.
**dust** *(dast) n.* Boodh; siigo; bus; bus-ka-qaadid, masax.
**dynamo** *(daynamow) n.* Mishiin quwadda qaaca, ta biyaha, iwm. u beddela tamar danab (koronto); deynabo.
**dysentery** *(disentari) n.* Xundhur; cudur ku dhaca mindhicirka.

## E

**each** *(iij) adj., pron.* Midkiiba, mid kastaba.

**eager** *(iiga) adj.* Ku haliilid, aad u xiisayn.

**eagle** *(iigal) n.* Coomaade; shimbir weyn oo aragti fiican.

**ear** *(iiya) n.* Dheg; dhegta wax lagu maqlo; madaxa hadhuudh, galley, iwm.

**early** *(eeli) adj.* Goor-hore; wakhti hore.

**earth** *(eeth) n.* Dhulkan aynu ku dul noolnahay.

**earthquake** (eeth-kwek) n. Dhulgariir.

**east** *(iist) n.* Jihada bari; qorax ka soo bax.

**eastern** *(iistan) adj.* Xagga bari; bariyeysa; ee bari.

**easy** *(iizi) adj.* Hawl yar; aan adkayn; hawl fudud.

**eat** *(iit) v.* Cunid.

**echo** *(ekow) n.* Dayaan; sanqadha dib u soo noqota.

**eclipse** *(iklipis) n.* Dayax ama qorrax madoobaad.

**economic** *(ikanomik) adj.* Ee dhaqaaleed; dhaqaale ah.

**economist** *(ikonomist) n.* Qofka dhaqaale-yahanka ah.

**economy** *(ikonomi) n.* Dhaqaale.

**edge** *(ej) n.* Daraf; dacal; geftin.

**edgy** *(eji) adj.* Aan deganayn, dhaqso u cadhooda.

**edible** *(edibal) adj.* La cuni karo.

**edition** *(idishan) n.* Daabacaad mareed (buugaagta).

**editor** *(edita) n.* Qofka soo diyaariya ee isku soo dubbarida soo saaridda buugaagta, filimada, wargeysyada, iwm.; tifatire.

**educate** *(edyukeyt) v.* Tababarid; waxbarid, barbaarin.

**educator** *(edyukeyta) n.* Qofka wax tababara ama barbaariya.

**education** *(edyukeyshan) n.* Wax-barasho, tacliin.

**effect** *(ifekt) v.* Dhalliyo, ka soo baxa; ka yimaada.

**effectuate** *(ifekjuweyt) v.* Guul ku dhammaystirid.

**effort** *(efat) n.* Awood wax qabasho, isku-deyis.

**effrontery** *(afrantari)* Indho adayg, khaso la'aan, edeb-darro.

**egg** *(eg) n.* Ukun, ugxan, beed.

**Egyptian** *(ijipshan) adj., n.* Masri, Masaari ah.

**eight** *(eyt) n.* Sideed (tiro), 8.

**either** *(aytha) adj., adv.* Mid ahaan, mid ama ka kale, ...kasta.
**elbow** *(ekbow) n.* Suxulka gacanta, xusul.
**elder** *(elda) adj.* Ka roon, ka wayn: My elder brother is in Canada.
**elder** *(elda) n.* Qof awood bulshada dhexdeeda ku leh: a meeting of council of elders.
**eldest** *(eldist) adj* Curadka reerka, ka ugu weyn ama ugu hor dhashay.
**elect** *(ilekt) v., adj.* La doorto, doorid, la doortay.
**election** *(ilekshan) n.* Doorasho.
**electoral** *(elektoral) adj.* Doorasho sameeya ama ku lug leh: electoral law (sharciga doorashada).
**electric** *(ilektirik) adj.* Danabaysan, koronto ah ama leh.
**electrician** *(ilektirishan) n.* Qofka yaqaan farsamade korontada.
**electricity** *(ilektirisiti) n.* Danab, koronto.
**element** *(eliment) n.* Curiye.
**elementary** *(elimentari) adj.* Bilowga, bilow ah, hoos (ah); fudud: elementary math.
**elephant** *(elifant) n.* Maroodi.
**elivate** *(elifeyt) v.* Kor u qaadid.
**eleven** *(elefan) n.* Kow iyo toban, tiro.
**eligible** *(elijibal) v.* La dooran karo ama la qaadan karo, habboon.
**eliminate** *(elimineyt) n.* Tirtirid, ka takhalusid, iska tuurid.
**elocution** *(elakyuushan) n.* Aftahanimo.
**elongate** *(ilongeyt) v.* Kala jiidid, kala saarid ama dheerayn.
**elope** *(iloop) v.* La tegid (gabadh).
**else** *(elis) adv.* Kale.
**elsewhere** *(eliswee) adv.* Meel kale.
**elucidate** *(iluusideyt) v.* Qeexid, caddayn, bayaamin.
**emancipate** *(imaansipeyt) v.* Xorayn.
**embassy** *(embasi) n.* Safaarad, xilka danjiraha.
**embellish** *(embelish) v.* Qurxin, xarakayn.
**emblem** *(emblam) n.* Summad, ama calaamad wax u taagan.
**emerge** *(imeej)* v. Soo bixid (wax meel ku qarsoonaa ama qof) .
**emergency** *(imeejansi) n.* Dhacdo ama xaalad degdeg ah.
**emigrate** *(emigreyt) v.* Haajirid, qixid.

**emotion** *(imowshan) n.* Caadifad, niyad xamaasadaysan.
**emperor** *(empara) n.* Boqor dalal badan ka taliya.
**empire** *(empaaya) n.* Boqortooyo dalal badan leh.
**employ** *(emplooy) v.* Shaqo siin, shaqo bixin.
**employee** *(emplooyii) n.* Cidda ama qofka shaqeeya.
**employer** *(emplooya) n.* Cidda loo shaqeeyo.
**employment** *(emplooymant) n.* Shaqo.
**empress** *(empres) n.* Naagta boqortooyo xukunta; naagta boqorka.
**empty** *(empti) adj.* Madhan; aanay waxba ku jirin; faaruq.
**enable** *(eneybal) v.* Awood siin ama karsiin.
**encase** *(enkeys) v.* Shaqlid; qafis gelin; dahaadhid.
**encore** *(onkoo) int.* Ku dhawaaqid ah; ku celiya; mar kale; ama biis.
**encounter** *(enkownta) v.* Food saarid (dhibaato ama waxyeelo); la kulmay.
**encourage** *(enkarij) v.* Dhiirrigelin.
**end** *(end) n.* Dhammaad; dhammayn, ugu dambayn.
**endanger** *(endeynja) v.* Khatar gelin.
**endless** *(enlas) adj.* Aan dhammaad lahayn, aan weligii joogsanayn.
**endurance** *(enjuuranis) n.* Adkaysi, u adhaysasho.
**endure** *(enjuur) v.* U adkaysid, u adkaysad.
**enemy** *(enami) n.* Cadow.
**energetic** *(enajeti k) adj.* Tamar badan, tamar leh; tamar lagu falay/qabtay; firfircoon.
**energy** *(enaji) n.* Tamar.
**enforce** *(enfoos) v.* Xoog ku marin, ku khasbid, muquunin.
**engage** *(engeyj) v.* Doonid.
**engagement** *(engeyjmant) n.* Doonanaan.
**engineer** *(enjiniya) n.* Aqoonyahan farsamo.
**engineer** *(enjiniya) v.* Curin, samayn: He engineered my getting a place at university.
**enjoy** *(injoy) v.* U riyaaqid, raali ka noqosho.
**enjoyment** *(injoymant) n.* Faraxad, raali ka noqosho.
**enlarge** *(enlaaj) v.* Weynayn.
**enlighten** *(enlaaytan) v.* Aqoon u kordhin, jahli ka saarid ama ka jaahil bixin.
**enough** *(inaf) adj., n., adv.* Ku filan, kafayn kara.

**enrich** *(enrij) v.* Nafaqayn, maalayn.
**ensure** *(enshu'a) v.* Hubin, xaqiijin.
**enter** *(enta) v.* Gelid, la galo.
**entertain** *(entateyn) v.* Martiqaadid, sooryeyn, khushuuc gelin.
**entire** *(entaaya) adj.* Dhammaan, gebi ahaan.
**entomology** *(entamolaji) n.* Cilmiga barashada cayayaanka.
**entrance** *(entranis) n.* Gelitaan, marin gelineed.
**entreat** *(entriit) v.* Baryid.
**entrust** *(entrast) v.* Ku aaminid.
**entry** *(entri) n.* Gelitaan, marin laga galo.
**envelop** *(enfelap) v.* Galayn, huwin, hagoogid.
**envelope** *(enfalowp) n.* Gal ama buqshad (galka warqadaha oo kale).
**envoy** *(enfoy) n.* Qunsul; qof dalkiisa mesala; ergay.
**envy** *(enfi) v., n.* Xaasidnimo; xaasidid; damacid.
**epidermis** *(epideemis) n.* Maqaarka sare ee jirka; dubka.
**equal** *(iikwal) adj.* Is le'eg.
**equalize** *(iikwalayz) v.* Is le'ekaysiin.
**equation** *(ikweyshan) n.* Is-le'ekaansho (xisaab): 3+9=12.
**equator** *(ikweyta) n.* Badhaha dhulka (xariiq).
**equip** *(ikwip) v.* Qalabeyn.
**equipment** *(ikwipmant) n.* Qalab.
***equivalent*** *(*ikwifalant) adj. U dhigma; la qiimo ah.
**era** *(iyra) n.* Muddo taariikheed.
**eradicate** *(iraadikeyt) v.* Cidhib tirid; xidid u saarid, baabi'in.
**erect** *(irekt) v.* Taagid, sare joojin; dhisis, qotomin.
**erode** *(irood) v.* Naabaadguurin.
**err** *(ee) v.* Khalad samayn, khaldamid, gefid.
**error** *(era) n.* Khalad.
**escape** *(eskeyp) v.* Baxsad, ka nabadgelid; fakad.
**especial** *(espeshal) adj.* Gaar ah, khaas.
**especially** *(espeshali) adv.* Laba daraadle, khusuusan.
**espionage** *(espiyanaaj) n.* Basaasnimo.
**essay** *(esey) n.* Curis (qoraal gaaban).
**essential** *(isenshal) adj.* Loo baahan yahay; lagama maarmaan ah.
**establish** *(estabilish) v.* Qotomid, dejin, aasaasid.

**establishment** *(estabilishmant) n.* Qotonsanaan; hay'ed baayacmushtar ama dawladeed.
**estate** *(esteyt) n.* Dhul ama dhisme weyn (hanti).
**esteem** *(estiim) v.* Aad u ixtiraamid, xushmayn ama tixgelin.
**estimate** *(estimeyt) v.* Qiyaasid; qiimayn (male ah).
**estimation** *(estimeyshan) n.* Qiyaas ama qiimayn, u malayn qiyaaseed.
**eternity** *(iteeniti) n.* Wakhti ama milay aan dhammaad lahayn.
**ethnic** *(ethnik) adj.* Jinsi; jinsiyadaha bani-aadamka.
**eunuch** *(yuunak) n.* Ninka dhufaanka ah.
**evacuate** *(ifakyuweyt) v.* Faaruqin; madhin ama bannayn (meel), ka guurid.
**Eve** *(iif) n.* Xaawa, hooyadii loogu hor abuuray.
**eve** *(iif) n.* Habeenimada ka horaysa maalin muhim ah.
**even** *(iifan) n.* Xitaa, siman, tiro dhaban ah.
**evening** *(iif-ning) n.* Habeenimada hore.
**event** *(ifent) n.* Dhacdo; wax muhiim ah (arrin) oo dhacay.
**ever** *(efa) adv.* Waligeedba, waligoodba, wakhti aan muddo loo qaban; waligaa, kasta: (meel kasts, midkasta, inkasta, si kasta, iwm.)
**evergreen** *(efagiriin) n. adj.* Geed ama dhir wakhti walba cagaar ah sannadka oo dhan.
**evermore** *(efamoo) adj.* Weligeedba, ilaa iyo weligeedba.
**every** *(efri) adj.* Gebi ahaan; mid walba; walba ama kastaba sida: (everybody = qofkasta, iwm.)
**evident** *(efidant) adj.* Qeexan ama cad.
**evil** *(iifil) adj.* Xun; waxyeelo leh; kharriban.
**exact** *(egzakt) adj., v.* Si sax ah; saxid ama hagaajin.
**exaggerate** *(egzajareyt) v.* Buunbuunin, la buunbuuniyo.
**exaggeration** *(egzajereyshan) n.* Buunbuunin.
**exam** *(egzam) n.* Intixaanid; imtixaan (soo gaabin 'examination').
**examination** *(egzamineyshan) n.* Imtixaan.
**examine** *(egzamin) v.* U fiirsasho, hubsiimo ah, imtixaamid.
**example** *(egzampal) n.* Tusaale, wax lagu daydo.

**excavate** *(ekeskaveyt) v.* Qodid ama ciid dusha u soo saarid.
**exceed** *(eksiid) v.* Ka badin; siyaadin; kordhin.
**excellent** *(eksalant) adj.* Aad u wanaagsan; aad u fiican.
**except** *(eksept) prep., v.* Mooyee; maaheee; sida (Dhammaan ardaydii way wada joogaan Cali mooyee): All the students are present except Ali.
**exception** *(eksepshap) n.* Ka reebid; aan ku jirin ama ka tirsanayn.
**excess** *(ekses) n.* Ka badan, ku siyaado ah.
**exchange** *(eksjeynj) n., v.* Iswaydaaris; isku beddelid.
**excite** *(eksaayt) v.* Arbushid, niyad kicin; dareen kicin.
**excitement** *(eksaaytmant) n.* Arbushan; dareen kacsan; niyad kacsanaan.
**exclaim** *(ekskaleym) v.* Qaylo kedis ah oo yaab leh (nabar, xunuun).
**exclude** *(ekeskluud) v.* Ka reebid.
**excrement** *(ekiskrimant) n.* Saxaro, uddo.
**excuse** *(ekskyuuz/s) v., n.* Xafin; cudurdaarasho.
**exercise** *(eksasaayz) n.* Laylli; jidh kala bixin (jimicsi).
**exert** *(egzeet) v.* Awood saarid; dul saarid (awood, iwm.).
**exhale** *(ekes-heyl) v.* Neef saarid, neefsasho.
**exhaust** *(egzoost) v.* Daalin; idlayn.
**exhaust** *(egzoost) n.* Qaaca ama meesha qaaca baabuurtu ka baxo.
**exhibit** *(egzibit) v.* Soo bandhigid.
**exhibition** *(eksibishan) n.* Bandhig.
**exile** *(eksayl) n.* Qof dalkiisa laga masaafuriyey ama naftiisa baqe uga cararay.
**exist** *(egzist) v.* Jira; mawjuud ah, nool.
**existence** *(egzistanis) n.* Jiritaan; nolol.
**expand** *(ekispaand) v.* Fidid, kala bixid.
**expansion** *(ekispaanshan) n.* Fidid, fiditaan; kala bixis.
**expect** *(ekispekt) v.* La filo, filid, rajayn.
**expectation** *(ek-spekteyshan) n.* Filitaan, rajayn.
**expenditure** *(ek-spendija) n.* Kharash.
**expensive** *(ek-spensif) adj.* Qaali ah, qiime sare ah.
**experience** *(ek-spiiriyans) n.* Waayo aragnimo, khibrad.

**experiment** *(ek-sperimant) n.* Tijaabo.
**expert** *(ekispeet) n.* Qof khibrad iyo waayo aragnimo leh, khabiir.
**expire** *(ekspaaya) v.* Khaayis, wakhtigiisii dhammaaday.
**explain** *(eks-pleyn) v.* Sharxid, sifayn.
**explanation** *(eks-planeyshan) n.* Sharax.
**explode** *(eks-plowd) v.* Qarxid.
**exploit** *(eks-ployt) v.* Dhiigmiirasho, ku dul noolaasho, ka faaiideysasho.
**explore** *(eks-ploo) v.* Dalmarid (cilmi baaris ah), sahamin dhuleed.
**explosion** *(eks-plooshan) n.* Qarax (sanqar weyn leh).
**export** *(eks-poot) v., n.* Dibad u dhoofin (alaabo).
**expose** *(eks-pooz) v.* Dabool ka qaadid, bujin.
**express** *(eks-pres) adj,.n.,v.* Sharxid, sheegid, dhakhso u dirid (boosta).
**extend** *(ekstend) v.* Fidin, kala jiidid, dheerayn.
**extension** *(ekstenshan) n.* Fidis, kala bixis, siyaadin.
**exterior** *(ekstiiriya) adj,* Dibad, dul, guudka, oogo.
**extinguish** *(ekstingwish) v.* Dab bakhtiin, demin.
**extol** *(ekstol) v.* Aad u ammaanid.
**extra** *(ekistra) adj.* Dheeraad.
**extraordinary** *(ekistroodinari) adj.* Qayracaadi, si aad u xad-dhaaf ah.
**extreme** *(ekistriim) adj.* Heerka ugu sarreeya, dacalada ugu shisheeya, ugu fog.
**eye** *(ay) n.* 1. Il (isha wax lagu arko). 2. (Dadweynaha ishiisa ku dhacaya: in the public eye).
**eye-glass** *(ay-galaas) n.* Muraayadda aragga ee indhaha.

# F

**face** *(feys) n., v.* Weji, wejihaad.
**facing** *(feysing) n.* Qaabilis, waajihid.
**fact** *(faakt) n.* Dhab, xaqiiq, run.
**factory** *(factari) n.* Warshad.
**faculty** *(faakalti) n.* Kulliyad.
**fail** *(feyl) v.* Dhicid; saaqidid.
**failure** *(feylya) n.* Saaqid.
**faint** *(feynt) adj.* Suuxid; diidid.
**fair** *(fee) n., v.* Carwo, bandhig; xaq ku taagan.
**faith** *(feyth) n.* Aaminsanaan, rumaysnaan.
**faithful** *(feyth) adj.* Daacadnimo, mukhliska ah.
**fall** *(fool) adj.* Soo dhicid, dhicid.
**fall** *(fool) n.* Awood xukun ka dhicid.
**false** (fools) adj. Been, run maaha.
**falsify** *(foolsifay) v.* Qalad ama been-ka-dhigid (dhokyument, warbixin, iwm.).
**familiar** *(familya) adj.* La yaqaan; cilmi fiican ka haysta.
**family** *(famili) n.* Xaas; qoys.
**famous** *(feymas) adj.* Caan ah; la wada yaqaan.
**fan** *(faan) n.* 1. Marawaxad; marawaxada laydha ee (dabaysha) samaysa ee laysku qaboojiyo. 2. Qof aad ugu xamaasisan (jecel) qof caan ah (sida jile, koox cayaaryahan ah, iwm.).
**fantastic** *(faantaastik) adj.* Cajiib ah ama lala yaabo-wanaagsan.
**far** *(faa) adv.* Fog, aan dhawayn.
**farewell** *(feerwel) int.* Nabadgelyo.
**farm** *(faam) n.* Beer (lagu beero xabuubka, heedda, iwm.) ama daaq ka baxo oo xoolaha la daajiyo).
**fashion** *(faashan) n.* Hab lebis oo casri ah; hab dhaqan (casri).
**fast** *(faast) adj.* Aad loo xidhay; aan debecsanayn; soon (Ramadan); dhakhso, degdeg ah.
**fasten** *(faasen) v.* Giijin (xidhid).
**fat** *(faat) adj. n.* Buuran, shilis, baruur.
**father** *(faatha) n.* Aabbe; bilaabe: <u>So-and-so is the father of Somali music</u>.
**fatigue** *(fatiig) n.* Daal.
**fault** *(foolt) n.* Qalad.
**fatten** *(faatan) v.* Naaxin.
**favour** *(feyfa) n.* Ka jeclaan inta kale. taageerid naxariis leh.
**fear** *(fiye) n.* Baqdin, cabsi, ka bajin, cabsiin.

**feasible** (fiisabal) adj. La yeeli karo; la qaban karo; la suubin karo; run u eg.
**feast** *(fiist) n.* Dayaafad, casuumad weyn (diinta ku sugan).
**feather** *(fetha) n.* Baalka (shimbiraha).
**feature** *(fiija) n.* Qaybaha wejiga midkood; wejiga oo idil; qaabka iyo suuradda.
**February** *( Feb-ruwari) n.* Bisha labaad ee dannadka miilaadiga. Febraayo.
**fed up** (fed-ap) v. Khatyaan: (khatiyaan baan ka joogaa.) I am fed up with him.
**federal** *(fedral) adj.* La xidhiidho nooc dawladnimo oo awoodda maamul u qaybsan tahay dawladda dhexe iyo gobolada.
**federation** *(federeyshan) n.* Dawladdo yaryar oo mid dhexe isugu tegey.
**fee** *(fii) n.* Lacag ajuuro ah oo aad adeeg dhaafsato; rusuum.
**feed** *(fiid) v.* Cunto siin; quudin; raashimin.
**feel** *(fiil) v.* Dareemid.
**feeling** *(fiiling) n.* Dareen, xis, shucuur.
**feet** *(fiit) n.* Cago, cagaha hoose ee lagu socdo. Stand on one's feet : isku tashasho, isku filaansho.
**fellow** (felow) n. Rafiiq, wehel.
**felt** (felt) v. Dareemay; la dareemay.
**female** *(fiimeyl) adj.* Dheddig.
**feminine** *(feminin) adj.* Dheddigood ah; astaamihii naagnimo leh.
**fence** *(fens) n., v.* Dayr; seeftan (degaalka seefta).
**fertile** *(feertayyl) adj.* Nafaqo leh ama ah (ciidda, dhulka. dhirta).
**fertilize** *(feertilayz) v.* Nafaqayn ama digo ku shubid (ciidda)
**festival** *(fesafal)n.* Iid (sida Idda Carafo oo kale).
**fetch** *(fej) v.* La keeno, la doono.
**fever** *(fiifa) n.* Xummad (markuu jidhku xanuun la kululaado).
**few** *(fiyuu) adj.* Xoogay, in-yar.
**fiancé** *(fiyansey) n.* Qof doonan (gabadh ama nin).
**fiction** *(fikshan) n.* Khayaali ah ee run loo ekaysiiyey (sheeko).
**field** *(fiild) n.* Beer weyn (daaq ama miro heerid); garoon.
**fifteen** *(fiftiin) n.* Tirada shan iyo toban: 15.

**fifth** *(fifth) n., adj.* Ka shanaad, 5aad.
**fifty** *(fifti) n.* Tirada konton: 50.
**fight** *(fayt) v., n.* Dagaalan; dirir; hardamaad; dagaal.
**figure** *(figa) n.* Joogga qofka; summadda tirada sida 0-9; sawirka jaantuska ah, iwm.
**file** *(fayl) n.* Soofe; faylka ama qafiska waraaqaha, iwm, lagu rito ama lagu qaato; kuyuu (saf uu qofku qof is daba taago).
**fill** *(fil) v.* Buuxid; buuxin.
**film** *(filim) n.* Filim.
**filter** *(filta) n., v.* Shaandho; shaandhayn; qashin ka reebid.
**final** *(faynal (adj.* Ugu danbeeya.
**finally** *(faynali) adv.* Ugu danbayn.
**finance** *(faynaans) n.* Cilmiga maaraynta Lacagta; lacagta.
**financier** *(faynaansiya) n.* Qofka xirfadda u leh habaynta lacagta; qofka cid maalgeliya.
**find** *(faynd) v.* Helid; soo saarid.
**fine** *(fayn) adj., n.* Fiican; takhsiir ama ganaax; saafi (hawada).
**finger** *(finga) n.* Far.
**finish** *(finish) v.* Dhammayn, idlayn.
**finish** *(finish) n.* Awood orod dhaqso ah tartan dheer dabayaaqdiisa.
**fire** *(faaya) n.* Dab (ka wax lagu karsado ama wax guba).
**fire-engine** *(faaya-enjin) n.* Baabuurka dabdemiska.
**fire-iron** *(faaya-aayan) n.* Birqaab; dab xaadh (walaxda dabka lagu qaado).
**firm** *(feem) adj.* Shirikad; adag; qalafsan.
**first** *(feest) adj.* Koowaad; ugu horreysa; ugu horrayn.
**fish** *(fish) n., v.* Kalluun; mallay; kalluun qabsasho.
**fishing** *(fishing) n.* Kalluumeysi.
**fist** *(fist) n.* Duubka gacanta.
**fit** *(fit) adj.* Ku habboon; sax ah; le'eg; caafimaad qaba.
**five** *(fayf) n.* Tiro shan ah: 5 (ama V).
**fix** *(fikis) v.* Xidhid, samayn.
**flag** *(flaag) n.* Calan (bandiirad).
**flag** *(flaag) v.* Qaadho, dhadho.
**flag (down)** *(flaag dawn) v.* U digid in uu istaag u diyaar noqdo.
**flame** *(fleym) n.* Olol; ololin.
**flank** *(flaank) n.* Ganac' dhinac (qof, neef).
**flash** *(flaash)n.* Iftiin mar ah, walac.

**flask** *(flaask) n.* Dhalo luqun dhuuban oo shaybaarrada lagu isticmaalo; darmuus ama falaas (ta shaaha lagu shubto oo kale).
**flat** *(flaat) adj.* Bagacsan; siman.
**flea** *(flii) n.* Takfi, boodo.
**flesh** *(flesh) n.* Cad; jiidh (baruur maaha).
**flexible** *(fleksabal) adj.* Qalloocsami kara (aan jabayn) la qalloocin karo, liil leh.
**flight** *(falaayt) n.* Duulimaad.
**float** *(flowt) n.* Sabbayn (biyaha guudkooda).
**flock** *(flok) n.* Xayn (shimbiro, adhi, iwm.)
**flood** *(flad) n., v.* Biyo badan oo dhulka socda (roobka dabadi) daad.
**floor** *(floo) n.* Sagxadda guriga; dabaq: we live on the first floor of the block.
**flour** *(flawa) n.* Daqiiq, bur.
**flow** *(flow) v.* Qulqulid.
**flower** *(flowa) n.* Ubax.
**fly** *(flaay) n.,v.*Dukhsi; duulid.
**foal** *(fool) n.* Faraska yar.
**fog** *(fog) n.* Ceeryaan.
**fold** *(fowld) v.* Duubid ama laablaabid.
**follow** *(folow) v.* Raacid, daba socod.
**foment** *(fawment) v.* 1. Kubbayn ama kawayn. 2. Dhiirigelin (sababid) colaad, rabshad.
**food** *(fuud) n.* Cunno, raashin.
**fool** *(fuul) n.* Nacas.
**foolish** *(fuulish) adj.* Nacas ah.
**foot** *(fut) n.* Cag.
**forbid** *(fabid) v.* Mamnuucid, is hortaagid, ka reebid.
**force** *(foos) n, v.* Quwad, xoog.
**forefoot** *(foofut) n.* Jeeni,adinka hore.
**forehead** *(forid) n.* Wejiga intiisa sare ee soo taagan (indhaha dushooda), food.
**foreign**. *(foorin) adj.* Dibadda (dalka gudihiisa maaha); qalaad.
**foreleg** *(fooleg) n.* Jeeni.
**foreman** *(fooman) n.* Horjooge.
**foreskin** *(fooskin) n.* Balagta, buuryada.
**forest** *(forist) n.* Kayn.
**foretell** *(footel) v.* Saadaalin.
**forewoman** *(foowuman) n.* Horjoogad.
**foreword** *(fooweed) n.* Hordhac (buugga).
**forge** *(fooj) v.* 1. Tumaalid bir. 2. Samayn wax u eg shay laakiin aan sax ahayn (saxeex, lacag, iwm.)
**forget** *(faget) v.* Illaawid.

**forgive** *(fagif) v.* Saamixid.
**fork** *(fook) n.* Fargeyto.
**form** *(foom) n.* Samayn ama qaabayn.
**fort** *(foot) n.* Qalcad.
**former** *(fooma) adj.* Kii hore, hore.
**formula** *(foomyula) n.* Qaacido.
**fortnight** *(footnaayt) n.* Muddo laba toddobaad ah.
**fortune** *(foojuun) n.* Fursad, nasiib.
**forty** *(footi) n.* Tirada afartan: 40 (ama XL).
**forward** *(foowad) adj., v.* Xagga hore, horudhigid.
**fought** *(foot) v.* Dagaallamay.
**foul** *(fawl) adj.* Aan caddaalad ahayn.
**found** *(fawd) v.* Helay, soo saaray.
**foundation** *(fawndeyshan) n.* Aasaas, sees.
**four** *(foo') n.* Tiro afar: 4 (ama IV).
**fowl** *(fawl) n.* Shimbiro, digaag.
**fox** *(foks) n.* Dawaco ama dacawo.
**fox** *(foks) n.* Qof fiican, qof kaa hoos dusi kara.
**fraction** *(frakshan) n.* Jajab (xisaab, sida ¼, ½, ¾, iwm.); in yar, cad yar (jab)
**frame** *(freym) n.* Qolof ama qafiska sare.
**frank** *(fraank) adj.* Weji furan; run sheega.
**free** *(frii) adj. v.* Xor, fasax; xorayn, fasax siin.
**freedom** *(firiidam) n.* Xoriyad.
**freeze** *(friiz) v.* Fadhiisin ama baraf ka dhigid; Ka joojin qaadashada hanti qof ama dal leeyahay: The country's assets in the neighbouring state were frozen (closed) during the border war.
**fresh** *(fresh) adj.* Daray ah, cusub: fresh fruit, fresh news.
**fret** *(fret) v.* Cadhaysan; naqshadayn (loox ama qori).
**friction** *(frikshan) n.* Islis, isxoqid; khilaaf.
**Friday** *(fraaydi) n.* Maalinta Jimce.
**friend** *(frend) n.* Saaxiib.
**friendship** *(frendship) n.* Saaxiibtinimo.
**fright** *(frayt) n.* Naxdin ama baqdin kedis ah.
**frighten** *(fraytan) v.* Ka nixin, ka bajin.
**frog** *(frog) n.* Rah.
**from** (from) prep. Ka.
**front** *(frant) n.* Hor, xagga hore.
**frontier** *(frantiya) n.* Xadka, xuduudka dhinacyadiisa.

**frown** *(frown) v.* Weji ururin, weji macbuusin.
**fruit** *(fruut) n.* Khudrad, khudaar, miro.
**fruitful** *(fruutful) adj.* Miro leh, miro dhalinaya, wax soo saar leh.
**fruitless** *(fruutlas) adj.* Aan miro lahayn, faa'iido la'aan.
**fry** *(fraay) n., v.* Shiilid ama dubid (cuntada).
**frying-pan** *(fraying-paan) n.* Mawalli ama daawe (weelka wax lagu shiilo ama lagu dubo).
**fuel** *(fiyuual) n.* Shidal, xaabo.
**full** *(ful) adj.* Buuxa.
**fun** *(fan) n.* Maad, madadaalo.
**function** *(fankshan) n.* Isticmaal ama masuuliyad (hawl) uu qof ama shay leeyahay; ujeeddo ama dhaqdhaqaaq gaar ah oo qof ama wax leeyahay.
**fund** *(fand) n.* Lacag urursan oo u taal ujeeddo.
**fundamental** *(fandamental) adj.* Aasaaska, gunta.
**funeral** *(fyuunaral) n.* Maamuusid aas ama duugis qof dhintay la aasayo ama la duugayo, aas..
**funnel** *(fanal) n.* Masaf; shooladda markabka (qiiqu ka baxo).
**funny** *(fani) adj.* Maad leh, qosol leh, cajiib leh.
**fur** *(feer) n.*Dhogorta xayawaanka.
**furnace** *(feenis) n.* Shoolad, shooladda wax lagu dhalaaliyo, sida biraha, qaruuradaha, iwm.
**furnish** *(feenish) v.* Goglid, sharraxid (alaab dhigid).
**furniture** *(feenija) n.* Saabaanka guriga, qalabka iyo alaabta guriga sida; kuraasta, miiska, sariiraha, iwm.
**further** *(feetha) adv., adj.* Midda kale; ka sii horeeya.
**fury** *(fiyuuri) n.* Cado aad u kulul.
**fuse** *(fiyuuz) v., n.* Isku dhalaalin; isku dhafid.
**fustian** *(fastiyan) n.* Maro sida bustaha qaro weyn oo qallafsan; dhawaaq dheer.
**future** *(fyuuja) n.* Mustaqbal, wakhtiga soo socda.

# G

**gab** *(gaab) n.* Hadal
**gabble** *(gaabal) v.* Hadal dudubin, la boobsiiyo hadalka.
**gain** *(geyn) v.* Macaash, la helo.
**gallon** *(gallan) n.* Galaan (qiyaas) galaanka wax lagu miisto.
**gamble** *(gambal) v.* Khamaar, miidaamin.
**game** *(geym) n., adj.* Nooc ciyaar ah (kubbad, feedh, shax, iwm); ugaadh.
**gammon** *(gaman) n.* Hadal kibir iyo nacasnimo ah.
**gang** *(gaang) n.* Dad wada shaqaynaya, koox dad ah oo isku raacay inay wax arbushaan, dhacaan, dilaan.
**gap** (gaap) n. Meel yar oo bannaan.
**gape** *(geyp) v.* Af kale waaxid (sida hamaasiga oo kale).
**garage** *(garaaj/garij) n.* Hoosada baabuurta, geerash.
**garden** *(gaadan) n.* Beerta ubaxa ama khudaarta lagu beero, jerdiin.
**garlic** *(gaalik) n.* Toon (midda basasha u eg).
**garment** (gaamant) n. Hu', wax la xidho, maro, iwm.
**garrison** *(garisan) n.* Ciidan milateri ah oo la dejiyo magaalo ama qalcad.
**garrulous** *(garyulas) adj.* Hadal badni, aad u hadal badan, u hadlaya.
**gas** *(gas) n.* Neef, naqas.
**gasolene** *(gasaliin) n.* Baansiin.
**gastritis** *(gastaraytis) n.* Calool olol (cudue calool olol ah).
**gate** *(geyt) n.* Irridda weyn ee xero leedahay.
**gather** *(gaatha) v.* Isku ururin.
**gauge, gage** *(geyj) n.* Qiyaas xajmi, tiro, iwm; dhumucda xasawda, iwm. masaafadda u dhexeysa laba wax oo isku dheggan.
**gauge** *(geyj) v.* Qiyaasid.
**gauze** *(gooz) n.* Shabagga daaqadaha; maro shabaq leh oo nabarada lagu xidho.
**gave (give)** *(geyf) v.* La siiyay.
**gay** *(gey) adj.* Farxaan; khaniis.
**gaze** *(geyz) n., v.* Dhugasho, ku dheegagid, ku dheygagid (eegmo), eegid dheer.
**gear** *(giye) n.* 1. Geer, biraha ilkaha is gala leh, sida kuwa gaariga wada. 2. Qalab qof leeyahay: sports gear.
**gem** *(jem) n.* Dhagax qiimo badan leh (qaali ah).
**general** *(jeneral) adj.* Guud, wax guud ahaaneed.

**generate** *(jenereyt) v*. Ku dhaliso, ku sababto inay wax dhacaan ama jiraan; soo saarid.
**generation** *(jenereyshan) n.* Fac, jiil; abuurid, soo saarid, dhalid.
**generation gap** *(jenereyshan-gaap) n*. Muddada u dhaxaysa (da' iyo maskax fekirba) laba fac.
**generator** *(genereyta) n*. Mashiin soo saara ama dhaliya dab (koronto).
**generous** *(jenaras) adj.* Naxariis badan, deeqsi ah, deeqsi.
**genesis** *(jenisis) n.* Bilow, bilaabis, barta laga bilaabo, meesha wax ka unkamo.
**genetics** *(janetikis) n.* Sayniska (laanta bayoolojiga) la xidhiidha hiddaha.
**genial** *(jiiniyal) adj.* Naxariis leh, farxad kugu soo dhoweeya.
**gentleman** (jentalman) n. Nin mudan, nin sharaf leh.
**genuine** *(jenyuin) adj.* Run, runtii wax la yidhi ama la sheegay inay noqdaan ama ahaadaan; asli.
**genus** *(jiinas) n.* (Saynis) qayb ah xayawaan ama dhir oo isku qoys ah; nooc; dabaqad.
**geography** *(jografi/jiyografi) n.* Cilmiga (sayniska) abuurka iyo astaamaha dhulka: qaabka, qaybaha, cimilada, tirada dadka, wax soo saarka, iwm.
**geology** *(jiyoloji) n.* Cilmiga (macdamaha) dhulka iyo traariikhdiisa iyo macdanta.
**geometry** *(jomatri) n.* Cilmiga xisaabta qiyaasta, joomatari (xaglaha, xarriiqaha, iwm.)
**germ** *(jeem) n.* Jeermi, oo wax cudur dhaliya.
**germinate** *(jeemineyt) v.* Biqlid, biqilka iniinta (miraha), markay korriinka bilawdo.
**get** *(get) v.* Keen, la helo.
**ghost** *(gowst) n.* Cirfiid, shaydaan, wax aan jirin oo daadka qaarkii qof ugu muuqda.
**giant** *(jayant) n.* Cimlaaq, si aad ah u weyn.
**gift** *(gift) n.* Hibo, hadyad.
**giggle** *(gigal) v.* Qosol wijiiri ah.
**giraffe** *(jiraaf) n.* Geri (xayawaan sur ama luqun dheer leh).
**girl** *(geel) n.* Gabadh, inanta.
**girls** *(geelz n.* Hablo, gabdho.
**give** *(gif) v.* Sii, la siiyo, bixin.
**glacier** *(gleysha/glaasiya) n.* Baraf weyn oo buuraha (dhulka qabow) ku dul samaysma.

**glad** *(glaad) adj.* Faraxsan.
**glance** *(glaans) v.* Jalleecid, daymo.
**gland** *(glaand) n.* Qanjidh.
**glass** *(glaas) n.* Quraarad. qaruurad.
**glaucoma** *(glookoma) n.* Cudur indhaha ku dhaca oo indha-beelreeba ama arag darro.
**glazier** *(gleysya) n.* Ninka muraayadaha geliya daaqadaha.
**glen** *(glen) n.* Jar-dhuuban; dix dhuuban oo laba buurood u dhexaysa.
**glimpse** *(glimpis) n.* Il-bidhiqsi, wax in yar muuqday: I caught a glimpse of the sun.
**globe** *(glowb) n.* Wax sida kubbadda ah, sida dhulka ah.
**gloomy** *(gluumi) adj.* Murugeysan. madluum ah.
**glory** *(gloori) n.* Mudnaan, sharaf u yeelid, qaddarin mudan; waynayn.
**glow** *(gloo) v.* Iftiimid, dhalaal-bixin.
**glucose** *(gluukows) n.* Sonkor cad oo xubuub ah..
**glutton** *(glatan) n.* Qofka cirta weyn, qofka cuntada fara badan cuna.
**go** *(gow) v.* Tag, tagid.
**goal** *(gowl) n.* Muraad, qasdi; gool.
**goat** *(gowt) n.* Ri'; qof nacas ah.
**god** *(god) n.* Rabbi, Alle.
**godless** *(godlas) adj.* Xun, aan mabda' lahayn.
**goggle** *(gogal) v.* Indho caddayn, indho warwareejin, ku dhaygagid.
**goggles** *(gogalis) n.* Muraayad weyn oo laga xidho boodhka, dabaysha, iwm.
**gold** *(goold) n.* Dahab (macdanta ugu qaalisan).
**golden** *(gooldan) adj.* Dahabi, dahab ah; barwaaqo iyo farxad leh: We had some golden days.
**gonorrhea** *(gonariye) n.* Jabti, cudur ku dhaca ibaha laga kaadjo iyo qaybaha dhalmada ee jidhka.
**good** *(gud) adj.* Wanaagsan, fiican; buuxda, aad: We had a good look round the estate.
**goods** *(gudz) n.* Bucshurad.
**good-bye** *(gud-baay) n.* Nabadgelyo, nabadeey!
**goon** *(guun) n.* Qofka mansuukha ah.
**goose** *(guus) n.* Shimbir la rabbaysto (shimbir-badeed u eg).
**gorilla** *(garila) n.* Daayeer weyn.
**gossamer** (gosama) n. Xuubcaaro, xuub jilicsan.

**govern** *(gafan) v.* Xukumid (dawlad), maamulid dal.
**government** *(gafanmant) n.* Dawlad, xukuumad.
**governor** *(gafana) n.* Badhasaab, ninka dowlad-goboleed xukuma; guddoomiye.
**grace** *(greys) n.* 1. Qurux socod ama hannaan. 2. Dib-u-dhigid deyn-bixin ama shaqo dhamaystirkeed: He was given a grace of one month to pay the debt.
**gracious** *(greyshas) adj.* Bogaadin; raxmad badan leh; edeb leh.
**grade** *(greyd) n.* Heer; fasal (tirada dugsiga); darajo.
**graduation** *(gradyuweyshan) n.* Qalin jibin, marka waxbarashada la dhammeeyo ee shahaado la qaato.
**graduate** *(gradyuweyt) v. n.* Qalin jabin, jaamici.
**graft** *(graaft) n.* Tallaalka dhirta; lacag ama awood xukun oo aad khiyamo ku hesha.
**grain** *(greyn) n.* Xubuub; sida badarka, sarreenka, galleyda.
**grammar** *(graama) n.* Naxwe, barashada naxwaha luqadeed.
**gramme** *(gram) n.* Halbeegga miisaanka, garaam (1/1000 kilogram).
**grand** *(graand) adj.* Weyn, weynaan.
**grandeur** *(graanja) n.* Weyni; qurux iyo shacni.
**grandfather** *(grandfaatha) n.* Awow.
**grandmother** *(grandmatha) n.* Ayeeyo.
**grant** *(graant) v.* Siin; deeq.
**grape** *(greyp) n.* Cinab, miro laga sameeyo khamriga lana cuno, canab.
**graph** *(graf) n.* Garaaf (xisaab xariiqo ka kooban).
**grasp** *(graasp) v.* Si xoog ah u qabatid; qalbiga ku qabsatid.
**grass** *(graas) n.* Doog, doogga ay xooluhu daaqaan.
**grasshopper** *(grashopa) n.* Koronkoro.
**grateful** *(greytful) adj.* Mahadnaq leh, mahadeelin leh.
**gratitude** *(gratityuud) n.* Mahadnaq, mahadcelin.
**grave** *(greyf) n., adj.* Qabri, xabaal; khatar, halis: grave injuries; xidhan, aan weji-furnaan lahayn: a grave face.
**gravel** *(grafal) n.* Quruurux, dhagaxa yar yar ee yeyga ah.
**gravity** *(grafiti) n.* Jiidis hoose (dulka); soo jiidhashada dhulka.
**graze** *(greyz) v.* Daaqis, doog cunidka xoolaha; la daaqsiiyo (xoolaha).

**grease** *(griis) n., v.* Xaydh (xaydha baabuurta); xaydhayn.
**great** *(greyt) adj.* Weyn.
**greedy** *(griidi) adj.* Hunguri weynaan, waa hunguro weyn yahay, dammaaci.
**green** *(griin) adj.* 1. Cagaar (midab) doogo. 2. Ceedhin, aan khibrad badan lahayn, ilbax ahayn.
**greet** *(griit) v.* Salaamid.
**grenade** *(grineyd) n.* Garneyl, bam, (ka qarxa).
**grow** *(groo) v.* La beeray; la koriyey.
**grey** *(grey) adj.* Midab boodhe ah, midab dameer oo kale.
**griddle** *(gridal) n.* Daawe, daawaha wax lagu dubo.
**grief** *(griif) n.* Murugo.
**grin** *(grin) v.* Qosol ilka caddayn.
**grind** *(graynd) v.* Ridaq, ridiqid, shiidid, burburin.
**grindstone** (*graand-istoon) n.* Dhagaxa wax lagu fiiqo, lisin.
**gristle** *(gristal) n.* Taharta xoolaha (hilibka ku taalo), carjaw.
**groan** *(groown) v.* Taah, jibaad.
**grocer** *(groosa) n.* Qofka cuntada iyo khudaarta iibsa.
**grocery** *(groosari) n.* Dukaanka cuntada iyo khudaarta.
**groove** *(gruuf) n.* Maraar (sida iskuruugga, buraashadda afkeeda).
**gross** *(groos) n.* Laba iyo toban dersin; 144.
**gross** *(groos) adj.* Si aad ah (xun) u buuran ama shilis.
**gross** *(groos) adj.* Aan laga saarin cashuurtii ama macaashkii, iwm.: His gross salary was five million shillings this year.
**gross weight** *(goos-weyt) n.* Miisaanka markab, sanduuq iyo quraarad, iwm., iyo waxa ku jira.
**group** *(gruup) n.* Koox.
**grow** *(grow) v.* Korin, la koriyo; beerid
**grower** *(growa) n.* Qofka wax beera.
**growth** *(growth) n.* Korriin, bixis.
**grubby** *(grabi) adj.* Wasakh leh, aan la mayrin.
**gruff** *(graf) adj.* Cod-xun, qallafsan.
**grumble** *(grambal) v.* Gunuus, gungunuuc.
**guarantee** *(garantii) n.* Ballan qaad in wax muddo la iska hubiyo.
**guard** *(gaad) n., v.* Ilaalin; ilaaliye.

**guardian** *(gaadiyan) n.* Qofka ilaaliye, xafida ama daafaca cid ama wax gobonimo doon ah.
**guerrilla** *(garila) n.* Dagaalyahan.
**guess** *(ges) v.* Malayn, u malayn (aan la hubin).
**guest** *(gest) n.* Marti.
**guidance** *(gaaydanis) n.* Hoggaamin, hanuunin.
**guide** *(gaayd) n., v.* Qofka wax tilmaama; tilmaamid.
**guide dog** *(gayd-dog) n.* Ey qof indho la' haga.
**guilt** *(gilt) n.* Dembi, eed.
**guiltless** *(giltlas) adj.* Daacad ah, eed ma leh, aan dembi lahayn.
**guilty** *(gilti) adj.* Eedeysan.
**guitar** *(gitaa) n.* Kaman lix xadhig leh.
**gulf** *(galf) n.* Gacan (badda, khaliij: meesha baddu dhulka ka gasho).
**gullet** *(galit) n.* Hunguriga ama dhuunta caloosha cuntadu u marto (afka ilaa caloosha inta ka dhexeysa).
**gulp** *(galp) v.* Si deg deg ah wax u liqliqid (cantuugo weyni ku jirto).
**gum** *(gam) n.* Xanjo; cirrid; xabag.
**gun** *(gan) n.* Bunduq, qoriga xabbadda laga rido.
**gurgle** *(geergal) n.* Sanqadh qulucquluc ah; sida sandha baxda marka dhalada biyaha laga shubayo.
**gurgle** *(geergal) v.* Samayn sanqadh luqluqasho.
**gush** *(gash) v.* Butaacid.
**gustation** *(gasteyshan) n.* Dhadhaminta.
**guzzle** *(gazal) v.* Cunto boobid, si hunguri weyni ah wax u cunid, ama u cabtid.
**gymnastics** *(jimnaastiks) v.* Jimicsi, jidh-ilaalineed ama xarago tartan.
**gymnastic** *(jimnaastik) adj.* Jimicsi saameeya ama la xidhiidha.
**gypsum** *(jipsam) n.* Macdan nuuradda u eg (ta dadka jaba lagu kabo).
**gyrate** *(jaayreyt) v.* Ku wareegeysi, ku meerid, wax aan isagu dhaqaaqaya.

# H

**habit** *(habit) n.* Caado.
**habitual** *(habijual) n.* Iska caadi ah, la caadaystay.
**hack-saw** *(haksoo) n.* Miishaarta lagu jaro biraha.
**had** *(had) v.* lahaa (wakhti tegay baa lagu isticmaalaa).
**hair** *(hee) n.* Timo.
**half** *(haaf) n., adj., adv.* Badh, nus.
**hall** *(hool) n.* Gole, qol lagu kulmo oo weyn, qolka shirka.
**halt** *(hoolt) n., v.* Joogin ama hakin dhaqdhaaq ama socod; joogsi.
**halve** *(haaf) v.* Kala badhid, laba u kala qaybin (is le'eg).
**hammar** *(hama) n.* Dubbe (ka wax lagu garaaco).
**hand** *(hand) n.* Gacanta hore (shan farood iyo calaacal) gacan.
**handcuffs** *(handkafis) n.* Katiinad, birta dadka la xidhayo gacanta lagaga xidho.
**handkerchief** *(hankajif) n.* Masarka afka (fasaleeti).
**handle** *(handal) n.* Sidde, meesha shay la qabto marka la qaadayo ama la jiidayo.
**handsome** (hansam) adj. Qurxoon, muuqaal fiican (ragga).
**hang** *(hand) v.* Deldelid, laadlaadin, deldelaad ama soo laalaadin; deldelid (dil).
**hanger** *(hanga) n.* Dhismaha dayaaradaha lagu hagaajiyo, ama ay u hoydaan.
**hanging** *(hanging) n.* Dil deldelaad ah.
**hapless** *(haplas) adj.* Nasiib-darro, nasiib-xumo.
**happen** *(hapan) v.* Dhaca, dhicid (Maxaa dhici doona? Sidee buu shilka u dhacay?): What will happen? How did the accident happen?
**happy** *(hapi) adj.* Faraxsan.
**harbour** *(haaba) n.* Dekedda maraa kiibtu ku soo xidhato.
**harbour** *(haarba) v.* Hayn ama qarin cid sharcigu raadinayo: They harboured the criminal.
**hard** *(haad) adj.* Adag, aan sahlanayn ama hawl yarayn.
**harden** *(haadan) v.* Adkayn, la adhkeeyo.
**hardship** *(haadship) n.* Dhibaato, duruuf adag.
**hare** *(hee) n.* Bakayle.
**harm** *(haam) n., v.* Dhibaato, waxyeelo; waxyeelayn.
**harmful** *(haamful) adj.* Dhibaato badan, dhibaato miidhan.
**harmless** *(haamlis) adj.* Aan dhibaato lahayn.

**harvest** *(haafist) n., v.* Midho gurasho, midho goyn; dalag; maxsuul.
**haste** *(heyst) v.* Dhakhso (socod), degdegsiin, dhakhso u socodsiin.
**hat** *(hat) n.* Koofiyad.
**hate** *(heyt) v.* Karhid, nacbeysi, dhibsi.
**hateful** *(heytul) adj.* Karaahiyo, aan la jeclayn, la necebyahay.
**have** *(haf) v.* Leeyahay ama leenahay ama leedahay, leh.
**hawk** *(hook) n.* Dhuuryo; shimbir indho fiican oo dheereeya ama fudud, haad-ka-adag.
**hay** *(hey) n.* Caws, doog la jarjaray oo la qalajiyay).
**hazard** *(hazad) n.* Khatar.
**he** *(hii) pron.* Isaga (qofka).
**head** *(hed) n.* Madax, kurta.
**heal** *(hiil) v.* Bogsiin (meel bogtay), daaweyn, bogsasho.
**health** *(helth) n.* Caafimaad, saxo.
**healthy** *(helthi) adj.* Caafimaadqab, saxo wanaag.
**heap** *(hiip) n.* Raso ama wax la is dul saarsaaray.
**hearing** *(hiyering) n.* Wax maqal, dhageysi.
**hearse** *(heers) n.* Naxash (ka maydka lagu qaado).
**heart** *(haat) n.* Wadne, wadnaha nafleyda.
**heat** *(hiit) n, v.* Kulayl, kul, kululayn.
**heaven** *(hefan) n.* Janno, jannada aakhiro.
**heavy** *(hefi) adj.* Culus, culays badan.
**hedgehog** *(hejhog) n.* Caanoqub (xayawaan).
**hectare** *(hektaa) n.* Cabbir ama qiyaas dhulka lagu sameeyo.
**heel** *(hiil) n.* Cidhib, cagta xaggeeda dambe.
**Hegira** *(hejira) n.* Taariikhda Islaamka.
**height** *(haayt) n.* Dherer.
**helicopter** *(helikopta) n.* Dayuurad qummaatiga u kacda una fadhiisata, helikobtar.
**hell** *(hel) n.* Cadaab (naarta aakhiro); wixii sido cadaabta u dhib badan.
**helmet** *(helmit) n.* Koofiyadda birta ah ee askarta, macdan qodayaasha iyo kooxaha dabdemisla, iwm.
**help** *(help) n.* Caawin, mucaawino.
**helpful** *(helpful) adj.* Caawis badan, ku caawinaya, wax taraya.
**helpless** *(helpilis) adj.* Aan waxba qabsan karin, aan caawin karin, miskiinnimo.

**hemorrhoids** *(hemarooydis) n.* Bawaasiir; cudur ku dhaca malawadhka hoostiisa ama futada.
**hen** *(hen) n.* Digaagad; dooro.
**hence** *(henis) adj.* Sidaa darteed.
her *(hee) pron.* Waxeed (walaasheed; iyadu waxay i siin doontaa saacaddeeda): her sister; she will give me her watch .
**herd** *(heed) n.* Goosan; xayn (xoolo).
**here** *(hiye) adv.* Halkan, kobtan, meeshan.
**heredity** *(hirediti) n.* Hiddo, iska dhaxlid.
**hero** *(hiyerow) n.* Halyey; geesi.
**herself** *(hee-selaf) pron.* Nafteeda; qudheeda; iskeeda.
**hesitate** *(heziteyt) v.* Ka maagid; ku-dhicid-la'aan.
**hew** *(hiyuu) v.* Goyn; jarid.
**hide** *(haayd) v.* Qarin; xasayn; haragga xoolaha (saan).
**hideous** *(hidiyas) adj.* Aad u foolxun.
**high** *(haay) adj., adv.* Sarreeya; meel sare; kor.
**highness** *(haaynis) n.* Sarrayn.
**hill** *(hil) n.* Buur yar.
**hilt** *(hilt) n.* Daabka toorayda.
**him** *(him) pron.* Isaga (labka).
**himself** *(himsalaf) pron.* Naftiisa; qudhiisa; iskii.
**hint** *(hint) n.* Wax-u-sheegid aan toos ahayn; u-dacal-dhebid; talo-siin.
**hip** *(hip) n.* Misig.
**hippopotamus** *(hipapot-amas) n.* Jeer (xaywaan webiga ku nol).
**hire** *(haaya) v.* Kirayn; kirayn ama kiro; ijaarasho.
**his** *(hiz) adj.* Wixiisa; kiisa (shaadkiisa): his shirt.
**historic** *(historik) adj.* Taariikh leh; ku caan ah taariikh.
**history** *(histori) n.* Taariikh.
**hit** *(hit) v.* Hirdi; ku dhufasho.
**hive** *(haayf) n.* Godka ama qafiska shinnida (hooyga shinida).
**hoard** *(hoord) n.* Kayd aad qarsatay si aad mar dambe uga faaiidaysato.
**hobble** *(hobal) adj.* Tukubid (socod).
**hobby** *(hobi) n.* Balwad; waxa qofku qabto ee uu u xiiseeyo marka uu firaaqada yahay (marka aanu shaqo hayn).
**hockey** *(hoki) n.* Xeego (ciyaar).
**hoe** *(hoow) n.* Madaraq, qalab qax lagu qodo.
**hold** *(hoold) v.* Gacan ku qabad; qabasho, hayn.

**hole** *(hool) n.* Dalool, daloolin, god.
**holiday** *(holidey/holadi) n.* Fasax, maalin fasax ah.
**holster** *(hoolsta) n.* Galka baastoolada; kiisha baastootalada.
**home** *(hoom) n.* Hoy; guri.
**homicide** *(homisaayd) n.* Dad layn, dad dilis, aan badheed ahayn.
**honest** *(honist) adj.* Daacad.
**honesty** *(honisti) n.* Daacadnimo.
**honey** *(hani) n.* Malab, waxa macaan ee shinnidu samayso.
**honeymoon** *(hanimuun) n.* Maalmaha arooska ugu horeysa ee ay labada is guursatay nasashada ku jiraan.
**honour** *(ona) n.* Sharaf, maamuus, sharfid, maamuusid.
**honourable** *(onarabal) adj.* Sharaf mudan.
**hoof** *(huuf) n.* Qoobka fardaha, dameeraha, iwm.) **hook** *(huk) n.* Sudhato, bir qoolaaban oo wax la soo suro.
**hope** *(hoowp) n., v.* Rajo; rajayn.
**hopeful** *(hoowpful) adj.* Rajo leh; rajo-badan.
**hopeless** *(hoowplas) adj.* Rajo la'aan, rajo ma leh, bilaa rajo.
**horn** *(hoon) n.* Gees (geesaha lo'da, riyaha, baciidka, iwm.
**horrible** (horibal) adj. Necbaansho ama cabsi xun; naxdin leh.
**horrify** *(horifaay) v.* Naxdin-gelin, ka nixin, ka bajin.
**hospital** *(hospital) n.* Isbitaal.
**horse** *(hoos) n.* Faras.
**host** *(hoowst) n.* Qof loo marti yahay; qofka wax marti qaada.
**hostage** *(hostij) n.* La haysto, qof maadax furasho loo haysto.
**hostel** *(hostal) n.* Dhismaha (leh jiif iyo cuntaba) lagana kireeyo dad wuxuun wadaaga; sida shaqaalaha; ardayda, iwm.
**hostility** *(hostiliti) n.* Cadaawad; dagaal.
**hot** *(hot) adj.* Kulul; kulayl ah.
**hotel** *(hoowtel) n.* Huteel; albeergo; dhismo qolal la kireeyo oo hurdo iyo cunto leh.
**hour** *(awa) n.* Saacad (wakhtii).
**hourly** *(awalli) adv.* Saacad walba; saacad kasta; saacaddiiba mar.
**house** *(haws) n.* Aqal; guri; dhismo, dad ku dhex nool yahay.
**hover** *(hofa) v.* Ku dul heehaw (shimbiraha iyo wixii duulaba); hawo ku dhex wareeg; weedadow.

**how** *(haw) adv*. Sidee; sida.
**huge** *(hiyuj) adj*. Aad u weyn; cimlaaq ah.
**humanity** *(hiyumaniti) n.* Dadnimo; bani'aaddanimo; aadaminimo, naxariis.
**humankind** *(hiyumankaynd) n.* Bani'aadam.
**humble** *(hambal) adj*. Dulli ah; iska yara hooseeya (qof).
**humble** *(hambal) v.* Ka xarago-qaadasho, hoosu-dhig (qof).
**humbug** *(hambag) n.* Hadal aan micno lahayn.
**humerus** *(huumeras) n.* Lafta cududda.
**humid** *(hiyumid) adj.* Hawada oo qoyan ku dhexe jira (cimilo), kaad.
**hump** *(hamp) n.* Kurus (kuruska geela); ama tuur.
**hundred** *(handarad) n., adj.* Boqol tiro ah, 100.
**hunger** *(hunga) n.* Gaajo, baahi raashin cunis.
**hungry** *(hangri) adj.* Gaajoonaya.
**hunt** *(hant) n.* Ugaadhsi.
**hunter** *(hanta) n.* Qofka ugaadhsada, ugaadhsade.
**hurry** *(hari) n.* Degdeg.
**hurt** *(heet) v.* Dhaawicid; wax yeelid.
**husband** *(hasband) n.* Ninka xaaska leh ninka naagta qaba.
**hush** *(hash) v.* Aamusiin.
**hustle** *(hasal) v.* Tukhaatukhayn; tukhaatukho (riixid ama riixid xoog leh).
**hut** *(hat) n.* Dargad cariish.
**hybrid** *(haaybrid) n., adj.* Iska dhal; muwalad.
**hydro-electric** *(hydarow-ilektrik) adj.* Koronto laga dhaliyo quwadda biyaha.
**hydrogen** *(haaydrajan) n.* Curiye hawo ah, haydrojiin.
**hyena** *(haayiina) n.* Dhurwaa; waraabe.
**hygiene** *(haayjiin) n.* Feyo dhawr; cilmiga fayo ama caafimaad ilaalinta.
**hyphen** *(haayfan) n.* Jiitin; xariiq jiitin ah (sida ballan-qaad).
**hypocrisy** *(hipokrisi) n.* Munaafaqnimo.
**hypocrite** *(hipakrit) n.* Munaafaq.
**hypodermic** *(haypadeermik) adj.* Maqaarka ka hooseeya, xididada (jidhka) dhexdood: a hypodermic injection.
**hypotenuse** *(haaypotiniyuus) n.* Shakaal (saddex geeslaha dhinaciisa dheer).

# I

**I** *(aay) pron.* Aniga (markuu qofka kowaad hadlayo ee uu isa sheegayo).
**ice** *('aays) n.* Baraf; biyo fariistay; qaboojin oo fadhiisin ama baraf ka dhigid.
**idea** *(aaydiya) n.* Fikrad; ra'yi.
**identical** *(aaydentikal) adj.* Isku mid ah; isku eeg.
**identify** *(aaydentifaay) v.* Garasho, ka soo saarid qof ama shay kuwo kale.
**identity** *(aaydentiti) n.* Astaamaha iyo caadooyinka u gaar ee qof leeyahay.
**ideology** *(aaydiyolaji) n.* Aaydiyoolijiyad.
**idiom** *(idyam) n.* Weero ama erayo macne sarbeebeed oo gaar ahaan layskula garanayo leh.
**idiot** *(idiyet) n.* Nacas, mansuukh.
**idle** *(aydal) adj.* Shaqo la'aan, dhaqdhaqaaq darro; qofka aan shaqo rabin ee caajiska ah; (lacag) meel iska taal ama aan lagu shaqayn oo aan faaiido ku soo gelin: <u>She has a lot of idle money in the bank</u>.
**if** *(if) conj.* Haddii (kolba).
**ignite** *(ignayt) v.* Shidid; daarid.
**ignorance** *(ignaranis) n.* Jaahilnimo; aqoondarro.
**ignorant** *(ignarant) adj.* Aqoonla; jaahil.
**ignore** *(ignoo) v.* Iska dhegmarid; iska jaahil-yeelid.
**ill** *(il) adj., n., v.* Buka; xanuunsanaya; jirran.
**illness** *(ilnis) n.* Jirro, xanuun.
**illiterate** *(ilitarit) adj.* Aan akhrikarin qorin karin (wahba).
**illegible** *(ilejibal) adj.* Aay adag tahay ama aan suuragal ahayn in la akhriyo, aan la akhriyi karin.
**illicit** *(ilisit) adj.* Sharci aan lahayn, waa mamnuuc la ogolayn.
**illuminate** *(iluumineyt) v.* Iftiimin; ilayn.
**illustrate** *(ilastreyt) v.* Sharxid ama sifayn, leh tusaalooyin iyo sawiro.
**image** *(imij) n.* Muuqaal sawir ah.
**imagination** *(imaajineyshan) n.* Male iyo khayaal abuurid (maskaxda), takhayul.
**imagine** *(imaajin) v.* Malayn; umalayn (maskax ka dhisid).
**imitate** *(imiteyt) v.* Ku dayasho, isu ekaysiin.
**imitative** *(imitatif) adj.* Isu ekaysiin saameeya ama ku lug leh.

**immature** *(immatyu'a) adj.* Aan weli korin (xagga maskaxda), ceedhin ah.
**immediate** *(imiid-yat) adj.* Isla markiiba (dhakhso).
**immense** *(imens) adj.* Aad u weyn; baaxad weyn.
**immerse** *(imees) v.* Biyo dhex galin, muquursiin; biyo muquurid.
**immigrate** *(imigreyt) v.* Haajirid, qaxid.
**immortal** *(imootal) adj.* Waaraya; aan weligii dhimanayn; weligii la xusuusnanayo.
**immune** *(imyuun) adj.* Aan qaadin (cudur), awood iska daafac cudur leh.
**immure** *(imyu'a) v.* Iska xidhid bulshada (sida saahidka).
**impassable** *(impaasabal) adj.* Aan la dhaafi karin; aan la mari karin; ama laga gudbi karin, lagu safri karin.
**impatient** *(impeyshant) adj.* Samir la'aan; aan samir lahayn.
**imperfect** *(impeefikt) adj.* Ama aan dhammayn; nuqsaan ama cilado leh.
**imperialism** *(impeeriyalisam) n.* Siyaasadda gumeysiga, imbaryaalad.
**imperil** (imperil) v. Khatar gelin; la khatar gesho.
**impermanent** *(impeemanant) adj.* Aan joogto ahayn.
**implore** *(imploo) v.* Weydiisad codsi ah (maxkamadha), baryid.
**imply** *(impalaay) v.* U dhihid si aan toos ahayn ama aan caddayn.
**impolite** *(impalaayt) adj.* Edeb daran, aan edeb lahayn.
**import** (impoot) v. Soo dejin; debadda ka soo dhoofin ama ka soo dejin (alaab).
**important** *(impootant) adj.* Muhim ah; lagama maarmaan.
**importune** *(impootyuun) v.* Baryid ama codsi xad dhaaf ah.
**impose** *(impooz) v.* Dulsaarid (cashuurta; wajibka dhaqada, iwm.); ku khasbid (ra'yi).
**impossible** *(imposibal) adj.* Aan suuragal ahayn; aan suurtoobayn.
**impost** *(impowst) n.* Canshuur (khusuusanta furdada).
**impostor** *(impoosta) n.* Qofka iska dhiga ama iska yeela waxaanu ahayn, khaayin.
**impregnate** *(impregneyt) v.* Rimin ama uurayn; qoyn siyaado ah.
**impress** *(impres) v.* Isku cadaadin (laba wax); xusuus (u bogid) ku reebo maskaxda: we were impressed by his speech.

**imprison** *(imprisan) v.* Xabsiyid; xidhid.
**improbabale** *(improbabal) adj.* Aan la filan inuu runoobo ama dhaco.
**improve** *(impruuf) v.* Hagaajin, horumarin.
**impudent** *(impyudant) adj.* Xishood daran; dabeecad gallafsan.
**impulse** *(impals) n.* Rabitaandegdeg ah; fal ama xarako dabiici ahaan kaaga yimaada.
**impure** *(impyu'a) adj.* Aan saafi ahayn.
**in** *(in) prep.* Gudaha (isticmaalid faro badan oo kale bay leedahay).
**inaccurate** *(inaakyurit) adj.* Aan sax ahayn.
**inaction** *(inaakshan) n.* Dhaqdhaqaaq la'aan.
**inadequate** *(inadikwit) adj.* Aan ku finayn; aan kefeyn karin.
**inadmissible** *(inadmisabal) adj.* Aan loo qiri karin; aan laga yeeli karin.
**inanimate** *(inaanimit) adj.* Naf la'aan; aan naf lahayn ama noolayn.
**inapplicable** *(inaplikabal) adj.* Aan ku habboonayn, laaiq ku ahayn.
**inappropriate** *(inaprowpriyat) adj.* Aan habboonayn ama suuragal maaha..
**inattentive** *(inatentif) adj.* Aan feejignayn; aan digtoonayn.
**inaudible** *(inoodabal) adj.* Aan la maqli karin.
**incapable** *(inkeypabal) adj.* Aan kari karin, aan ka adkayn (hawl).
**incense** *(insens) v.* Ka caydhaysiin.
**inch** *(inj) n.* Hiish (qiyaas 2.54 sentimitir la mid ah).
**incisor** *(insaaysa) n.* Fool ama dhool (ilkaha hore ee dadka).
**inclination** *(inkilineyshan) n.* Janjeedh.
**incline** *(inklaayn) n., v.* Janjeedhis; dhinac u janjeedhin.
**include** (inkluud) v. Ku darid; ku jirid; ay ku jiraan ama ka mida.
**incombustible** *(inkambastabal) adj.* Aan dab lagu qaban karin; aan guban.
**income** *(inkam) n.* Dakhlli, wax ku soo gala (xisaab).
**incomparable** *(inkamparabal) adj.* Aan lays barbardhigi karin.
**imcomplete** *(imkampaliit) adj.* Aan buuxin; aan dhammayn.
**inconstant** *(inkonstant) adj.* Isbedbedalaya; aan xidhiidh u socon.

**inconvenient** *(inkanfiinyant) adj.* Dhalinaya ama keenaya arbush iyo carqlad, culays saaraya.
**increase** *(inkriis) v., n.* Kordhin, biirin; korodh.
**incredible** *(inkredabal) adj.* Aan la rumaysan karin; aan caqli gal ahayn.
**increment** *(inkrimant) n.* Dulsaar; korodh qiimo.
**indeed** *(indiid) adv.* Runtii; xaqiiqdii; sidaad tidhi; sidaad malaynayso.
**indefinite** *(indefinit) adj.* Aan la qeexi karin; aan la caddayn karin; aan meel uu ku ekaado lahayn.
**independence** *(indipendans) n.* Isku fillaansho; xorriyad.
**independent** *(indipendant) adj.* Aan cid ama waxba ku tiirsanayn; xor ah.
**indestructible** *(indistraktabal) adj.* Aan la burburin karin ama la dumin karin.
**indicate** *(indikeyt) v.* Tilmaamid, tusid.
**indigestible** *(indijestabal) adj.* Aan dheefshiidmayn; aan la fahmi karin (ra'yi).
**indirect** *(indirekt) adj.* Aan toos ahayn; si dadban.
**individual** *(indivijuwal) adj., n.* Shakhsi gaar ahaaneed; gaar ahaan; keli-keli.
**induction** *(indakshan) n.* Saaqid; la saaqo.
**industrial** *(indastariyal) adj.* Warshadaysan; ee warshadeed.
**industry** *(indastri) n.* Warshad; wax soo saarid farsameed.
**inedible** *(inedibal) adj.* Aan la cuni karin.
**inefficient** *(inifishant) adj.* Aan si buuxda wax u tarayn; aan hawsha ka adkayn.
**inequality** *(inikwaliti) n.* Sinnan la'aan.
**inert** *(ineet) adj.* Aan lahayn quwad uu wax ku dhaqaajiyo ama kula falgalo.
**inestimable** *(inestimabal) adj.* Aan la qiyaasi karin; qaali ah.
**inexact** *(inegzakt) adj.* Aan sidii la rabay lahayn; sax maaha.
**inexpensive** *(inikaspensif) adj.* Aan qaali ahayn; qaali maaha; rakhiis.
**inexperience** *(ineks-piiriyanis) n.* Waayo aragnimo la'aan.
**infant** *(infant) n.* Ilmaha carruurta ah dhowrka sano hore (muddo).
**infantry** *(infantari) n.* Ciidanka lugta; askarta lugta ah.

**inferior** *(infiyariya) adj.* Hooseeya (darajo, iwm.); ee hooseeya.
**infinite** *(infinit) adj.* Aan dhammaad lahayn; dhammad ma leh.
**inflammable** *(infalaamabal) adj.* Si hawl yar dabka u qabsan og.
**inflexible** *(infaleksabal) adj.* Aan qalloocsami karin; aan la qalloocin karin, aan liil lahayn.
**influence** *(influwanis) n.* Duufsasho; ra'yi-gelin.
**inform** *(infoom) v.* Wargelin; la wargeliyo; sheegid.
**information** *(infameyshan) n.* War, akhbaar.
**ingenious** *(injiinyas) adj.* Qofka xariifka ah; xirfadda iyo maskaxda badan.
**inglorious** *(inglooriyas) adj.* Ceeb badan.
**ingrowing** *(ingarowing) adj.* Hoos u baxa; hoos u kora.
**inhabit** *(inhaabit) v.* Ku dhex nool; deggan oo ku nool.
**inhale** (inheyl) v. Neef qaadasho.
**inherit** *(inherit) v.* Dhaxlid; ka dhaxlid.
**inhuman** *(inhiyuman) adj.* Axmaqnimo; aan naxariis lahayn, bani'aadanimada ka baxsan.
**initial** *(inishal) adj.* Bilowga; ka bilowda.
**initiate** *(inishiyeyt) v.,n.* Bilaabid; qofka loo yeelo innu hay'ad ama koox ka mid noqdo.
**inject** *(injekt) v.* Durid, mudid.
**injection** *(injekshan) n.* Duris ama mudis (sida irbada oo kale).
**injure** *(inja) v.* Dhaawicid; qoomis, iwm.
**injury** *(injari) n.* Dhaawac; qoon; waxyeelo.
**injustice** *(injastis) n.* Caddaalad la'aan; caddaalad darro.
**ink** *(ink) n.* Khad.
**inland** *(inland) adj.* Jira dalk gudihiisa (ka fog xadka iyo badaha).
**inn** *(in) n.* Aqal dadweynaha ka dhexeeya oo hurdo, cuno iyo cabidda leh.
**inner** *(ina) adj.* Gudaha, gudaha sii jira.
**innumerable** *(inyuumerabal) adj.* Aan la tirin karin; aad u badan.
**input** *(input) n.* Waxa la geliyo walax (sida quwadda mishiinka), shaqada ama xoolaha lagaa rabo in aad cid ku darsato.
**inquire** *(inkwaaya) v.* Weydiin; la weydiiyo.

**inquiry** *(inkwaayari) n.* Weydiin; baadhis (war).
**insane** *(inseyn) adj.* Waalan; xis la'aan; aan miyir qabin.
**insatiable** *(inseyshabal) adj.* Aan la raaligelin karin; aad u cirweyn.
**insect** *(insekt) n.* Cayayaan.
**insecure** *(insikyuua) adj.* Aan nabad qabin; aan niyaddu u fadhiyin.
**insensitive** *(insensatif) adj.* Dareen la'a; aan waxba dareemayn.
**insert** *(inseet) v.* Gelin, ku hagaajin.
**inshore** *(inshoo) adj., adv.* Xagga xeebta ah (jira).
**inside** *(insaayd) n., adj., adv.* Gudaha.
**insignificant** *(insignifikant) adj.* Leh qiime yar; macne yar ama muhimad yar.
**insist** *(insist) v.* Ku adkaysi (dood).
**insoluble** *(insolyabal) adj.* Aan milmayn; aan la xalili karin (mushkilad).
**insolvent** *(insolvant) adj.,n.* Aan awoodi karin inuu baxsho, kacay (faqri).
**inspect** *(inspekt) v.* Kormeerid.
**inspector** *(inspekta) n.* Kormeere, qofka baraha waxbarashada iyo manhajka qiimeeya ee saxa.
**instalment** *(instoolmant) n.* Hafto ku bixin (muddo-muddo ku bixin), hafto.
**instance** *(instanis) n.* Arrin ama tusaale gaar ah.
**instance (for~)** *(foor instanis) n.* Masalan.
**instant** *(instant) adj.* Isla mar qura dhaca; wakhtiga go'an ee ay wax dhacaan.
**instead** *(insted) adv.* Halkay sidaas noqon lahayd (ku beddelasho): (Waxaa fiican guriga oo la iska joogo intii suuqa la tegi lahaa.) Better to stay at home instead of going to town.
**institute** (or **institution**) *(instityuut/instityuushan) n., v.* Hay'ad ujeeda u gaar lo samaystay (tacliin, cilmi baadhis, iwm.).
**instruct** *(instarakt) v.* Wax barid (leh amarsiin iyo tilmaamo), tababarid.
**instruction** *(instarackshan) n.* Tilmaan bixin iyo waxbarasho xirfadeed.
**instructor** *(instarakta) n.* Qofka wax dhiga (bare xirfadle); tababare.
**instrument** *(instrumant) n.* Aalad.

**insulate** *(insyuleyt) v.* Dahaadhid; ka xijaabid; kaga soocid waxaan dabgudbiye ahayn.
**insulation** *(insaleyshan) n.* Duhaadhid; xijaabis.
**insulator** *(insyuleyta) n.* Xijaabe; qolofta ama diirka kaa ilaasha korontada.
**insult** *(insalt) v., n.* Caytan; afka ka caayid; cay.
**insure** *(inshuwa) v.* Xaqiijin; garaantii siin.
**insurance** *(inshuranis) n.* Caymis (shirkadda caymiska): insurance company.
**integer** *(intiga) n.* Tiro dhan oo aan jajab ahayn: 1, 5, 9.
**integrate** *(intigreyt) v.* Isku wad geyn (qaybo) dhan; dhammaystirid isku wadarayn guud.
**integrity** *(integriti) n.* Daacadnimo; mabda' lahaansho.
**intellectual** *(intelekjuwal) adj.* Maskax fiican leh; maskax garasho dheer leh.
**intellectual** *(intelekjuwal) n.* Qof maskax aad u fiican leh, indheer-garad.
**intelligible** *(intelijabal) adj.* Si hawl yar oo fudud loo fahmi karo.
**intend** *(intend) v.* Qalbi ku hayn ama qorshayn; ugu tala galid.
**intensity** *(intensati) n.* Itaal, quwad ama tiro aad u badan.
**intentional** *(intenshanal) adj.* Ulakac; khiyaar; badheedh.
**inter** *(intee) v.* Xabaal dhigid; aasid (meyd aasid; aasid ama duugid).
**interact** *(intaract) v.* Isku darsamid; isla fal gelid; isku dhafid.
**interchange** *(intajeynj) v.* Isku beddelid (iswaydaarsi).
**intercourse** *(intakoos) n.* Galmo (ninka iyo naagta markay isku galmoodaan); wax isweydaarsi (hadal).
**interest** *(intrist) n.* Ahmiyad; xiiso leh; dulsaar ama ribo.
**interfere** *(intafiya) v.* Faragelin (arrin).
**interfuse** *(intafiyuuz) v.* Isku dhexe laaqid; isku dhexe darid.
**interior** *(intiyariya) adj.* Gudaha deggan; gudaha.
**interlock** *(intalok) v.* Isku xidhis, is gelgelid.
**intermediate** *(intamiidiyat) adj.* Dhexe (dugsiga dhexe): intermediate school.
**intermingle** *(intamingal) v.* Isdhexgelid.

**intermix** *(intamiks) v*. Isku khaldid; isku qadid ; isku-walaaqid.
**internal** *(inteenal) adj*. Gudaha ah; ee gudaha jira.
**international** *(intanashnal) adj*. Caalami; caalami ah.
**interpret** *(inteepirit) adj*. Tarjumid; ka tarjumis.
**interrogative** *(intarogatif) adj*. Leh qaab su'aaleed.
**interrupt** *(intarapt) v*. Qashqashaad; fadqalalayn; kala gooyn.
**interval** *(intafal) n*. Wakhti u dhexeeya laba dhacdo.
**interview** *(intafiyuu) n*. Is arag waraysi ah.
**intestine** *(intestin) n*. Xiidmo; mindhicir.
**intolerable** *(intolarabal) adj*. Aan loo dul qaadan karin.
**introduction** *(intradakshan) n*. Hordhac, araar.
**invade** *(infeys) v*. Gelid dal si loo weeraro ama loo qabsado.
**invalid** *(infaalid) adj*. Aan qiime lahayn; aan la isticmaali karin; ma soconayo (shaqaynayo).
**invalid** *(infaliid) n*. Qof naafo ah (maskax ama muruq).
**invent** (infent) v. Ikhtiraacid; soo saarid wax cusub.
**inverse** *(infees) adj*. Kala rogan; dhanka kale loo wareejiyey.
**invert** *(infeet) v*. Qalibaad; kala rogid, xagga hoose kor soo marin.
**invest** *(infest) v*. Maal gelin; la maalgeliyo; lagu kharshgarwwyo.
**investigate** *(infestigeyt) v*. Baadhid (dembi, iwm.)
**investment** *(infestmant) n*. Maalgelin; tacab gelin.
**invisible** *(infisabal) adj*. Aan la arki karin.
**invite** *(infaayt) v*. Casuumid; marti qaadid.
**involve** *(infoolf) v*. Ku tacalluqid; ka qaybgelid: We were all involved in the demonstration.
**inward** *(inwaad) adj*. Gudaha jira; xagga gudaha.
**iris** *(ayris) n*. Qaybta madow ee isha.
**iron** *(ayan) n*. Xadiid; birta xadiidka ah; kaawiyad.
**irregular** *(ireguula) adj*. Aan caadi ahayn; lid ku ah sharciga.
**irrespective** *(irispektif) adj*. Aan tixgelin lahayn; aan tixgelin, aan ku joogsan: Although warned a number of times, he carried on irrespective.

**irresponsible** *(irisponsabal) adj.* Aan mansuul ahayn; mas'uul maaha.
**irrigate** *(irigeyt) v.* Waraabin (beeraha); biyo waraabin beereed.
**insland** *(ayland) n.* Gasiirad; dhul biyo ku soo wareegsan yihiin.
**isolate** *(aysaleyt) v.* Takoorid; gooni ama keli u soocid.
**it** *(it) pron.* Magac u yaal ah waxaa aan caqliga lahayn.
**itch** *(ij) n.* Cuncun jirka ah; cuncunis (jirka oo la xogo).
**item** *(aytam) n.* Shay; walax.
**ivory** *(ayfari) n.* Fool maroodi.

# J

**jack** *(jaak) n., v.* Jeeg; jeegga baabuurta lagu dalaco; jeeg ku dallacid.
**jackal** *(jaakol) n.* Nooc dawacada ka mid ah.
**jacket** *(jaakit) n.* Jaakeet; koodh.
**jam** *(jaam) n.* Malmalaado ama jaamka rootiga la mariyo.
**jam** *(jaam) v.* 1. Ku cadaadin god ama marin ay shay ku adagtahay in uu maro (galo). 2. Ku soo ururid (cidhiidhi): traffic often jams london roads. 3. Degdeg u cadaadin: She suddenly jammed on the breaks.
**janitor** *(jaanita) n.* Qofka ilaaliya guryaha iwm. Qofka nadiifiya daactirana guri, iskuul.
**January** *(jaanyuwari) n.* Bisha ugu horraysa sannadka miilaadiga: Janaayo.
**jar** *(jaa) n., v.* Qullad; sameeya sanqadh saliilyo ama jidhidhico.
**javelin** *(jaaflin) n.* Murjin; murjis (ka isboortiga lagu tuuro).
**jazz** *(jaas) n.* Jaas.
**jealous** *(jelas) adj.* Xaasid; qof kale ka cabsi qaba in uu meeshiisa galo; hinaasi.
**jealousy** *(jelasi) n.* Xaasidnimo; hinaase.
**jeep** *(jiip) n.* Baabuur yar oo fudud oo dheereeya (dhulka aan sinayn lagu maro).
**jeer** *(jiye) v.* Si xun ugu qoslid: they jeered at him.
**jeopardize** *(jepadhaays) v.* Khatar gelin; sigid.
**jerboa** *(jeebowa) n.* Tig; Xayawaan jiirka u eg oo lugo dheer leh.
**jest** *(jest) n.* Jaajaalayn; maad ama kaftan qosol leh.
**Jew** *(juu) n.* Yuhuudi; qofka yuhuudiga ah.
**jewel** *(juu-al) n.* Dhagax qaali ah (sida dheemanta iwm) qiime sare leh.
**job** *(job) n.* Shaqo.
**jockey** *(joki) n.* Qof fardo-fuulista aad u yaqaan.
**jog** *(jog) v.* Hantaaqin; riixid ama jugjugayn; ordid (qunyar ah).
**join** *(jooyn) v.* Kuu biirid; ku darsamid; isu keenid iyo isku xidh laba shay ama shay labadiisa dacal.
**joint** *(jooynt) n.* 1. Xubin (jirdhka ah); laabatooyinka jirka midkood, guntin; meel wax iska galaan. 2. *(slang)* Xashiishad.

**joke** *(jook) n.* Kaftan; xanaakad.
**joker** *(jowka) n.* 1. Qofka kaftanka badan leh; qofka maada badan. 2. Xabad turub ah oo turubka kale mid walba u dhigma. 3. Qof kiil walba buuxiya.
**journal** *(jeenal) n.* Wargeys maalmeed; wargeys maalin walba soo baxa.
**joy** *(jooy) n.* Farxad; farax weyn.
**judge** *(jaj) n. v.* Garsoore; garsoorid (maxkamadaha).
**jug** *(jag) n.* Joog; weel wax lagu shubto oo dheg leh.
**juice** *(juus) n.* Dheecaan; dheecaanka miraha la shiiday.
**juicy** *(juusi) adj.* Dheecaan badan; dhecaan leh.
**July** *(juulaay) n.* Bisha toddobaad ee sannadka miilaadiga; Luulyo.
**jump** *(jamp) v., n.* Boodid; booto.
**June** *(juun) n.* Bisha lixaad ee sannadka miilaadiga: Juunyo.
**jungle** *(jangal) n.* Kayn ama dhul seere ah.
**junior** *(juunya) adj. , n.* Hoose; heerka hoose (darajada).
**Jupiter** *(juupita) n.* Meeraha ugu weyn ee bahda cadceedda.
**just** *(jast) adj., n.* Isla: Sida (isla iminka) just now; caadil.
**justice** *(jastis) n.* Caddaalad.
**justify** *(jastifaay) v.* Caddayn; sabab sheegid; sabab fiican u yeelid.
**jute** *(juut) n.* Maydhax laga sameeyo xadhko waaweyn & shiraacyo, iwm.
**juvenile** *(juufinaayl) n., adj.* Qof dhalinyaro ah; dhalinyar.
**juxtapose** *(jaakistabows) v.* Isu dhoweyn ama dhinac dhigid.

# K

**kale**, **kail** *(kayl) n.* Nooc kaabashka ka mid ah.
**kangaroo** *(kaangaru) n.* Xayawaan ku nool dalka Ostaraaliya oo ku booda labada lugood oo dambe (oo ka dhaadheer kuwa hore), dheddiguna hoosta buu kiish ku leeyahay ilmaheeda ku qaadato.
**kaput** *(kapuut) adj.* La burburiyay, aan shaqaynay.
**keen** *(kiin) adj.* Fiiqan, af leh uu wax ku jaro; dareen wacan leh, u soo jeedo ama jecel.
**keep** *(kiip) v.* Hay, xejin oo xafid.
**keeper** *(kiipa) n.* Ilaaliye xafida xayawaanka suuga, **miyuusanka iwn.**
**keeping** *(kiiping) n.* Hayn, dhowrid.
**kennel** *(kenal) n.* Cariish eyga hoy looga dhigo, hoy.
**kerchief** *(keejif) n.* Cimaamad; malkhabad, gambo dumar (ta madaxa).
**kettle** *(ketal) n.* kildhi, jalmad.
**key** *(kii) n.* Fure, maftaax.
**khaki** *(kaaki) n.* Kaaki, dharka harqad adag ka sameysan, direyska askarta oo kale ah.
**kick** *(kik) v., n.* lugta ku dhufasho, laad.
**kid** *(kidh) n.* Waxar, ilmaha ri'da, cunug.
**kidney** *(kidhini) n.* Kelli.
**kidnap** *(kidhnaap) v.* Afduubid, qafaalid.
**kill** *(kil) v.* Qudh ka jarid, dil.
**killer** (kila) n. Dilaa, (qaatil); laayaan.
**kin** *(kin) n.* Ehel; xigaal; qaraabo.
**kind** *(kaaynd) n., adj.* Nooc, jaad; naxariis leh, soo dhoweyn badan.
**kindergarten** *(kindagaatan) n.* Dugsiga carruurta aad u yar yar lagu barbaasho.
**kinetic** *(kinetik) adj.* Saameeya ama ka dhasha socod (xarako): kinetic energy.
**king** (king) n. Boqor.
**kingdom** *(kingdam) n.* Boqortooyo.
**kinship** *(kinship) n.* Ehelnimo, xigaalnimo, qaraabanimo.
**kiss** *(kis) v.* Dhunkasho, la dhunkado, dhunko.
**kitchen** *(kijin) n.* Madbakh, jiko, qolka wax lagu kariyo.
**kitten** *(kitan) n.* Bisadda yar, mukulaasha yar.
**knave** *(neyf)* n. Ninka aan daacadda ahayn; nin sharaf daran.

**knead** *(niidh) v.* Cajiimid, xashid, (bur iyo biyo la isku cajimo).
**knee** *(nii) n.* Lawga, jilibka lugta, law, jilib, ruug.
**kneel** *(niil) v.* Jilba joogsi.
**knelt** *(nelt) v.* Jilba joogsaday, joogstay.
**knife** *(naayf) n.* Mindi.
**knit** *(nit) v.* Tidcid, soohid.
**knives** *(naayfis) n.* Mindiyo.
**knock** *(nok) v.* Garaac, ridid, leged.
**knockout** *(nokowt) n.* Nabar lagugu dhufto oo ku xis tira: The boxer was defeated by a knockout.
**knot** *(not) n.* Guntin.
**know** *(noo) v.* Garasho, garatid.
**knowledge** (nolij) n. Fahmo, aqoon, cilmi.
**knuckle** *(nakal) n.* Lafta isku xidha xubnaha farah.
**Koran** *(kuraan) n.* Quraan

# L

**lab** *(laab) n.* Sheybaar (soo gaabin)
**label** *(leybal) n.* Qidcad yar oo warqad ama bir ama maro iwm oo korka lagaga.dhajiyo wax oo sheegaysa wuxu waxa ay yihiin, halka ay ku socdaan.
**laboratory** *(labaratari) n.* Shaybaadh, qolka ama dhismaha lagu sameeyo tijaabooyinka sayniska (kimistariga).
**labour** *(leyba) n., v.* Hawl, shaqaale, shaqaalanimo, shaqayn; aad isugu dayid.
**lactate** (laaketeyt) v. Caano samayn ama keenis (dumar, xoolo).
**lack** *(laak) v.* La'aan, aan haysan, aan ku filnayn.
**lactic** *(laaktik) adj.* Ee caanaha, caano ah (caana la xidhiidha).
**lad** *(laadh) n.* Wiil, ninka yar, kuray.
**ladder** *(laadha) n.* Sallaanka, sallaanka wax lagu fuulo (meelaha dheer); jaranjaro.
**lady** *(laydhi) n.* Marwo (la sharfo), naag mudan.
**lag** *(laag) v.* Ka dambeyn, dib uga dhac.
**lagoon** *(laguun) n.* Haro biyo dhanaan oo badda dhagxan ama bacaad ka soocay.
**lake** *(leyk) n.* Haro ama war biyo ku jiraan.
**lamb** *(laamb) n.* Neylka ama naysha, ilmo yar ee adhiga (idaha)
**lame** *(leym) adj.* Laangadhe, dhutinaya, dhutiya.
**lament** *(lament) v.* Calaacal; baroordiiq.
**lamp** *(laamp) n.* Faynuus.
**lancet** *(laansit) n.* Waran; soodh.
**land** *(laand) n.* Dhul.
**land** *(laand) v.* Dhulka ku soo degis (dayuurad, haad).
**landlady** *(laandleydi) n.* Naagta leh guriga kirada loogu jiro.
**landing** *(laanding) n.* Soo degis, dhulka ku soo degis (sida marka ay dayuuraduhu fadhiisanayaan); soo degaysa.
**language** *(laangwij) n.* Af dad ku hadlo, luqad.
**languid** *(laangwidh) adj.* Heedadaw, tamar darrayn.
**lantern** *(laantan) n.* Tiriigga qaruuradiisa; shigni.
**lap** *(laap) n., v.* Dhabta qofka; laalaabid (dharka).

**lap** *(laap) v.* Wareegga garoon; marku soo wareegid garoon (orodyahan, fardo, baabur, iwm).
**lapse** *(laaps) n.* Hoos-u-dhac: a lapse of security; lapse in person's health.
**larceny** *(laasani) n.* Xadis, tuugeysi.
**large** (laaj) adj. Baaxad leh, weyn.
**lariat** *(laariyet) n.* Xadhigga faraska lagu xidho markuu daaqayo ama la nasinayo, lasso.
**larva** *(laafa) n.* Dhasha cayayaanka, marxalad cayayaanku maro inta aanu weynaan.
**larynx** *(laarinkis) n.* Qulaaqulshe.
**lash** *(laash) n., v.* Shaabuugeyn, karbaashid, jeedalid; tigtigid, xirxirid.
**lass** *(laas) n.* Gabadh, inanta.
**last** *(laast) adj., adv., n.* Ugu dambeyn, ugu dambeeya; ku dhammeyn.
**latch** *(laaj) n.* Handaraab, halka irridda ama daaqaaddaa laga xiro.
**late** *(leyt) adj.* Goor dambe, wakhti dambe.
**lathe** *(layth) n.* Toorne, mishiin birta lagu qoro.
**Latin** *(laatiin) n.* Laatiin; luqaddii Roominskii hore.
**latitude** *(laatityuud) n.* Lool, xariiqaha barbar la ah badhaha dhulka.
**latrine** *(latrin) n.* Musqul, baytalmey; qolka xaarka & kaadida.
**latter** *(laata) adj.* Ka dib, ka dambe (laba wax ka dambe).
**laugh** *(laaf) v.* Qosol, qoslid.
**laughable** *(laafabal) adj.* Lagu qoslo, ka qoslin kara.
**launder** *(loondha) v.* 1. Dhar-dhaqid, maryo maydhid. 2. Marinta lacag xatooyo (ama mukhaadaraad) lagu helay baananka si aad xalaal ugu ekayso.
**launderette** *(loondaret) n.* Meel leh mashiino dharks lagu dhaqo, laguna engesho.
**laundress** *(loondris) n.* Gabdha ku lacag qaadata dhar dhaqidda. Iyo kaawiyaddayntooda ama feerrayntooda.
**laundry** *(loondari) n.* Meesha dharka lagu dhaqo, doobi.
**lavatory** *(laafatari) n.* Musqusha.
**law** *(loo) n.* Sharci.
**lawful** *(looful) adj.* Sharciyaysan, sharci ah.

**lawless** *(loolis) adj.* Bilaa sharci, sharci daro, aan nabadgelyo ahaan deganayn.
**lawyer** *(looya) n.* Qareen, qofka yagaan sharciga.
**lax** *(laakis) adj.* Debacsan.
**lay** *(ley) v.* Jiifin; maro-ku-goglid: lay abed.
**layer** *(leya) n.* Raso; liid.
**lazaret** *(laazaret) n.* Isbitaalka dadka cudarada faafa qaba la dhigo.
**Lazarus** *(laasaras) n.* Dawersade; ninka aad saboolka ah.
**lazy** *(leyzi) adj.* Caajis; caajiska ah.
**lead** *(liidh) v., n.* Hoggaamin, horkacid.
**lead** *(led) n.* Curiye macdan ah.
**leader** *(liidha) n.* Hoggaamiye; horkace.
**leaf** *(liif) n.* Caleen.
**leaflet** *(liiflit) n.* Xaashida yar ee daabacan ee wax sifinaysa.
**league** *(liig) n.* Dawlado ama kooxo is ururay si ay danahooda u wada ilaashaan.
**leak** *(liik) n.* Dilaac ama dalool wax daataan; daadin.
**lean** *(liin) adj.* Weyd; naxiif; markad suxulka meel ku taageersatid; jiqlaysatid adoo se taagan.
**leap** *(liip) v.* Boodis; boodid, ka dul boodid.
**learn** *(leen) v.* Wax la barto; la dhigto (tacliin).
**least** *(liist) adj., adv.* Ugu yar.
**leave** *(liif) v., n.* Tegid, ka tegid; fasax yar oo gaaban.
**leaves** *(liifis) n.* Caleemo.
**lecture** *(lekja) v.* 1. Cashar; khudbad. 2. Cannaan dheer.
**led** *(led) v.* Waa hoggaamiyey; horkacay (wakhti tegey).
**lee** *(lii) n.* Dadad dabaysha laga dugsado, dugsi.
**left** *(left) v., adj., n.* Bidix; wuu tegey; tegay "leave" (wakhti tegey).
**leftist** *(leftist) n.* Siyaasi xagga siyaasadda bidix ah.
**leg** *(leg) n.* Lug.
**legal** *(liigal) adj.* Sharci ah; la oggolyahay (sharciga).
**leggy** *(legi) adj.* Luga dhaadheer (siiba carruurta yaryar; fardaha yaryar).
**legible** *(lejabal) adj.* Wax si fudud loo akhriyi karo.
**legislate** *(lejisleyt) v.* Sharci dejin; qaynuun samayn.
**legitimate** *(lijitimit) adj.* Si qaynuun ah; caadi ah; suuragal ah, sharciga ku fadhiya.
**leisure** *(lesha) n.* Wakhtiga qofku firaaqada yahay; wakhtiga aanad shaqada haynin.

**lemon** *(lemon) n.* Dhirta liinta; liin.
**lend** *(lend) v.* Amaahin.
**length** *(lengath) v.* Qiyaasta dacal ilaa dacal kale; dherer
**lens** *(lenz) n.* Bikaaco; quraarad iftiinka marna isu soo ururisa marna firdhisa; muraayadda indhada.
**leopard** *(lepad) n.* shabeel.
**leper** *(lepa) n.* Qofka qaba cudurka juudaanka (cudur halis ah); Qof xun oo dadku ka fogaado.
**leprosy** *(leprasi) n.* Juudaan (cudur).
**less** *(les) adj., n., adv.* Yar; (tiro ahaan), ka yar.
**lesson** *(lesan) n.* Cashar (dersi).
**let** *(let) n., v.* U ogolow, u yeel: (ina keen aan tagnee; i sii daa aan isaga u yeedhee) let us go; let me call him
**letter** *(leta) n.* Xaraf; warqadda laysu diro.
**level** *(lefal) n.* Heer.
**lever** *(liifa) n.* Kabal; walax labada dhinac ee shay isu miisaanta.
**liable** *(laayabal) adj.* Dhici kara; ka masuul ah, lagala xisaabtamayo.
**liar** *(laaya) n.* Beenlow; beenaale.
**liberate** *(libareyt) v.* Xorayn.
**library** *(laaybrari) n.* Maktabad; meesha kutubta, iwm. Lagu akhriyo.
**lice** *(lays) n.* injir (mid kabadan).
**licence** *(laaysan) n.* Liisan; warqad sharci ah oo kuu fasaxda shay ama arrin.
**lick** *(lik) v.* Leefid; carrabka ku masaxid, dharqasho.
**lid** *(lid) n.* Dabool.
**lido** *(liidow) n.* Xebta halka lagu mayrto ama dabbaasho (badanaa baarar leh).
**lie** *(laay) v., n.* Jiifsad; la jiifsado; been (run maaha).
**lieutenant** *(leftenant) n.* Laba xiddigle (ciidan), qofka labaad (ku xigeen) xil.
**life** *(laayf) n.* Nolol.
**lift** *(lift) v., n.* Kor u qaadid; hinjin; kor loo qaado; la hinjiyo; shay kor wax u qaada (ama geeya).
**ligament** *(ligamant) n.* Seed; seedaha lafaha iyo xubnaha jirka isu haya.
**light** *(laayt) n., adj.* Ilays; iftiin; fudud, aan cuslayn.
**lighten** *(laaytan) v.* La shido; la ifiyey; la fududeeya).
**lighter** *(laayta) n.* Qarxiso; aaladda ololka bixisa ee sigaarka lagu shito.
**lightning** *(laaytning) n.*Hillaac.

**like** *(laak) v., adj., adv*. Oo kale, u eg; jeclaan.
**likewise** *(laaykwaayz) adj.* Sidoo kale.
**likeness** *(laaknas) n.* Isu ekaan.
**limb** *(lim) n.* Addin (lug; gacan; baal; midkood).
**lime** *(laaym) n*. Nuurad (walaxda cad); liin.
**limit** *(limit) n.* Xad, heer ku xadaysan; cidhif, dacal.
**limitation** *(limiteyshan) n.* Xaddayn; qarridid.
**limp** *(limp) v., adj.* Dhutin; dhutis; socodka laangadhaha oo kale.
**line** *(laayn) n.* Xarriiq; xarriijin; la xarriiqo.
**linear** *(liniya) adj.* La xarriiqay; ee xarriiqda.
**lineman** *(laaynmaan) n.* Ninka dejiya ee hagaajiya laymanka tilifoonka iyo taararka; labada qof ee siidhi walaha kubbada caawiya midkood.
**linguist** *(lingwist) n*. Qof yaqaan afaf qalaad.
**linguistic** *(lingwistik) adj.* La xidhiidha afafka.
**link** *(link) v., n.* Isku u xidhid; isku xidhe, xidhiidhiye.
**lion** *(layan) n.* Libaax.
**lip** *(lip) n*. Debin; bushin.
**liquify** *(likwifaay) v*. Dareer laga dhigo; dareer ka dhigid (biyo).
**liquid** *(likwid) n.* Dareere.
**liquor** *(lika) n*. Nooc khamri ah.
**lira** *(liira) n.* Lacagta Talyaaniga laga isticmaalo.
**list** *(list) n., v.* Liis; liisgarayn; liis ku qorid.
**listen** *(lisin) v*. Dhegaysi; dhegeysad; la dhegeysto.
**liter, litre** *(lita) n.* Litir (qiyaas) halbeegga mugga.
**literacy** *(litrasi) n.* Akhris iyo qoris.
**literature** *(litarija) n.* Suugaan.
**litigate** *(litigeyt) v*. Sharci u tegid; u dacwoodid maxkamadda sharciga.
**litre, liter** (liita) n. Litir (qiyaasta mugga ama halbeeggiisa).
**livable** *(lifabal) adj.* Lagu noolaan karo.
**live** *(layf) adj.* Nool, naf leh.
**live** *(lif) v*. Noolow, ku nool.
**livelihood** *(layflihud) n.* Habka nolosha; macnaha nolosha; waxa qof ku nool yahay.
**liven** *(layfan) v.* Nolol ama firfircooni gelin.
**liver** *(lifa) n.* Beerka (nafleydu leedahay).
**livestock** *(laayf-stok) n.* Xoolaha la dhaqdo (geela; adhiga; lo'da, iwm.)

**living** *(lifing) n., adj.* Nool.
**lizard** *(lizad) n.* Nooc xammaaratada ka mid ah oo maso-lugaleyda u eg (mulac, jir-jiroole).
load (lowd) n. Culays, xamil.
**loaf** *(lowf) n., v.* Rootiga waaweyn, saanjad; wakhti lumin, iska dheelid.
**loan** *(lown) n.* Dayn; lacagta cid la amaahiyo.
**loathe** *(lowth) n.* Neecbaysatid; aad u nacdid; karhid.
**lobster** *(lobsta) n.* Aargoosto (xaywaan badda ku nool).
**local** *(lowkal) adj.* Wax u gaar ah; ku kooban meel ama degmo.
**locate** *(lowkeyt) v.* Meelayn; tusid; shaac ka qaadid (meel); dejin; meeldejin; meel-dejin.
**lock** *(lok) n., v.* Quful; xidh; quflid.
**locket** *(lokit) n.* Carrabka siliska luqunta lagu xidho.
**locomotion** *(lowkamowshan) n.* Socoto; awoodda wax socodsiisa.
**locust** *(lowkast) n.* Ayax.
**lodging** *(lojing) n.* Qolka ama qolalka caadig ah e loo kiraysto in lagu noolaado, meesha qof degan yahay.
**log** *(log) n.* Qoriga xaabada ah ee la shito; qalab lagu qiyaaso xawaaraha markbka ee: soo gaabinta 'logarithm'.
**log** *(log) n.* Buug la gesho dheqdhaqaqa safar ee markab, dayuurad, baabuur.
**logarithm** *(logaritham) n.* Nooc xisaaba.
**logic** *(lojik) n.* Cilmiga iyo kabka wax sabab loogu yeelo; cilmiga wixii caqli-gal ah.
**logical** *(lojikal) adj.* Caqliga gali kara; suura gal ah; sabab si sax ah loogu yeeli karo.
**loin** *(loyn) n.* Qaybta hoose ee dhabarka inta u dhexeysa feedhaha iyo miskaha.
**loll** *(lol) v.* Kor isklu taagid si caajisnimo ah; si caajisnimo ah u fadhiisatid ama u nasatid; carrab laalaadin sida eyga.
**lone** *(lown) adj.* Keliya; oo qudha; keli ahaan.
**lonely** *(loownli) adj.* Keli ahaan, cidloonaya; cidla; kalli.
**long** *(long) adj.* Dheer, fog.
**longer** *(longa) adj.* Ka dheer.
**longevity** *(lonjefiti) n.* Cimri dherer, nolol dheer.
**longitude** (longityuud) n. Dhig (xarriiqaha dhulka ee u jeexan koonfur-waqooyi).
**look** (luk) v. Eeg; fiiri.
**loom** *(luum) n.* Mashiin dharka lagu sameeyo ama lagu tidco.
**loom** *(luum) v.* Soo muuqday, soo bidhaamay.

**loop** *(luup) n.* Qoolaab; qool, suryo.
**loose** *(luus) v.* Debecsan; aan giigsanayn ama tigtignayn; aan aad u xidhnayn.
**loot** *(luut) n.* Boob; dhac; boobid, dhicid; wixii la soo dhacay.
**loquacious** *(lowkweyshas) adj.* Hadal badan; qof hadal badan.
**lord** *(lood) n.* Qof ka mid ah dabaqadda sare ee dal.
**lore** *(loo) n.* Aqoonta ama cilmiga laga hayo wakhtigii tegay ama dabaqadii lahayd.
**lorry** *(lori) n.* Gaadhi; baabuur weyn.
**lose** *(luuz) v.* Lumisid; lumin; khasaarin.
**loss** *(los) n.* Khasaare.
**lost** *(lost) v.* Lumay; khasaaray.
**lot** *(lot) n.* Badan; nasiib.
**loud** *(lowd) adj.* Dheeri dhawaaq.
**loudspeaker** *(lowdspiika) n.* Sameecad.
**lounge** *(lownj)* n. Qolka fadhiga.
**louse** (sing. of **lice**) *(laws) n.* Injir; qof xun.
**lousy** *(lawzi) adj.* Injir leh; xun; xaqiir ah.
**lovable** *(lafabal) adj.* La jeclaan karo; wax la jeclaan karo.
**love** *(laf) n., v.* Jacayl; jecel.
**lover** *(lafa) n.* Laba qof midkood oo jacayl isu-tegidi ka dheceeyo.
**low** *(loow) adj.* Hoosaysa; hoose; aan meel dheeer gaari karin; cida lo'da.
**lower** *(loowa) v., adj.* Hoos u dhigid; hoose.
**loyal** *(looyal) adj.* Daacad ah.
**lubricate** *(luubrikeyt) v.* Xaydheynta iyo saliidaynta qaybaha mishiinka si uu hawlyari ugu shaqeeyo.
**lucid** *(liyuusid) adj.* Si hawl yar loo fahmi karo; cad.
**lucky** *(laki) adj.* Nasiib badan leh.
**lucrative** *(luukretif) adj.* Faa'iido leh; lacag keenid leh.
**ludo** *(luudow) n.* Laadhuu; ciyaar sida shaxda miiska lagu dul ciyaaro.
**luggage** *(lagij) n.* Alaabta (shandadaha; seexaaradaha; sanduuqyada, iwm).
**lunacy** *(luunasi) n.* Waalli.
**lunar** *(luuna) adj.* Ee dayaxa, dayaxa ku lug leh: lunar year
**lunatic** *(luunatik) n., adj.* Nin waalan, waali la xidhiidha, waalan.
**lunch** *(lanj) n.* Hadhimo, qado, qadada ama cuntada duhurkii la cuno.

**lung** (lang) n. Sambab.
**lurk** *(leek) v.* Ugu gabbasho; ugu dhuumasho.
**lusty** *(lasti) adj.* Xooggan oo caafimaad qaba.
**luxurious** *(lakshaariyas) adj.* Raaxo leh; lagu raaxaysan karo.
**luxury** *(lakshari) n.* Raaxo, nolol fudud oo raaxo leh.

# M

**macadam** (*makadam) n.* Waddo laami ah (nooc loo dhiso).
**macaroni** *(maakarowni) n.* Nooc baasta ah.
**machine** *(mashiin) n.* Mashiin, matoor.
**machinery** *(mashiinari) n.* Qaybaha socda ee mashiinka; mashiinnada.
**machinist** *(maashiinist) n.* Qofka makaanigga ah; qofka mashiinka ku shaqeya.
**mackintosh** *(maakintosh) n.* Koodh roobka laga xidho.
**mad** *(mad) adj.* Waalan; maskaxda ka jirran; caqliga wax uga dhiman yahiin.
**madness** *(madnis) n.* Waalli.
**madam** *(madam) n.* Marwo (dumarka eray lagu sharfo).
**made** *(meyd) v.* La sameeyey; samaysan .
**madrigal** *(madrigal) n.* Gabay gaaban oo jaceyl ah.
**magazine** *(magaziin) n.* Wargeys gaar ahaan xilli ku soo baxa (toddobaadle; bishii mar ama dhawrkii biloodba); makhaasiinnada waaweyn ee hubka lagu kaydiyo.
**magic** *(majik) n.* Sixir; indhasarcaad.
**magistrate** *(maajistreyt) n.* Garsoore shicib ah oo maxkamadda hoose ka garsoora ama gar naqa, qofka sharciga fuliya.
**magnet** *(maagnit) n.* Bir-lab.
**magnetism** *(maagnetism) n.* Soo jiidasho xoog leh (qof): <u>She has magnetism</u>.
**magnetize** *(maagnitaayz) v.* Soo jiidasho xoog ah leh<u>: He magnetises a crowd</u>.
**magnify** *(magnifay) v.* Weyneyn.
**magnitude** *(maagnityuud) n.* Laxaad, weyni.
**maid** *(meyd) n.* Gabadh gashaanti ah; gabadh aan la guursan.
**mail** *(meyl) n.* Habka dawladdu boosta u socodsiiso, waraaqaha boostu gaybiso.
**maim** *(meym) v.* Naafayn.
**main** *(meyn). adj.* Muhiim ah, ugu muhiimsan.
**maintain** *(meynteyn) v.* 1. Sii wadid, sii socodsiin: <u>to maintain discipline in class</u>.
2. Dayactiris. 3. Nolol siin (hu', hoy, cunto, iwm.)
**maintenance** *(meyntinanis) n.* Amba qaadis; taageerid; dayactir.

**maize** *(meyz) n.* Galley; arabikhi.
**major** *(meyja) n., adj.* Gaashaanle (darajo ciddameed); ugu weyn; muhim ah.
**majority** *(majooriti) n.* 1. Inta badan; xagga loo badan yahay; aqlabiyad. 2. Da'da sharciyan la qaangaadho: reached the majority.
**make** *(meyk) v.* Samayn; suubin; la sameeyo.
**malady** *(maaladi) n.* Cudur; jirro; bukaan.
**malaria** *(maleeriya) n.* Duumo, cudurka kaneecadu keento.
**male** *(meyl) adj.* Lab; labood ah.
**malediction** *(malidikshan) n.* Habaar; cay xun.
**malefactor** *(malifakta) n.* Dambiile.
**mallet** *(malit) n.* Dubbe madaxiisu qori yahay.
**malnutrition** *(malniytrishan) n.* Nafaqo la'aan, nafaqo darro.
**malodorous** *(malowdaras) adj.* Ur qadhmuunkeena, ur karaahiyo ah bixiya.
**mama** *(mamaa) n.* Eray carruurtu ugu yeerto hooyadooda, hooyo.
**mammal** *(mamal) n.* Naaslay; xayawaanka inta naaslayda ah.
**man** *(man) n.* Nin.
manage (manij) v. Maaraynid; is ku dubarid.
**manager** *(manija) n.* Maareeye.
**management** *(manijmant) n.* Maarayn.
**mane** *(meyn) n.* Sayn; timaha saynta ah ee ka baxa luqunta fardaha; libaaxa iwm.
**mango** *(maangow) n.* Cambe, maange.
**manhood** *(manhud) n.* Ninimo, ninnimo.
**manifest** *(manifest) v.* Qeexan oo shaki aan ku jirin.
**mankind** *(mankaynd) n.* Bani-aadamka.
**manly** *(manli) adj.* Raganimo leh.
**manner** *(mana) n.* Habka ama sida ay wax u qabsoomaan ama u dhacaan; sida uu qofku ula dhaqmo dadka kale; caadooyin.
**manoeuvre** *(manuufa) n.* Dhaqdhaqaaqa ama guubaabada ciidammada.
**mantis** *(mantis) n.* Cayayaan la yidhaa macooyo.
**manual** *(manyuwal) adj.* Gacmha lagu sameeyo; wax gacanta laga qabto.
**manufacture** *(manyufakja) v.* Wax soo saar; samayn qalabaysan.

**manure** *(manyuu) n.* Digo; saalada xoolaha.
**many** *(meni) adj., n.* Badan.
**map** *(map) n.* Maab, khariidad.
**marble** (maabal) n. Marmar.
**March** *(maaj) n.* Bisha saddexaad ee sannadka, Maarso.
**march** *(maaj) v.* Socod; socodsiin.
**mare** *(mee) n.* Geenyo (dheddig).
**marine** *(mariin) adj.* Ee badda; maraakiibta ama ciidamada badda la xidhiidh.
**mark** *(maak) n., v.* Calaamad, calaamadin, summadin; lacagta Jarmal.
**market** *(maakit) n.* Saylad, suuq ama sariibad.
**marriage** (marij) n. Guur.
**married** *(marid) adj.* La guursaday, is guursaday.
**marrow** *(maarow) n.* Dhuux, dhuuxa lafta ku dhex jira.
**marry** *(mari) v.* Guursi, la guursado.
**marshal** *(*maashal) n. Marshaal (darajo ciidameed ta ugu sarreysa).
**marvel** *(maafal) n., v.* Wax yaab leh; wax lala yaabo (farxad ahaan); la yaabid u-qushuucineed.
**marvellous** *(maafalas) adj.* La yaab leh (xagga fiican).
**masculine** *(maskyulin) adj.* Labood, lab ah.
**mason** *(meysan) n.* Wastaad; fuundi; qofka dhismaha dhagaxa dhisa.
**mass** *(mas) n.* Cuf.
**mast** *(maast) n.* Dakhal, baalo.
**master** *(maasta) n.* Ninka loo shaqeeyo, qofka (lab) madaxa ah.
**mat** *(mat) n.* Darin, darmo, salli.
**match** *(maj) n., v.* Tarraq, kabriid, ciyaar; u eg, u ekaysiin.
**mate** *(meyt) n.* 1. Saaxib ama jaalle wax gooni ah ama shaqo gaar ah lagu saaxiibo.
2. Nin iyo naagta is qabo midkood ama laba xayawaan ama shimbirood.
**mate** *(meyt) v.* Isu tegid (fuulid).
**material** *(matiyarial) n.* Walax, shay.
**mathematics** *(mathmatikis) n.* Cilmiga xisaabta, xisaabta.
**math, maths** *(maath/s) n.* Xisaab.
**matron** *(meytran) n.* Naagta u madaxda ah kalkaaliyayaasha caafimaad.

**matter** *(maata) n.* 1. Maatar. 2. Mowqif, xaalad, arrin: a delicate matter.
**mattock** *(matak) n.* Mandaraq (qalab wax lagu qodo).
**mature** *(matyuwa) adj.* Qaan-qaadh, maskaxdiisu degtey, bisil caqli ahaan.
**maximum** *(maaksimam) n.* Heerka ugu sarreeya, ugu weyn ama sarreeya.
**May** *(mey) n.* Bisha shanaad ee sannadka miilaadiga, Maajo.
**may** *(mey) v.* Laga yaaba, dhici kara.
**mayor** *(meya) n.* Guddoomiyaha dawladda hoose, madaxa munishiibiyada ee ay magaalo leedahay.
**me** *(mii) pron.* Aniga (object form).
**meadow** *(medow) n.* Dhul-danqeen.
**meal** *(miil) n.* Cunto, wakhti cunto.
**mean** *(miin) adj.* Bakhayl, quduuc, liita, xun, iwm.; dhex ah.
**mean** *(miin) v.* Micnihiisu yahay; ula jeeda.
**meaning** *(miining) n.* Micnaha eray ama weedh; ujeedo.
**meanwhile** *(miinwaayl) adv.* Ilaa inta la gaadhayo.
**measure** *(mesha) n., v.* Qiyaas, cabbir; qiyaasid, cabbirid, la cabbiro.
**meat** *(miit) n.* Hilib, cadka la cuno ee xoolaha.
**mechanic** *(mekaanik) n.* Makaanik, qofka cirfadda u leh ku shaqaynta mishiinnada, ama mishiinnada wax ka yaqaan.
**medal** *(medal) n.* Billad.
**mediate** *(miidiyeyt) v.* Dhexdhexaadin.
**medical** *(medikal) adj.* Ee daawada, dawo la xidhiid.
**medicinal** *(medisinal) adj.* Dawo leh, wax daweysa.
**medicine** *(medisin) n.* Daawo, dawo wax daweysa.
**medium** *(miidyam) adj., n.* Heer dhexe; *meel dhexaad.*
**meet** (miit) v. Kulmid, lakulan.
**meeting** *(miiting) n.* Kulan.
**melt** *(melt) v.* Dhalaalay (dhalaalid).
**member** *(memba) n.* Xubin ka tirsan koox ama guddi, iwm.
**membrane** *(membareyn) n.* Xuub.
**memorable** *(memarabal) adj.* Xusuus mudan.
**memorial** *(memooriyal) adj.* Wax ku xusuusiya.
**memorial** *(memooriyal) n.* Wax ama maalin xusuus mudan.
**memory** *(memori) n.* Xasuus.

**men** *(men) n.* Rag, niman (wadarta man).
**mend** *(mend) v.* Kabid, hagaajin.
**menses** *(mensiis) n.* Ciso, caado, dhiigga naagaha ka yimaada.
**menstruation** *(menstruuweyshan) n.* Mudada dhiigu naag ka socdo, dhiig-keenid (naag).
**mental** *(mental) adj.* Ee qalbiga, maskaxda ama caqliga ah (ku saabsan).
**mention** *(menshan) v.* Magac sheegid, sheegid, magmagcaabid.
**merchandise** *(meejandays) n.* Alaabta laga ganacsado.
**merchant** *(meejant) n.* Ganacsade;,qofka ganacsada alaabta (baayac-mushtar).
**merciful** *(meesiful) adj.* Naxariis ama raxmad leh; naxariis badan.
**merciless** *(meesilis) adj.* Naxariis yar, maxariis ama raxmad daran.
**mercury** *(meerkyuri) n.* Curiye, macdan bir ah oo misna (had iyo jeer) dareera; kulbeegga baa ku shaqeeya, iwm.
**mercy** *(meesi) n.* Raxmad, naxariis.
**mere** *(miya) adj.* Qudha, waa uun, sifo yaraan: a mere child.
**mere** *(miya) n.* Jidhaan, dhijaan (biyo ku jiraan).
**merry** *(meri) adj.* Faraxsan, riyaaqsan.
**mess** *(mes) n.* Miiska ama cunto la shuraakowga ragga soolanaha ahi samaystaan ee meel wax loogu wada kariyo (cuntada).
**message** *(mesij) n.* Farriin.
**messenger** *(mesinja) n.* Qofka farriimaha qaada, farriin sida; biyantooni, adeege.
**metal** *(metal) n.* Macdan.
**meter** *(mita) n.* Qalab wax lagu qiyaaso, qalabka qiyaasta sheega.
**method** *(methad) n.* Hab ama si wax loo qabto ama loo sameeyo.
**metre** *(mita) n.* Mitir (qiyaas masaafo ama dherer).
**mew, miaow** *(miyuu, miyoow) n.* Ci'da bisadda, ci'da (codka) ay bisadu ku ci'do.
**micro** *(maykarow) prep.* Yar (eray horgala).
**microphone** *(maykarafown) n.* Mikirifoon, qalab hadalka loo adeegsado.

**microscope** (*maykaraskowp) n.* Qalab ama salad lagu eego waxyaabaha aad u yar yar ee aanay ishu arki karin.

**mid** *(mid) adj.* Ugu dhexeeya; dhexda.

**midday** *(mid-dey) n.* Duhurka, duhurka maalintii, maalinbadh.

**middle** *(midal) adj., n.* Dhexe, badhtamaha.

**midland** *(midlaand) n.* Dalka badhtankiisa, badhtamaha dal.

**midnight** *(midnaayt) n.* Saqbadh, habeenbadh.

**midsummer** *(midsamar) n.* Muddada ah Mey ila Ogost; gu'ga badhtamihiisa.

**midwife** (midwaayf) n. Naagta umilisada ah, umiliso.

**might** *(maayt) v., n.* Waxaa laga yaabi lahaa; awood weyn.

**mighty** *(maayti) adj.* Quwad weyn leh, awood badan.

**migrate** *(maaygreyt) v.* Qaxid, qaxitaan, la qaxo ama meel kale la tago.

**mile** *(maayl) n.* Mayl, qiyaas lagu cabbiro masaafada iyo fogaanta.

**militant** *(militant) adj.* Dagaal u heegan ah, dagaal u diyaar ah.

**military** *(militari) adj.* Militari, ciidanka gaashaandhigga.

**milk** *(milk) n., v.* Caano, lisid, caano-maalid.

**milky** *(milki) adj.* Caano leh, caano u eg, caano ah.

**mill** *(mil) n.* Wershadda galleyda, iwm., shiidda oo bur ka dhigta, shiidid, ridqid.

**millepede** *(milipiid) n.* Hangaraarac.

**million** *(milyaan) n.* Kun kun, malyan: 1,000,000.

**mind** *(maynd) n., v.* Caqli, xasuuso, maskax, qalbiga ku hay.

**mindful** *(maayndful) adj.* U feejig ah, feejigan, u qalbi furan.

**mine** *(maayn) poss. pron.* Waxayga, kayga (lahaanshaha qofka kowaad).

**mine** *(maayn) n., v.* Godka macdanta, macdanqodid, miino aasid/qarxin.

**miner** *(maayna) n.* Ninka macdanta dhulka ka soo qoda.

**mineral** *(minaral) n.* Macdan.

**mingle** *(mingal) v.* Isku darid, dhexgelid.

**minimize** *(minimaays) v.* Yarayn, soo koobid ilaa inta ugu yar.

**minimum** *(minimam) n.* Ugu yar, inta suuragalka ah ee ugu yar.

**mining** *(maayning) n.* Shaqada macdan qodista ah, macdanqodis.

**minister** *(minista) n., v.* Wasiir, gacan siin, u gargaarid.

**ministerial** *(ministiyariyal) adj.* Wasiireed, xil-wasiireed ama wasiirnimo, jago wasiirnimo.

**ministry** *(ministari) n.* Wasaarad.

**minor** *(maayna) adj.* Ka yar, ahmiyad yar, midka yar (laba wax), qof aan weli gaadhin da'dii uu isu talin laha.

**minority** *(maaynoriti) n.* Inta yar, laba tiro ka yar.

**minus** *(maaynas) n.* Calaamadda kala jarka: (-) xisaabta; ka jar.

**minute** *(minit) n.* Daqiiqad, miridh, wakhti ama muddo 1/60 saac.

**minute** *(maaynyuut) adj.* Aad u yar.

**mirror** *(mira) n.* Muraayad (ta la isku arko ama la isku eego).

**misapply** *(mis-apalay) v.* U isticmaalid si khalad ah.

**misbegotten** *(misbigotan) adj.* Sharci darro lagu helay; aan sharcigu bannayn.

**misbehave** *(misbiheyf) v.* Si xun ula macaamilid, si xun u dhaqan.

**miscall** *(miskool) v.* Ugu yeedhid magac khalad ah.

**misdeed** *(misdiid) n.* Ficil-xun, samayn dambi.

**miser** *(maayza) n.* Bakhayl, qofka gacanta adag ee waxba bixin.

**miserable** (mizarabal) adj. Murugaysan, murugo leh, aan faraxsanayn.

**misery** *(mizeri) n.* Murugo, qofka had iyo jeer niyada xun.

**misfit** *(misfit) n.* Qofka aan bulshonimada ku wanaagsanayn, qofka aan dad dhexgal lahayn.

**misfortune** *(misfoojan) n.* Nasiib darro, nasiib xumo.

**misgovern** *(misgafan) v.* Hoggaan xumayn, si xun ama wax xun u horseedid.

**misplace** *(mispleys) v.* Meel khalad ah la dhigo.

**miss** *(mis) v.* Seegid, la seegid, la waayid, hordhac inanta aan la guursan magaceeda loo raaciyo (Miss Fadumo).

**missile** (misaayl) n. Gantaal (hub).

**mission** *(mishan) n.* Ergo, tiro dad ah oo shaqo gaar ah loo aaminay meel loogu diro (dal kale); barayaasha diinta fidiya, meesha diinta lagu fidiyo; hawl gaar ah.

**missionary** *(mishanari) n.* Diin fidiye.
**mist** *(mist) n.* Ceeryaamo.
**mistake** *(misteyk) n.* Khalad, sax maaha.
**mistress** *(mistres) n.* Naag nin aan qabin muddo dheer galmo ula saaxiibta.
**misunderstanding** *(misanda-istaanding) n.* Si khalad ah u fahmid.
**misuse** *(misyuus) v.* Si xun u isticmaalid.
**mix** *(mikis) n.* Isku dar, isku dhex jir, wax isku-dar ah.
**moan** *(moown) v.* Taah, tiiraabid (xanuun awgeed).
**mobile** *(mowbaayl) adj.* Si fudud ama hawl yar u dhaqaaqi kara, la dhaqaajin karo, dhaqdhaqaaq leh.
**model** *(modal) n.* Modeel ama moodo (nooc), wax ama qof laga tilmaan qaato.
**moderate** *(modarit) adj.* Iska ladan, la xadiday, meel dhexaad.
**moderate** *(modereyt) v.* La xadiday, dhexdhexaad ka dhigid, shir guddoomin.
**modern** *(modan) adj.* Casri ah, wahktiga cusub la socda.
**modernize** *(modanaayz) v.* Casriyayn.
**modify** *(modifaay) v.* Wax ka beddelid, sii hagaajin (qalabeed).
**moist** *(mooyst) adj.* Dharab leh, yara qoyan.
**moisture** *(mooysja) n.* Dharab, qoyaan.
**molar** *(mowla) n., adj.* Gaws, ilkaha dambe ee cuntada ridqa midkood.
**molecule** *(molikyuul) n.* Molekuyuul (saynis).
**molten** *(mowltan) adj.* Dhalaalay (biraha).
**moment** *(mowment) n.* Wakhti yar.
**Monday** *(mandi) n.* Maalinta Isniin.
**monetary** *(manitari) adj.* Ee lacageed, (ku saabsan) lacagta.
**money** *(mani) n.* Lacag.
**monitor** *(monita) n.* Horjooge, (horjoogaha fasalka).
**monkey** *(manki) n.* Daayeer (xayawaan).
**monopolize** *(manopalaayz) v.* Koontayn, la koonteeya, is ku koobid keli ahaan.
**monopoly** *(manopali) n.* Koonto, keli haysasho, keli ka baayacmushtareyn.
**monsoon** *(monsuun) n.* Foore.
**monster** *(monsta) n.* Cirfiid, qof xun, dhib badan.

**month** *(manth) n.* Bil.
**mood** *(muud) n.* Sida uu kolba qofka niyaddiisu tahay, inuu murugaysan yahay, inuu farxsan yahay, inuu qiiraysan yahay, iwm.
**moody** *(muudi) adj.* Murugaysan, is bedbeddel badan xagga faraxa iyo murugada.
**moon** *(muun) n.* Dayax.
**moral** *(moral) adj.* Saxa iyo khaladka ahmiyadooda, mabdi leh.
**morale** (moraal) n. Isku kalsoonida maskax ahaaneed.
**more** *(moo/mo'a) adj., adv.* Badan, ka badan.
**morning** *(mooning) n.* Aroor, subax, gelinka hore (ee maalintii).
**morrow** *(morow) n.* Berri, maanta maalinta ku xigta.
**mortal** *(mootal) adj.* Dhimanaya, aan noolaanayn.
**mortar** *(moota) n.* Qaldad, nuurad, ciid iyo biyo laysku walaaqo, oo lagu dhiso labanka dhismaha iyo talbiista.
**mosque** *(mosk) n.* Misaajid.
**mosquito** *(moskiitow) n.* Kaneeco, cayayaanka keena cudurka duumada.
**most** *(mowst) adj.* Ugu badan, ugu tiro badan.
**mother** *(matha) adj.* Hooyo.
**motion** *(mowshan) n.* Socod, dhaqaaq.
**motive** *(mowtif) n.* Wax socodsiinaya, wax dhaqaajinaya, keenaya dhaqaaq, ujeedo (doonis).
**motor** *(mowta) n.* Mishiin bixiya quwad dhaqaaq, matoor.
**motto** (motow) n. Halhays, odhaah.
**mount** *(mawnt) v., n.* Kor u korid, la fanto (kor) sida (buurta, sallanka, iwm.), fuulid.
**mountain** *(mowntin) n.* Buur, buur-weyn.
**mourn** *(moon) v.* Baroorasho, u baroordiiqid.
**mouse** *(maws) n.* Wallo, jiir.
**mouth** *(mawth) n.* Af.
**movable** *(muufabal) adj.* La dhaqaajin karo.
**move** *(muuf) v.* Dhaqaajid, socodsiin.
**movement** *(muufmant) n.* Dhaqaaq, socod.
**movies** *(muufis) n.* Sinime, shinemo, filim.
**much** *(maj) adj., adv.* Badan, xaddi badan.
**mud** *(mad) n.* Dhoobo, dhiiqo.
**muezzin** *(muuwazin) n.* Mu'adin, ninka misaajidka ka addima, eedaama.

**mug** *(mag) n.* Bekeeri dheg leh, u dadaalid imtixaan.
**mule** *(miyuul) n.* Baqal, ka ay faraska iyo dameerku iska dhalaan.
**mullah** *(mula) n.* Wadaad.
**multi-** *(malti) prep.* (Hordhig) Wax badan ka leh.
**multiple** *(maltipal) adj.* Ka leh qaybo badan, ka haysta qaybo badan.
**multiplication** *(maltipli-keyshan) n.* Isku dhufasho, (xisaabta).
**multiply** *(maltiplaay) v.* Ku dhufo, tiro ku dhufo, isku dhufad, ku darbi.
**multitude** *(maltitiyuud) n.* Tiro aad u qeyn, weynida tirada.
**municipal** *(myuunisipal) adj.* La xidhiidha magaalo ama dawladda hoose.
**munition** *(myuunishan) n.* Rasaas (yaryar iyo waaweynba).
**murder** *(meeda) n., v.* Qudh goyn; qof dilis (si sharci darro ah), dhagar.
**murderer** *(meedara) n.* Qofka cid dila, dhagaraysane.
**murmur** *(meema) n., v.* Gungunuus, hoosta ka gunuusid, hadal hoos u dhigid.
**muscle** *(masal) n.* Muruq.
**muscular** *(maskyula) adj.* Muruq leh, ee muruqyada, muruqyo badan leh.
**museum** *(miyuusiyam) n.* Dhismaha ama guriga hiddaha iyo dhaqanka la dhigo, miyuusiyam.
**mushroom** *(mashrum) n.* Boqoshaar.
**music** *(miyuuzik) n.* Muusik.
**musician** *(miyuuzishan) n.* Qofka muusikada yaqaan ee tuma ama qoraba.
**must** *(mast) v.* Waa in, waxa lagu isticmaalaa wakhtiga soo socda.
**mutate** *(muyuteyt) v.* Isbeddelid, beddelid.
**mutation** *(muyuteyshan) n.* Beddel.
**mute** *(miyuut) adj.* Aamusan, aan sanqadhayn, qofka qalbiga la' een hadli karin.
**mutter** *(mata) v.* Hadalka hoos u dhigid si cad aan loo maqlayn.
**mutton** *(matan) n.* Hilibka idaha, hilibka adhiga.
**mutual** *(muyuujuwal) adj.* 1. Midba ka kale sidoo kale ka qabo: mutual hatred, trust, dislike, etc. 2. Ka dhexeeya: mutual understanding (treaty) of two nations.

**muzzle** *(mazal) v.* Gafuurka xayawaanka (sida eyda ama dawacada); hadal u diidid, xoriyad hadal ka qaadid.
**my** *(maay) poss. adj.* Kayga, markaad waxaaga sheegayso.
**myself** *(maayselaf) pron.* Naftayda, qudhayda.
**mystery** *(mistari) n.* Xaalad ama sir qarsoon oon la fahmi karin.

# N

**nab** *(naab) v.* La qabto (tuug, danbiile); si degdeg ah u qaadatid.

**nadir** *(neydir) n.* Ugu hooseeya, ugu liita.

**nag** *(naag) v.* Ku yuusid, si joogto ah u canaanatid ama uga cabatid.

**nail** *(neyl) n.* Musmaar, ciddida farta ku taal.

**naked** *(neykid) adj.* Qaawan, aan dhar xidhnayn, la qaawiyey; aan wax caawiya lahayn: she can see it with her naked eye.

**name** *(neym) n., v.* Magac, magac bixin.

**nameless** *(neymlis) adj.* Magac lahayn, magac aan haysan, aad u xun in la magacaabi: nameless brutality.

**namely** *(neymli) adv.* La yidhaahdo, kala ah, oo lagu magacaabo.

**nap** *(naap) n., v.* Hurdo gaaban, indha casaysi; indhocasaysad.

**nape** *(neyp) n.* Tunka, luqunta gadaasheeda.

**napkin** *(naapkin) n.* Harqad yar oo marka wax la cunayo la isticmaalo oo kolba bushinmaha lagu masaxo, maro yar.

**narcotic** *(naakotik) n.* Waa walax hurdo ama dareen-la'aan dhalisa (daroogo); maandoriye.

**narrate** *(nareyt) v.* Ka sheekeysid, sheeko dheegid, sheekayn.

**narrative** *(naaratif) n.* Sheeko ama qido.

**narrow** *(naarow) adj.* Cidhiidhi ah, diiq, ciriiri, aan ballaarnayn.

**nasal** *(neyzal) adj.* Sanka la xidhiidha: nasal blockage.

**nasty** *(naasti) adj.* Wasakh xun, xun oo khatar ama halis ah,

**nation** *(neyshan) n.* Qaran.

**national** *(nashnal) adj.* Qaran ama ummad la xidhiidha, ee waddanka: national border.

**national** *(nashnal) n.* Muwaadin, qof dal u dhashay.

**nationalism** *(nashnalism) n.* Waddaninimo.

**nationalist** *(naashnalist) n.* Waddani (qofka).

**nationality** *(naashanaaliti) n.* Dhalasho, jinsiyad.

**nationalize** *(naashnalaayz) v.* Qarameyn, la qarameeyey.

**native** *(neytif) adj., n.* U dhashay dalka; qof dalka u dhashay.

**natty** *(naati) adj.* Sallaxan, giigsan, si fiican u nadaamsan, xaragaysan.
**natural** *(naajaral) adj.* Dabiici ah.
**naturalist** *(naajralist) n.* Qofka si gaar ah u barta ee darsa xayawaanka iyo dhirta.
**naturally** *(naajrali) adj.* Dabcan, sida dabiiciga ah; sida laga filayey
**nature** *(neyja) n.* Dabaceedda, caalamka oo dhan iyo wax kasta oo la abuuray.
**naught** *(noot) n.* Waxba.
**nausea** *(noosiya) n.* Yalaaluugo, wiswis, yiqyiqsi.
**nauseous** *(noosiyas) asj.* Wiswis leh, lagu yalaalugoodo.
**nautical** *(nootikal) adj.* La xidhiidha maraakiibta, badmaaxyada ama badmareenimada.
**naval** *(neyfal) adj.* Ee ciidanka badda, ciidanka badda ah.
**navel** *(neyfel) n.* Xundhurta.
**navigate** *(naafigeyt) v.* Kaxaysid (markab, dayuurad, iwm.)
**navigation** *(naaf igeyshan) n.* Badmareennimo, badmaaxid, cilmiga badmareennimada; socdaallada lagu kala bixiyo biyaha dushooda ama hawada (dayuurad).
**navigator** *(naafigeyta) n.* Badmareen, qofk badmaaxa ah ee waayo-aragnimada u leh hogaaminta maraakiibta.
**navy** *(neyfi) n.* Maraakiibta dagaalka ee dal keeyahay; ciidanka badda.
**nay** *(ney) n.* Cidda maya bixisa (baarlimaanka Ingiriiska marka food la bixinayo).
**nazi** *(naasi) n., adj.* Xisbigii Hitler-kii Jarmalka ee dagaalki 2aad ee dunida ama adduunka qaybta weyn ka qaatay; qof ra'yiga mid la mid maanta qaba.
**near** *(niye) adv., prep.* Dhow.
**nearly** *(niyeli) adj.* Ku dhawdahay, ku dhow.
**neat** *(niit) adj.* Nidaamsan, si wanaagsan loo dameeyey ama hagaajiyey.
**necessary** *(nesisari) adj.* Lagama-maarmaan, loo baahan yahay.
**necessitate** *(nesesiteyt) v.* Waxay lagama maarmaan ka dhigaysaa in; kallifaysaa.
**necessity** *(nesesiti) n.* Lagama-maarmaanimo, kallifaad, baahi.
**neck** *(nek) n.* Luqun, raqabad, qoor.
**need** *(niid) n., v.* Baahi, u baahan.

**needful** *(niidful) adj*. Baahi badan, aad loogu baahan yahay.
**needle** *(niidal) n.* Irbad.
**needless** *(niidlis) adj*. Aan loo baahnayn, laga maarmi karo.
**negate** *(negeyt) v*. La diido, buriyo, diido.
**negative** *(negatif) adj*. Diidan, ogolayn, calaamadda kala jarka (minus); burinta iyo beeneynta wax la yiri.
**neglect** *(neglekt) v.* Dayicid, aan la daryeelin.
**negligible** *(neglijabal) adj.* Aad u yar, aan muhim ahayn.
**negotiate** *(nigowshiyeyt) n.* La gorgortan, waanwaan iyo heshiis kala faalootid, wada xaajood.
**negotiation** *(negowshiyeshan) n.* Wada hadallo waanwaaneed.
**negro** *(niigrow) n.* Dadka diirka madow.
**neigh** *(ney) v.* Danan, dananka faraska; cida faraska.
**neighbour** *(neyba) n.* Jaar, jiiraan, daris.
**neighbourhood** *(neybahud) n.* Jiiraannimo, derisnimo; inta guryo iyo dad isu dhow.
**neither** *(naaytha/niitha) adj., prep., adv.* Midna maaha, midkoodna maaha.
**neo-** *(nii-ow) prep*. (Hordhig) Cusub, dambe (eray horgale ah).
**neon** *(niiyon) n*. Neef aan midab lahayn oo hawada dhulkan aad ugu yar.
**nephew** *(nefyuu) n*. Ilmaha adeerka ama abtiga loo yahay; ilmaha uu mid walaalkaa ama walaashii dhashay.
**nepotism** *(nepatizam) n.* Eexda, qaraaba-kiil.
**Neptune** *(neptyuun) n*. Mid ka mid ah meerayaasha cadceedda ku wareega.
**nerve** *(neef) n.*
**nerveless** (neeflis) adj. Bilaadareen, tamar la'aan.
**nervous** *(neefas) adj*. Aan maskax ahaan deganayn, cabsi qaba.
**nescience** *(neshanis) n*. Jahli, aqoon la'aan.
**nest** *(nest) n.* Buul shimbireed, guriga shimbirta.
**net** *(net) n*. Shabaq, shebekad ah.
**net, nett** *(net) adj*. Soo hadhaa marka wixii aan loo bahnayn laga saaro: net weight, net profit.
**netting** *(neting) n*. Samaynta ama isticmaalidda shebegga.

**neurology** *(niyuu-rolaji) n.* Qayb cilmiga daawooyinka ka mid ah oo ku saabsan dareemayaasha.
**neutral** *(nyuutral) adj.* Dhanna raacsanayn, dhexdhexxad ah.
**neutron** *(nyuutron) n.* Qayb ka mid ah bu'da atamka oo aan wax danab ah qaadan.
**never** *(nefa) adj.* Abadan, waligaa.
**nevertheless** *(nefathales) adv., adj.* Si kastaba, ee weli, haba ahaatee.
**new** *(nyuu) adj.* Cusub.
**news** *(nyuuz)* n. War.
**next** *(nekast) adj., n., adv., prep.* Ku xiga.
**nib** *(nib) n.* Qalinka la khadeeyo caaraddiisa wax qorta.
**nice** *(naays) adj.* Fiican.
**nickel** *(nikal) n.* Macdan cad oo adag.
**nickname** *(nikneym) n.* Magac dheerid, naanays.
**nicotine** *(nikatiin) n.* Walax sun ah oo tubaakada ama buuriga sigaarka ku jirta.
**niece** *(niis) n.* Gabadha (inanta) uu walaalkaa ama walaalahaa midkood dhalay.
**niff** *(nif) n.* Qadhmuun, ur-xun.
**night** *(naayt) n.* Habeen.
**night-club** *(naaytkilab) n.* Meesha habeenkii lagu tunto.
**nightly** *(naaytli) adv., adj.* Habeen walba, habeenkii dhacaba (la qabto).
**nil** *(nil) n.* Waxba, ibir.
**nincompoop** *(ninkampuup) n.* Nacas, qofka qalbi-daciifka ah.
**nine** *(naayn) n., adj.* Sagaal, tiro 9 (iyo IX).
**nip (nip) n., v.** Qanjiidho, sida far iyo suul cidiyada, ilkaha, iwm.; qanjiidhin.
**nipple** *(nipal) n.* Ibta naaska; mujuruca carruurta la jaqsiiyo.
**nit** *(nit) n.* Qandhicil, ukunta injirta.
**nitrogen** *(naatrijan)* n. Neef (curiye) aan lahayn midab dhadhan ama ur midnaba oo ah 4/5 hawada dhulka.
**no** *(noo) adj. adv.* Eray diidmo ah, maya.
**nob** *(nob) n.* Qofka darajo sare leh, ama xoolo leh.
**noble** *(noobal) adj., n.* Sharaf leh; qof dabaqadda sare ka tirsan.
**nobody** *(nowbadi) pro.* Qofna, cidna.
**nod** *(nod) v.* Madax ruxid, marka aad haa u jeedid ee madax hoos loo dhigo.
**noise** *(nooyz) n.* Buuq, qaylo.

**noisy** *(nooyzi) adj.* Buuqaya, qaylinaya, buuq badan ama qaylo badan.
**nomad** *(noomad) n.* Reer guuraa.
**nomination** *(nomineyshan) n.* Magacaabid.
**non-** *(non) prep.* (Hordhig) Ah maaha, ku lid ah.
**nonage** *(nownij) n.* Da'yar, aan baalaq ahayn.
**none** *(nan) pron., adv.* Midnaba, midna maaha.
**nonentity** *(nonentiti) n.* Qof aan muhiim ahayn ama aan la qaddarin, waxaan jirin ama iska khayaali ah oo la maleeyo.
**nonplus** *(nonplas) v.* Fajicid iyo amakaakid, waxaad ku hadasho ama qabatid markaad garan weydo yaab awgii.
**nonsense** *(nonsanis) n.* Aan caqliga gelayn, macno darro.
**noon** *(nuun) n.* Maalin badhka, duhurka, 12ka duhurnimo.
**noose** *(nuus) n.* Suryo (xadhkahi), qool.
**nor** *(noo) conj.* Midnaba.
**normal** *(noomal) adj.* Caadi, caadi ah.
**Norse** *(noos) n.* Afka (luuqada) reer Noorway.
**north** *(nooth) n.* Waqooyi (jiho).
**northern***(noothan) adj.* Ee waqooyi: northern region, northern territory.
**nose** *(nows) n.* Sanka, san.
**nostril** *(nostril) n.* Dul, daloolka sanka.
**not** *(not) adj.* Maaha, aan ahayn.
***nota-bene*** *(nootaabeni) v.* Si deggan ugu fiirso, fiiro gaar ah sii; (abbr. N.B.)
**notation** *(nowteyshan) n.* Habka calaamada iyo tusmooyinka.
**note** *(nowt) n., v.* Naqilaad (qorid), qoris, ogow; qoraal xasuuseed.
**nothing** *(nathing) n., adv.* Waxba.
**notice** *(nowtis) n.* Ogeysiis.
**notify** *(nootifaay) v.* La ogeysiiyo, ogeysiin, wargelin.
**noun** *(nawn) n.* Magac naxwaha.
**nourish** *(narish) v.* Nafaqayn, nuxurin, nafaqo siin.
**novel** *(nofal) adj.* Cusub.,
**novel** *(nofal) adj., n.* Nooc aan hore loo aqoon, cajiib; buug sheeko ah.
**November** *(nowfamba) n.* Bisha 11aad ee sannadka miilaadiga.

**now** *(naw) adv., conj.* Iminka, hadda.
**nowadays** *(nawadeyz) adv.* Maalmahan.
**nowhere** *(noo-wee) adv.* Meelna.
**nubile** *(niyuubayl) adj.* La guursan karo ama heer lagu guursada jooga (hablaha).
**nucleus** *(niyuukliyas) n.* Xundhurta, bu'da.
**nude** *(nyuud) adj.* Qaawan.
**nuisance** *(nyuusanis) n.* Qof mar walba wax dhiba (kaa caddaysiiya), qof khatiyaan kaa dhiga.
**number** *(namba) n.* Tiro, lambar.
**numeral** *(nyuumaral) adj., n.* Ka taagan tiro (erey, xaraf ama summad).
**numerator** *(nyuumareyta) n.* Tirada sare ee jajabka.
**numerous** *(nyuumaras) adj.* Aad u tiro badan.
**numbskull** *(namskal) n.* Qof doqon ah ama maskax xun.
**nun** *(nan) n.* Naagta wadaadadda ah ee xer dumar ah la nool.
**nuptial** *(napshal) adj.* Guurka ama arooska la xidhiidha.
**nurse** *(naas) n., v.* Kalkaaliye caafimaad; kalkaaliye qof jirran ama dhaaqac ah.
**nut** *(nat) n.* Lafta midhaha; khudradda ka kooban qolof adag, nadhka boolka ku xidhma.
**nutrition** *(nyuutrishan) n.* Nafaqo, nuxur.
**nutritious** *(nyuutrishas) adj.* Nafaqo leh, nuxur leh.
**nylon** *(naaylaan) n.* Dun jilicsan oo guban og (dab-qabsi og).

# O

**oak** *(ook) n.* Noocyo dhir waaweyn ah oo jirrid weyn leh Adduunkana ku badan..
**oar** *(oo) n.* Seebka (ka huuriga lagu kaxeeyo).
**oasis** *(oweyxiis) n.* Meel (ciid nafaqo leh) biyo iyo dhirna leh oo lama degaanka ku taalla.
**oat** *(owt) n.* Geed gaaban oo ka baxa dhulka Cimilada qabow oo cunto ah (mid qamadida oo kale ah).
**oath** *(owth) n.* Dhaar; dhaarta la dhaarto.
**obdurate** *(obdyurit) adj.* Madax adag oo canaadi ah.
**obedience** *(obiidhyanis) n.* Mudeecnimo.
**obedient** *(obiidyant) adj.* Mudeec ah: dhego nugul.
**obey** *(abey) v.* Adeecid, aqbalid amar.
**object** *(objekt)* n. Walax; shay
**objection** *(abjekshan)* n. diidmo.
**obligation** *(abligeyshan) n.* Xil; waajib.
**obscure** *(abiskyuwa) adj.* Dahsoon.
**obscurity** *(abiskyuwariti) n.* Dahsoonaan.
**observant** *(abseefant) adj.* Il dheeri.
**observe** *(abseef) v.* U fiirsasho; loo fiirsado
**obsolete** *(obsaliit) adj.* Aan dib loo sii isticmaali doonin; wakhtigiisi dhacay ama dhammaaday.
**obstacle** *(obistakal) n.* Wax aan la dhaafi karayn; wax iskaa hortaaga, carqalad.
**obstinate** *(obstinit) adj.* Cannaad ah; madax adag
**obtain** *(obteyn) v.* La helo; laga helo; la keeno.
**obtuse** *(obtyuus) adj.* Daacsan; xaglaha u dhexeeya 90° iyo 180°
**obvious** *(obfiyas) adj.* Iska cad oo la fahmayo; qeexan, shaki la'.
**occasion** *(akeyshan) n.* Millayga ay dhacdo ama wax gaar ahi dhacaan.
**occasional** *(akeyshanal) adj.* Marmar la arko; marmar dhacdo. Marmar yimaada ama wakhti u dhaca.
**occupant** *(okyupant) n.* Qofka degan gure; qofka mansab ku fadhiya.
**occupation** *(okyupeyshan) n.* Degganaasho; Ku noolid; shaqo.

**occupy** *(okyupaay) v.* Ku nool; lagu noolaado; la dego; la yeesho (aqal, beer; dhul, iwm; ku fadhiyid mansab.
**occur** *(akee) v.* Dhicid, wax dhaca (Goorma ayuu shilku dhacay?): When did the accident occur?
**ocean** *(owshan) n.* Bad weyn, sida Bad Weynta Indiya: Indian Ocean.
**o'clock** *(aklok) particle* Saacad Sheegista baa lagu isticmaalaa (waa 5 saac): it is 5 o'clock.
**October** *(oktowba) n.* Bisha tobnaad ee sannadka miilaadiga, Oktoobar.
**oculist** *(okyuliist) n* Takhtarta indhaha.
**odd** *(od) adj.* Tiro kis ah; yaab leh.
**odious** *(owdiyas) adj.* Karaahiyo ama karaahiyo leh.
**odour** *(owda)* n. Ur.
**of** *(of) prep.* Ee.
**offal** *(ofal) n.* Uur-ku-jirta; (maskaxa, keliyaha, wadnaha, arrabka, iwm); wixii xumaada ee la xoor.
**offence** *(afens) n.* Dembi; wixii kaa cadhaysiiya ama gef kugu ah.
**offer** *(ofa) v.* Ugu deeqid; u hibayn; siin.
**office** *(ofis)* n. Xafiis.
**officer** *(ofisa) n.* Sarkaal.
**often** *(ofan)* adv. Inta hadan; badiyaaba; wakhtiyo badan.
**ogle** *(owgal) v.* Ku dhaygagid (eegid).
**ohm** *(owm) n.* Halbeegga cabbirka caabiga korontada.
**oil** *(oyal) n.* saliid; saliidayn ama saliid ku shubid.
**ointment** *(ooyntmant) n.* Dawada dhiiqda ama xaydha ah.
**old** *(owldh) adj.* Gaboobay; da'weyn.
**olfaction** *(olfaakshan) n.* Dareenka urta.
**olfactory** *(olfaaktari) adj.* Ee dareenka urta.
**omit** *(owmit) v.* Ka reebid, ka tegid.
**omnivorous** *(omnifaras) adj.* Cuna jaad walba oo Cunto ah; akhriya nooc walba oo buug ah.
**once** *(wanis) adv.* Mar.
**one** *(wan) adj., pron.* Kow, hal; mid.
**onion** *(anyan) n.* Basal.
**only** *(ownli) adj. adv. conj.* Oo qudha.
**onward** *(onwadh) adj. adv.* Xagga hore; hore
**oodles** *(uudhlas) n.* Xaddi badnaan: oodles of notes (money).

**ooze** *(uuz) v.* Dhiiqo; dareero (dhoobo, xabagta geedka markay ka soo baxayso); ka muuqasho, kor uga soo bixis: he oozes happiness, prosperity, etc..

**opaque** *(owpek) adj.* Aan gudbin iftiinka.

**open** *(owpan) adj.* Furan; furid; la furo.

**opening** *(owpaning) n.* Dalool; bilaabid.

**operate** *(opereyt) v.* Socodsiin; hawl socodsiin; maraayn; qalid; (wax qalida takhtarka).

**operation** *(opreyshan) n.* Shaqayn; sida ay wax u shaqaynayaan; in shaqo ah; qaliin (takhtarta ah).

**ophthalmia** *(of-thaalmiya) n.* Indha-xanuun.

**ophthalmic** *(ofthaalmik) adj.* Indhaha ku shuqul leh (saameeya).

**opiate** *(opiyeyt) n.* 1. Maandooriye;. 2. Shay walba oo hurdo keena.

**opinion** *(apinyan) n.* Ra'yi; fikrad.

**opponent** *(apwonant) n.* Qofka kaa soo horjeeda ama aad la tartamayso ama la dagaalamaysa.

**opportunity** *(apatyuuniti) n.* fursad.

**oppose** *(apoows) v.* Caaridid, ka soo horjeedid.

**opposite** *(opasit) adj.* Lid; ka soo horjeeda.

**oppress** *(apres) v.* Cadaadin (caddaalad darro awgeed).

**oppression** *(apreshan) n.* Cadaadid, hoos u cadaadin (caddaalad darrow-awgeed); dhibaatayn iyo caddaalad darro.

**optic** *(optik) adj.* Ee isha; ee aragga (ku saabsan indhaha iyo aragga).

**optician** *(optishan) n.* Qofka sameeya ama iibiya qalabka indhaha iyo aragga.

**optimist** *(optimist) n.* Qofka xagga fiican wax ka eega.

**or** *(oo) conj.* Ama; mise.

**oral** *(oral) adj.* Aan qoraal ahayn; hadal ahaan lagu sheego.

**orange** *(oranj) n.* Liin macaan.

**orange** *(orinj) adj.* Leh midabka liinta oo casaan u dhow.

**orator** *(orata) n.* Af-tahan; hadal yaqaan.

**orbit** *(oobit) n.* Meeris; waddada uu meere maro ama ku wareego: earth's orbit.

**order** *(oodha) n.* Hab; nidaam; amar; amar siin; amrid.

**orderly** *(oodhali) adj.* Nidaamsan; si fiican isugu hagaajisan.
**ordinary** *(oodhnari) adj.* Caadi.
**organ** *(oogan) n.* Xubin jidhka ka mid ah; qayb jidhka mid ah; aalad qalabka muusiga ka mid ah.
**organisation** *(ooganaayseyshan) n.* Isu tag urur; hayad.
**organize** *(ooganayz) v.* Habayn; qabanqaabin; isku dubarid.
**origin** *(orijin)* n. Halka laga bilaabo; asal; meesha wax ka soo bilaabmaan.
**original** *(orjinal) adj.* Asali ah; aan weli doorsoomin ee asalkii hore ah.
**originate** *(arijineyt) v.* Bilaabid; asal dhalin ama samayn; abuurid.
**ornament** *(oonamant) n.* Wax loogu talo galay inuu qurux ku kordhiyo wax kale; qurxin; qurux u samayn.
**ornithology** *(oonithoolaji) n.* Climiga barashada shimbaraha.
**orphan** *(oofan) n.* Agoon ama rajay; ilmaha uu aabihi ama hooyadii ama labadooduba ay geeriyoodeen.
**oryx** *(orikas) n.* Ugaad biciidka u eg kase weyn.
**oscillate** *(osileyt) v.* Si nidaamsan min barbar ilaa barbar u ruxma: a pendulum oscillates. Aan ra'yina ku adkaysan (is bedbeddel): He is all the time oscillating, never takes a stand.
**osculation** *(osk-yuleyshan) n.* Dhunkasho.
**ostler** *(osla) n.* Fardajire; qofka fardaha ilaaliya.
**ostracise** *(ostarasaays) v.* Go'doomin; karantiimayn.
**ostrich** *(ostrij) n.* Gorayo.
**other** *(atha) adj., pron., adv.* Kale; (aan isku mid ahayn ama kii hore ahayn).
**otherwise** *(athaways) adj.* Haddii kale; si kale; hab kale.
**ought** *(oot) v.*. Ku waajibay.
**ounce** *(awns)* n. Wiqiyad; halbeeg miisaanka ah.
**our** *(awa) adj.* Kaayaga; taayada (marka dad waxooda sheegayan).
**ours** *(aawaz) pron., adj.* Waxayaga; aanu iska leenahay.
**ourselves** *(awaselfis) pron.* Qudhayada
**out** *(awt) adv.* Dibedda
**outbalance:** *(awtbaalans) v.* Ka culays weynaan; dheelisiin; ka muhisanaan.

**outcast** *(awt-kaast) adj.* Qof bulshadu iska dhex saartay; dibad-yaal faqiir ah.
**outclass** *(awtklaas) v.* Aad uga wanaagsan; ka fiican ama ka roon.
**outcry** *(awtkaraay) n.* Baroor.
**outdistance** *(awt-dhistanis) v.* Ka dheerayn.
**outdoors** *(awthoos) adv.* Bannaanka dibadda ah ee hawada u fiican.
**outer** *(awta) adj.* Ka sare; wax isku hoos jira ka sare ee dhexda ka fog; xagga dibedda jira.
**outfit** *(awtfit) n.* Huga aad hawl gaar ah u qaadatid.
**outgrow** *(awt-grow) v.* Aad uga kora ama uga weynaada ama uga dheeraada.
**outhouse** *(awt-haws) n.* Dhismo yar oo dhismaha weyn ku dhow laakiin ka go'an.
**outing** *(awting) n.* Dibed u bixid muddo; safar gaaban.
**outlet** *(awtlet) n.* Meesha laga sii daayo biyo ama qiiq, iwm.
**outlive** *(awtliif) v.* Nolol kaga dambeeya, ka cimri dheeraada.
**outlook** *(awtluk) n.* Meel wax laga daawan karo ama laga eegi karo; sida qof noloshiisa ama adduunka u arko.
**outnumber** *(awtnamba) v.* Ka fara bata.
**outpatient** *(awt-peyshant) n.* Qofka bukaan socodka ah.
**outplay** *(awtpley) v.* Ka ciyaar badin ama ka ciyaar roonaan.
**output** *(awtput) n.* Wax soo saar. Inta ama tirada iwm ah ee wax ka soo baxda.
**outrageous** *(awt-rayjas) adj.* Ka nixin; aad u axmaq ah; xishamad daran.
**outrank** *(awt-raank) v.* Kadarjo sarayn.
**outrun** *(awtran) v.* Ka dheerayn; orodka-dheerayn ama ka badan.
**outside** *(awtsaaydh) adv.* Dibadda; xagga dibedda.
**outskirts** *(awt-iskkeetis)* n. Hareeraha ama agagaarka magaalada.
**outsmart** *(awt-ismaat) v.* Ka xarrago badnaan; ka rayn, ka xarfad badnayn.
**outstay** *(awt-istay) v.* Ku raagid.
**outweigh** *(awt-wey) v.* Ka cuslaad; ka fücnaan.
**ovary** *(ow-fari) n.* Meelaha ukunta dhadiggu ka soo baxaan.
**oven** *(afan) n.* Muufo; foorno.
**over** *(ofar) prep.* Kor.
**overbalance** *(owfabalanis) v.* Dheeliyid; ciirid.

**overcoat** *(ow-fakowt)* n. Koodh weyn.
**overcome** *(ofakam) v.* Ka guuleysi.
**overhead** *(owfa-hed) adj.* Ka sarreyaa madaxa dadka.
**overlook** *(owfa-luk) v.* Iska indhatirid; il-la-gefid arrin.
**overnight** *(owfa-naayt) adv.* Habeenka gudhihiisa.
**overshadow** *(oofa- shado) v.* Hadhayn, ka magac iyo muuqaal dheeraan.
**oversleep** *(oofa-isliip) v.* Aad u seexaso. Hurdo ku dheeraansho.
**overtax** *(owfa-teges) v.* Cashuur badan, ama xad-dhaaf ah saarid.
**overthrow** *(owfa-thurow) v.* Ridid; inqilaabid.
**overtime** *(owfa-taym) n. adv.* Shaqooyin waqti dheeraad ah.
**overturn** *(owfateen) v.* Qalibid, daadin.
**overwork** *(owfaweek) v.* Aad u shaqeyn.
**ovum** *(ow-fam) n.* Ukunta dhadiggu sameeyaan si ilmo u abuurmo.
**owe** *(ow) v.* Qaamaysan, deyn lagu leeyahay.
**owl** *(awl) n.* Guumeys, nooc shimbiraha ka mid ah.
**own** *(own) v., adj.* Lahaan.
**ox** *(okos) n.* Dibi.
**oxygen** *(oksajin) n.* Curiye hawo ah.
**oyster** *(ooysta) n.* Nooc kalluuka ka mid ah oo la cuno iyadoon la karin.

# P

**pace** *(peys)* *v*. Talaabo; qiyaasta tallaabada socodka gaaban, tallaabooyinks caadiga ah; xawl iga socodka qofka: His pace was too quick for me.

**pace** *(peys)* *v.* Talaabin (qiyaas): She paced the length of her sitting room.

**pacific** *(pasifik)* *adj*. Nabadeed; nabad jecel; deggan.

**pacify** *(paasifay)* *v.* Dejin; qaboojin.

**pack** *(paak)* *n*. Xidhmo alaab ah oo laysku xiray ama duubay si loo qaado.

**pack** *(paak)* *v*. Ka buuxin baarlimaan ama guddi cidda adiga ku raacsan (taageersan).

**package** *(paakij)* *n*. Alaab la isku xirxiray ama la isku cabbeeyey.

**packet** *(paakit)* *n*. Baakidh; baako.

**pact** *(paakt)* *n*. Heshiis; mucaahado.

**paddle** *(paadhal)* *n*. Usha huuriga lagu wado; seeb yar; ku socod ama ciyaarid biyo gun dhow.

**paddy** *(paadhi)* *n*. Bariiska weli baxaya; bariiska beerta ku yaal.

**padlock** *(paadh-lok)* n. Quful; qufulka wax lagu xidho.

**pagan** *(pugan)* *n*. Cawaan; qof bilaadiin ah; aan diin qabin.

**page** *(payj)* *n*. Bog; inan la dir-dirto.

**paid** *(paydh)* *v*. Bixiyey; la bixiyey.

**pail** *(peyl)* *n.* Baaldi.

**pain** *(peyn)* *n*. Xanuun; xanuunjin nabar; xannuunis.

**paint** *(peynt)* *v. n.* Ranjiyeyn; naqshadayn; rinji.

**painter** *(peynta)* *n.* Rinjiyeeye; ka wax rinjiyeeya; rinjiile.

**pair** *(pee)* *n*. Lammaan; laba.

**pal** *(paal)* *n.*Saxiib; jaalle.

**palace** *(paalis)* *n*. Guriga boqortooyada.

**palate** *(paalit)* *n.*Dhan-xanagga afka.

**pale** *(payl)* *adj.* 1. Aan iftiin badan lahayn (sida waa-beriga, xiddig fog).
2. (wejiga) Aan nidab lahayn, faraxsanayn, xaanuun ama murigo keento.

**palm** *(paam)* *n*. Baabacada; dhirta jiridda timirta oo kale leh.

**palpable** *(baalbabal)* *adj.* La dareemi karo ama la taaban karo; caqliga u cad.

**pamphlet** *(paamflit)* *n*. buug yar; jariida, qoraal gaaban.

**pan** *(paan) n.* Daawe.
**pan-** *(paan) prep.* Maqli; hordhiga ah dahamaan dhan; giddi: Pan-African Congress.
**panacea** *(panasye) n.* Daweysa cudurradoo dhan.
**pancreas** *(paang-kriyes) n.* Ganaca (xabin dheef-shiidka ka mid ah).
**panic** *(paanik) n.* Argagax.
**pant** *(pant) v.* Neefsasho adayg kaaga timaada oo uu keeno daal orod ama baqe.
**papa** *(paapa) n.* Eray carruureed oo ah aabbo.
**papaw**, **papaya** *(poopoo/ papaaya) n.* Babay; canbe filfil.
**paper** *(peypa) n.* Xaashi; warqad.
**papyrus** *(papayaras) n.* Nooc warqad ah (xaashi) oo masaaridii hore dhir ka samaysan jirtey.
**parachute** *(paarashuut) n.* Dallaayad ku boodis; baarashuud.
**parade** *(pareyd) v. n.* (Ciiddanka) cayaarsiin; cayaarsiis.
**paradise** *(paaradeysa) n.* Janno.
**paraffin** *(parafin) n* gaasta la shito.
**parallel** *(paaralal) adj.* Is barbar socda (xariijimo); barbaro ah.
**paralysis** *(paaralisis) n.* Dhanqalal, faalig.
**paralytic** (paaralitik) n. adj. Dhan qalal keena.
**parasite** *(paarasayt) n.* Deris ku-nool.
**parasol** *(paarasol) n.* Dallaayadda qorraxda laga qaato.
**paratroops** *(paaraturuups) n.* ciidanka loo tababaro dallaayadaha (boodista).
**parcel** *(paasil) n.* Buqshad alaab ah,
**pardon** *(paadan) n.* Saamaxaad; cafis.
**parent** *(peerant) n.* Labada waalid midkood; aabbo ama hooyo.
**parity** *(paariti) n.* Is le'eg; siman.
**parliament** *(paalamant) n.* golaha shacbiga; baarlamaan.
**park** *(paak) n. v.* Dhulweyn oo dhir iyo geedo leh oo dadku ku nastaan ama ku raaxaystaan.
**park a car**, baabuur aad waddada dhinaceeda meel kale aad dhigto: put (leave) a vehicle in a car park; **car park** (see car).

**parrot** *(paarat) n.* Babqaa; shimbir dadka canjisha; qofka hadalka ku celceliya.
**part** *(paart) n. v.* Qayb; kala dilaacid: his trousers parted at the seams; kala tegid: the couple parted but they are still friends.
**partake** *(paateyk) v.* Saamiqaad; ka qaybgal.
**partial** *(paashal) adj.* Qayb ahaan; aan dhexdhexaad ahayn: a partial arbiter.
**participate** *(paatisibeyt) v.* Saami yeelatid, ka qaybgal.
**particle** *(paatikal) n.* In aad iyo aad u yar.
**party** *(paati) n.* Xisbi; xaflad.
**pass** *(paas) v. n.* Gudub; dhaaf; dhaafid.
**passage** *(paasij) n.* Marin.
**passenger** *(paasinja) n.* Rakaab; dadka fuushan gaadiid laga kireeyey.
**passive** *(paasif) adj.* caajis; aan firfircoonayn.
**passport** *(paaspoot) n.* Dhaafiye; baasaboor.
**past** *(paast) prep. adj. n.* Wixii tegay, wakhti hore; gudbay.
**paste** *(peyst) n.* Cajiin; wax laysku khalday.
**pastime** *(paastaym) n.* Si farxad leh wax wakhtiga laysku dhaafiyo.
**pasture** *(paasja) n.* Dhulka doogga leh ee xoolaha la dejiyo; daagin.
**pat** *(paat) v. n.* Dhirbaaxo; dhirbaaxid.
**path** *(paath) n.* Wadiiqo; waddo-luuqeed.
**pathology** *(patholaji) n.* Sayniska cudurrada.
**patience** *(peyshanis) n.* Samir; dulqaadasho.
**patient** *(pey-shant) adj.* Samir leh; dulqaadasho leh.
**patient** *(peyshant) n.* Qof bukaan cisbitaal u jiifa.
**patriot** *(peytriyat) n.* Qofka waddaniga ah.
**patrol** *(patrol) n.* Ku dul wareegga meel; kormeerid; temeshlayn; ilaalin.
**patter** *(paata) n.* Jaqaf-jaqafta cagta (socodka); hadalka ka dhakhsaha ah.
**pattern** *(paatan) n.* Hab wax loo sameeyey oo soo noqhoqosh leh; qurxin, xiddayn, sakhrafadeyn; tusaale fiican.
**paucity** *(poositi) n.* Yaraanta tiro leedahay.
**pause** *(poos) n.* Hakadka yar ee hadalka ama waxa la qabanaayo.
**paw** *(poo) n.* Cagta xayawaanka (qoob maaha) cidiyaha leh.

**pay** *(pey) v.* bixi; siin lacag; siin; bixin.
**payment** *(peymant) n.* Bixin; lacag bixin, mushaar, iwm.
**peace** *(piis) n.* Nabad; nabad qab.
**peacock** *(piikok) n.* Daa'uus; shimbir qurux badan.
**peak** *(piik) n.* Halka ugu sarreysa; ugu fiiqaan; sida buurta figteeda.
**peanut** *(piinat) n.* Lawska; iwm.
**pear** *(pee) n.* Geed midho macaan (ubadda u eg) oo miirid leh.
**peasant** *(pesant) n.* beer-qoodaal.
**pebble** *(pebal) n.* Dhagax dixeed dooxooyinka biyuhu maraan laga helo.
**pedal** *(pedal) v., n.* Meesha cagta la saaro ee wareegta ee baaskiilka laga kaxeeyo; baaskiil kaxayn.
**pedestrian** *(pidhes-trian) n.* Qofka jidka suuqa dhinaciisa maraya, qofka lugta ah.
**pedlar** *(pedhla) n.* Qofka alaabta yaryar iibiya ee guryayaha la dhex mara.
**peel** *(piil) v. n.* Diir ka qaalid; diir.
**peep** *(piip) v.* Ka eegid meel dalool yar leh ama qarsoodi ah.
**pelican** *(pilikan) n.* Shumbir biyood weyn oo af dheer iyo kiish ka hooseya (kaydka cuntada) leh.
**pellucid** *(pelyuusid) adj.* Aad u qeexan.
**pelvis** *(pelfis) n.* Laf-miskeedka; lafta misigta.
**pen** *(pen) n.* Qalinka khadka leh.
**pencil** *(pensal) n.* Qalin rasaas.
**penalty** *(penalti) n.* Ciqaab ah wax xun ood fashay ama qaynuun diidis.
**pending** *(pending) adj.* Go'aan sugid ama dejid sugid, soo bixi doona.
**penetrate** *(penitreyt) v.* Galaya (sida boolka iyo godka); mudid; dhexgelin.
**penicilin** *(penisilin) n.* Dawo (anti-baayotig).
**penis** *(piinis) n.* Buuryada; qoodhaha labku leeyahay.
**penniless** *(peniles) adj.* Lacag la'aan.
**penny** *(peni) n.* Lacag ganbo ah; kuumi.
**penology** *(piinolaji) n.* Barashada mushkiladaha ciqaabta sharciga ah.
**pension** *(pen-shan) n.* Lacag bixin caadi ah oo qofka shaqada ka fariista la siiyo.

**pensive** *(pensif) adj.* Fikir qoto-dheer; si daran u fekerid badan.
**pentagon** *(pentagan) n.* Shan-geesle.
**penury** *(penyuuri) n.* Faqiirnimo (caydhnimo) xoog ah.
**people** *(piipal) n.* Dad; dad-weyne.
**pepper** *(pepa) n.* Basbaas; filfil.
**per** *(pee) prep.* Midkiiba.
**percentage** *(persantij) n.* Boqolkiiba, inta tiro mid kale ka tahay boqol kiiba.
**peregrination** *(perigrineyshan) n.* Socdaal; safar.
**perennial** *(perenyal) n. adj.* Wax sanadkoo dhan socda; wakhti aad u dheer ku dhamaada; dhirta 2 sano in ka badan jirta. Raagid.
**perfect** *(peerfekt) adj.* Wacan; aan iin lahayn; dhamays.
**perform** *(peerfoom) v.* 1.Samayn, fal qaadid: they performed his demands 2. Samayn, metilid: they performed one of Shakespeare's plays.
**perfume** *(peefyuum) n.* Cadar; dareere udgoon oo la marsado.
**perhaps** *(pahaps) adv.* Laga yaabaa; laga yaabee.
**peril** *(peril) n.* Khatar weyn; (katar keenaysa).
**period** *(piyeryedh) n.* Xisad; wakhti (laba wakhti inta u dheexeysa).
**peripatetic** *(peribatetik) adj.* Kolba meel ka tegis oo meel kale tegid sida xerta diinta ee kolba reer taga.
**periscope** *(periskowp) n.* Qalab loo adeegsado daawashada iyo aragtida.
**permanent** *(peemanant) adj.* Joogta ah.
**permission** (paamishan) n. Oggolaansho; fasax.
**permit** *(pamit) n.* U oggolaansho; sii dayn; fasaxid; awood bixin; oggolaansho qoraal ah.
**pernicious** *(penishas) adj.* Dhib badan oo wax yeello leh.
**perpendicular** *(peepandikule) adj.* Xagal qumman ku ah (90°), ku qotoma; toos u taagan.
**perpetrate** *(peepitreyt) v.* Dembi gashid; khalad samaysid.
**perplex** *(papeleks) v.* Maskax ka arbushid, wareerin; adkayn arrin.
**perquisite** *(peekwisit) n.* Gunno ka baxsan mushaharka caadiga ah.

**person** *(peesan) n.* Qof.
**personal** *(peesanal) adj.* Shaqsi ahaan; qof u gaar (leeyahay).
**perspire** *(paspaya) v.* Dhididid; la dhidido.
**persuade** *(pasweydh) v.* Ogolaysiin, ka dhaadhiciso wax.
**peruse** *(paruus) v.* Akhriyid; si deggan u akhriyid.
**pesky** *(peski) adj.* Arbush badan, qas badan.
**pestle** *(pastal) n.* Tib; tibta wax lagu tumo.
**petal** *(petal) n.* Ubaxa qaybtiisa sare ee midabka leh.
**petition** *(petishan) n.* Arji wadajir loo qoro, arji.
**petrol** *(petrol) n.* Baasiin; baatrool.
**petroleum** *(pitrowliyam) n.* Saliidda qayriin ee dhulka laga soo qodo.
**petty** *(peti) adj.* In yar; aan muhiim ahayn.
**pharmacy** *(faamasi) n.* Meesha lagu iibiyo daawooyinka (dukaan) iyo qalabkooda.
**pharynx** *(farinkis) n.* Qulaanqulshaha cunaha ku yaalla.
**phenomenon** *(fenoominon) n.* Wax, dhacdo ama qof wax cajiib ah la yimi. Wax u muuqda ama lagu arkayo (garanayo), dareenka.
**philately** *(filaatali) n.* Ururinta tigidhada boosta "balwad"; (hiwaayad).
**philology** *(filolaji) n.* Cilmiga (sayniska) dabeeccadda iyo horumarka afka (luqad) ama af gaar ah.
**philosophy** *(filisofi) n.* Falsafad.
**phlegm** *(falem) n.* Xaakada; xaako.
**phone** *(fcwn) n. v.* Soo gaabinta telefoon; dhawaaq qura ee hadalka ka mid ah.
**phoney** *(fooni) adj.* 1. Aan run ahay, wixii dhabta ahaa loo ekaysiiyey laakin aan run ahay ama xaqiiqadii ahayn. 2. (qofka) khaayin ah.
**phonology** *(fownolaji) n.* Cilmiga dhawaaqyada hadalka; barashada cod (dhawaaq) isbeddelka shaqal ama shibane.
**phosphorus** *(fosfaras) n.* Curiye hurdi ah oon bir ahayn waxaa ka mid al dhibcaha: saacadaha habeenkii mugdiga ifa.
**photograph** *(footo-garaaf) n.* Sawir (kaamarad lagu qaaday)

**phrase** *(freys) n.* (La xiriira naxwaha ) erayo ka mid ah weerta oon macna gaar ah samayn karin.
**physical** *(fisikal) adj.* 1. La xidhiidha jidhka (aan ahayn maskaxda iyo ruuxa). 2. La xidhiidha dabeecadda.
**physician** *(fisishan) n.* Takhtarka daawooyinka iyo qalliinka
**physicist** *(fisisit) n.* Qofka aqoonta u leh cilmiga fisigiska.
**physics** *(fisiks) n.* Cilmiga sayniska la xiriira maayada (matter), tamarta (enegy); sida sanqadha; kulaylka iwm.
**physique** *(fisiik) n.* Qaabka iyo dhismaha jirka.
**pick** *(pik) v.* Kor u qaad faraha ku qaadid.
**pictorial** *(piktooriyal) adj.* Ee sawireed; leh ama ku saabsan sawirro la sameeyey.
**picture** *(pigja) n.* Sawir.
**piece** *(piis) n.* Waslad; qidcad; qurub.
**piecemeal** *(piismiil) adj.* Qurub-qurub u fashid; marba in qabatid; waqtiga u kala qaybisid.
**pierce** *(piyes) v.* Mudis; dallolin (walax fiiqan lagu falo).
**pig** *(pig) n.* Doofar.
pile (payl) n. v. Raso weyn; rasayn.
**pilgrim** *(pil-grim) n.* Xaaji.
**pillar** *(pila) n.* Tiir; dhidid, udub.
**pillow** *(pilow)* Barkin; barkimo.
**pilot** *(paylot)* Qofka dayuuradda kiciya, fariisiya; qofka markabka soo xidha ama kaxeeya.
**pimple** *(pimpal) n.* Fin maqaarka ka baxa.
**pin** *(pin) n.* Biin, wax yar oo wax laysugu qabto.
**pincers** *(pinsas) n.* Kalbad (nijaarka ayaa isticmaala).
**pineapple** *(paynaabl) n.* Cananaas (miraha).
**pink** (pink) adj. Midab yara casaan ah; mindi (soodh) geliso (ku dalooliso).
**pint** *(paynt) n., adj.* Baydh; qiyaas ah 1/8 galaan.
**pioneer** *(payniye) n.* Qofka u horreeya ee meel soo sahansha (soo arkooda), wax cusub sahansha; horseeda.
**pipe** *(payb) n.* Dhuun; qasabad; tuubo.
**piss** *(pis) v. n.* Kaadin; kaadi.
**piss off** *(pis of) v.* Ka cadaysiiya ama arbusha.
**pistol** *(pistal) n.* Baastoolad; tamuujad.

**pit** *(pit) n.* Ceel; god dheer; furuq dhoon.
**pity** (piti) n. U naxdid; u murugootid wax qof ku dhacay ama arrim xun oo ku timi.
**place** *(pileys) n., v.* Meel; meel dhigid.
**plain** *(pileyn) adj., n.* Si hawl yar loo arko; maqal ama fahmo fudud; caadiya; dhulka siman ee rallaaran.
**plait** *(palayt) v.* Tidic; soohid (xarigga; timaha iwm).
**plan** *(palan) n.* Qorshe.
**plane** *(pileyn) n.* Aalad ama qalab lagu simo looxa dushiisa; meel siman.
**planet** *(planit) n.* Meere (maaris; fiinis; dhulka iwm).
**plant** *(palaant) n. v.* Geed; beeridda; qalabka wershedeynta.
**plantation** *(palanteyshan) n.* Bed dhul ah oo dhirta dhulka ballaaran ee sonkorta; shaaha; buuriga; cudbiga iwm ka baxaan. Beer aad u weyn.
**plash** *(palash) n.* Sanqadha baxda marka biyaha bash laga siiyo; wax lagu dhifto.
**plaster** (palaasata)n. Talbiista darbiga iwm lagu shaqdo; dahaaro; balaastar.
**plastic** *(palaastik) adj.* Caag ka samaysan.
**plate** *(pileyt) n.* Sixni; bileydh; dabaq.
**platform** (palaatfoom) n. Meel dhulka (waddada; jidka; golaha) ka korreysa.
**platter** *(pilaata) n.* Xeedho; saxan weyn oo gun gaaban (hilibka) lagu rito iwm.
**play** *(piley) n. v.* Ciyaar; riwaayad; dheelid. La dhaqmid: a fair play.
**player** *(pileyar ) n.* Qofka ciyaartoyga ah; jilaa.
**pleasant** *(piliisant) adj.* Farax gelin; farxad leh; lagu farxi karo.
**please** *(piliis) v.* Raali gelin; farxad gelin.
**pleasure***(piliishur) n.* farxad, raali gelin.
**pleat** *(piliit) n.* Shushub; tidcid.
**plentiful** *(palantiful) adj.* Xaddi badan; aad u badan.
**plenty** *(palanti) n.* Wax fara badan.
**pliers** *(palayas) n.* Kalbad (ta korontada oo kale).
**plot** *(plot) n.* Sheekada qorshayan ee buug ama riwaayadeed. Meel dhul ah oo la dhisto (ama beerto); jago; mu'aamarad; mu'aamaradayn.
**plough** *(palow) n.* Aaladda qodda beerta; ciid rogidda dhulka (dibi-cagaf iwm).

**pluck** (palak) v. Riftid baalasha digaagga ; gorayada iwm; kor u soo dhufasho.
**plug** *(palag) n. v*. Gufeyn: plug a hole. Shay laba ama saddex ilig leh god gidaarka ah la gesho si uu korontada u xidhiidhsho.
**plumber** (palamma) n. Ninka ka shaqeeya ee isku xirxira qasabadaha; tuubooyinka; dhuumaha iwm.
**plunder** *(palandah) v.* Xadid ama dhicid gaar ahaan marka dagaal socdo.
**plural** *(pulural) n. adj*. Wadar (ereyga ah); ka badan mid.
**plus** *(palaas) prep*. U gee; ku dar; (2 + 8 = 10)
**pneumatic** *(nayuumaatik) adj*. Ku shaqeeya ama ay waddo hawo laysku cadaadshay (taayirka).
**pneumonia** *(nayuumowniya) n.* Xanuun halis ah oo ku dhaca sanbabada.
**pocket** *(pokit) n.* Jeebka (halka shaarka ama surwaalka wax lagu rito).
**poem** *(powim) n*. Gabay; masafo (qoraal ah).
**poetess** *(powitis) n*. Naagta qorta gabayada iwm.
**poetry** *(powitiri) n*. Gabayga.
**poignant** *(poonaant) adj*. Ku habboon ama dabaqaya.
**point** *(pooynt) n*. caaradda ama fiiqa walaxi leedahay; heer; dhibix; tilmaan.
**pointless** *(pooyntiles) adj*. Macno daran; u jeedda la'aan; aan lahayn wax dhibco ah (ciyaaraha): a pointless match (kubad).
**poison** *(pooysin) n*. Sun; dhimasho ama dhaawac xun u keenta naflayda.
**polar** *(powla) adj*. Labada dacal ee dhulka saameeya ama la xiriira.
**pole** *(powl) n*. Labada dacal ee dhulka midkood (w & koonfur). Dacallada birlabta.
**police** *(paliis) n*. Boolis.
**policy** *(polosi) n*. Siyaasad; hadal qoraal ah oo qandaraaska; (heshiiska) caymiska ah.
**polish** *(polish) v*. Kaga dhalaalisid; si fiican u safaysid; baalash.
**polite** *(palayt) adj*. Edeb leh; edebsan.
**political** *(politikal) adj*. Ee siyaasad.
**politician** *(polotishan) n*. Qofka siyaasiga ah; wax ka yaqaan siyaasadda.

**politics** *(politiks) n.* Cilmiga siyaasadeed ee dal iyo dad xukumid; dhaqdhaqaaqii wal ee aad awood ku heli kartid: company politics ends in bitterness.

**poll** *(pol) n.* Cod bixin doorasho ; baar ka jarid.

**pollute** *(paluut) v.* Wasakheyn (siiba haanta biyaha)

**poltroon** *(pol-taroon) n.* Fulay (xaqiir ah).

**poly-** *(poli) prefix.* (Hordhig) badan.

**polygamy** *(paligami) n.* Caado ah in qofku maago ama rag badan qabo isla mar ama wakhti keliya.

**polygamist** *(paligamist) n.* Qofka naag ma nin wax ka badan guursada.

**polyglot** *(pooligolot) n.* Qofka afafka ama luqadaha badan yaqaanna.

**polygon** *(poligan) n.*Shaxan ama sawir shan dhinac ama in ka badan leh (dhinacyo toosan).

**polytechnic** *(politeknik) adj.* Dugsi leh qaybo badan oo wax barasho farsameed.

**pomade** *(pamaadh) n.* dufan timaha la marsado.

**pomelo** *(pomilaw) n.* Nooc midhaha bambeelada oo kale ah (oo waaweyn).

**pommel** *(pamal) n.* Kooraha (ka faraska) intiisa soo taagan.

**pond** *(pondh) n.* Jidhaan (biyo fariistaan); dhijaan.

**ponder** *(pondha) v.* Ka fakirid.

**ponderable** *(pondharabal) adj.* La qiyaaso karo ama la miisaami karo.

**ponderous** *(ponderas) adj.* Culus, qaab daran.

**poniard** *(ponyadh) n.* Tooray (mindi fal leh).

**pony** *(powni) n.* Faras carruurtu fuusho.

**pool** *(puul) n.* Jidhaan; ka dhexeeya dad bad: a car pool.. Ka dhexeeya dadweyne.

**poor** *(puwa) adj.* faqiir; sabool; miskiin.

**poorly** *(puwali) adj* Si aan siicnayan; si xun.

**Pope** *(powp) n.* Baadari; ninka diinta kaatooliga u sarreeya (Roma).

**poppycock** *(popikok) n.* Wax aan caqliga geli karin.

**popular** *(pop-yula) adj.* Ay dadweynuhu leeyihiin; caan ah, dadku wada yaqaan.

**popularity** *(pop-yulaariti) n.* Caannimo; dadka ku dhex caan ah.

**populate** *(popyuleyt) v.* dad dajin, dad ku nooleysiin, dad degid.

**population** *(popuyeleyshan) n.* Tirada dad meel ku nool, dadweyne.
**pore** *(poo) n* Daldaloolo yar yar oo maqaarka jirka ku yaal oo dhididku ka soo baxo; barasho ama dersid feejigan.
**porous** *(pooras) adj.* Daldaloolo badan leh; sii daynaya dareeraha.
**porridge** *(porij)n.* Cunto fudud oo jilicsan, boorish.
**port** *(poot) n.* Dekad; magaalo dekad leh.
**portable** *(pootabal) adj* La qaadqaadi karo, aan meel ku dhegsanaynse kolba meeshii la rabo loo qaadan karo.
**porter** *(poota) n.* Xammaal; qofka alaabta qaada (shaqadiisu taa tahay); waardiyaha irridda, ilaaliyaha irridda.
**portion** *(pooshan) n.* Qayb, qayb ka mid ah, saami.
**portrait** *(pootrit) n.* Sawir gacanta lagu sameeyey.
**portray** *(pootrey) v.* Sawir ka sameyn; si buuxda erayo ugu sharxid; matelid qayb riwaayadeed ama filim.
**position** *(pasishan) n.* Meel; boos.
**positive** *(positif) adj.* Togane; run ah ama xaqiiq ah, wanaagsan.
**possess** *(pases) v.*Lahaan; la yeesho.
**possession** *(pasashan) n.* Lahaansho.
**possibility** *(posibiliti) n.* Suuragal, suurtogal, suuragalnimo.
**possible** *(posibal) adj.* Suurta gal ah, suuroobi kara.
**post** *(powst) n. v.* Meesha uu askariga ilaaliyo; meesha askari degto; waraaqo boosta dhigid, boosta waraaqaha laga diro.
**post-** *(powst) prep.* (Hordhig) ka dib...kaa ka dib: <u>post-meridian (p.m.) afternoon or midday.</u>
**postage** *(powstij) n.* Lacagta laga bixiyo warqadaha boosta lagu rido.
**post-date** *(powst-dheyt) v.* Taariikh dib ugu dhigid (taariikhda la qoro).
**posterior** *(powstiyeriya) adj.* Xagga dambe, kaa dambe.
**posterity** *(posteriti) n.* Tafiirtii ama ciddii qof ka faracantay, faraca dambe ee soo socoda.
**postgraduate** *(pows-graajwit) adj.* Waxbarashada iwm. ee la qabto qalinjibinta ka dib.

**posthumous** *(post-yumas) adj.* Uur ku hadh; qofka dhasha, ilmaha markuu aabbihi dhinto ka dib; dhaca ama geeri dabadeed yimaada.
**postmaster** *(powst-masta) n.* Qofka boosta u madax ah.
**postmeridien, p.m.** *(powst-maridhiyan) adj.* Gelinka dambe ama niska dambe (12 duhur ilaa 12 habeenimo).
**postmortem** *(poost-moortem) adj.* Baadhis qofka lagu sameeyo ka dib markuu dhinto, si loo ogaado sabata.
**postmortem** *(poost-moortem) n.* Baadhis lagu sameeyo dhacdo tagtey sababta keentay: the political party had a post-mortem as to how they lost the elections.
**post-pone** *(powst-bown) v.* Dib u dhigid, u kaadin.
**post-script** *(poostkript) n.* Wixii war ee aad warqad ku darto marka aad saxiixdid ka dib (marka la soo gaabsho: PS).
**posture** (posja) n. Qaabka jidhka; xaalka jidhka ama qalbiga.
**pot** *(pot) n.* Dheri; digsi; weelka wax lagu kariyo.
**potassium** *(pataasyam) n.* Curiye; jilicsan oo dhalaala oo bir cad ah.
**potato** *(poteytow) n.* Baradho; bataato.
**potboiler** *(potboyla) n.* Sawir aad sawirto ama sheeko aad qorto oo aad lacag uun ku doonaysid larkiin aan qiimo badan lahayn.
**potentate** *(powtenteyt) n.* Boqor ama qof aan xukunka lala wadaagin.
**potential** *(powten-shal) adj.* Jiri kara ama iman kara; ficil keeni kara.
**pother** *(potha) n.* Buuq arbush, qaylo.
**potter** *(pota) n.* Dheryo sameeye.
**potter (around or about)** *(pota) v.* Isku maaweelin shaqo aan faaiido badan dhallin;
**potter along** socotid firfircooni iyo ujeedo la'aan.
**pouch** *(pawj) n.* Shandad ama boorso yar oo jeebka lagu qaato.
**poultry** *(powlt-ri) n.* Shimbiraha hilibka leh (la cuno) digaagga, xamaamka, digiirinka, iwm.
**pound** *(pawndh) n.* Rodol; (miisaanka ingiriiska); gini (lacag); ridqid; jajebin.
**pour** *(poo) v.* Shubid; la shubo ama ku shubid.

**poverty** *(pofati) n.* Saboolnimo, caydhnimo, faqri.
**powder** *(pawdha) n.* budo ridqan; boodhar, boolbaaro.
**power** *(pawa)n.* Quwad, xoog, awood.
**powerful** *(pawaful) adj.* Awood badan, xoog weyn, quwad leh.
**powerless** *(pawalis) adj.* Awood darro, awood yari, aan xoog lahayn.
**practicable** *(praaktikabal) adj.* Wax gacanta laga qaban karo.
**practical** *(praktikal) adj.* Ku saabsan gacan ku qabasho, si waaqici ah; hawlgacmeed ah, ku saabsan hawlgacmeed.
**practice** *(praaktis) n.* Gacan ka qabasho, hawl gacmeed, gacan ku falis.
**practise** *(praaktis) v.* Ku celcelin wax qabasho.
**praise** *(preys) v.* Amaanid, amaanis, la amaano.
**prate** *(preyt) v.* Iska hadlid, si aad ah u hadlid.
**prattle** *(praatal) v.* U hadlid si carruurnimo ah.
**pray** *(prey) v.* Tukasho, la tukado; ducaysatid.
**prayer** *(pree) n.* salaad (salaadda la tukado); duco.
**preach** *(priij) v.* Wacdiyid.
**precaution** *(prikooshan) n.* ka digtoonaan, digniin laga hor tagayo khatar.
**precede** *(prisiidh) v.* Ka horreeya, hortiis yimaada.
**preceptor** *(priisepta) n.* Bare, macallin, tababare.
**preciosity** *(preshi-ositi) n.* Iska doondoonid ama iska yeelyeelid.
**precious** *(preshas) adj.* Qiimo weyn leh: a precious necklace.
**precise** *(precise) adj.*Si sax ah loo sheegay, sax ah, sugan.
**precision** *(presishan) n.* Sax, khalad la'aan, sugnaan.
**preclude** *(prikuluudh) v.* Ka celin, ka ilaalin (qof inuu wax falo).
**precocious** *(prekooshas) adj.* Dhaqso u korid xagga garashada.
**precursor** *(priikeesa) n.* Qof ama wax kale oo horseed u ah wax dhici doona.
**predecessor** *(pridesesa) n.* 1. Qofka xafiis ama maamul uga horreeyey qofka hadda xilka haya. 2. Ciddi aad ka soo tafiirantay.
**predicate** *(predikeyt) v.* Caddayn in wax run yihiin.
**predict** *(pridikt) v.* Sii sheegid inta aanay wax dhicin ka hor, saadaalin.

**predilection** *(priidileekshan) n.* Jeclaan gaar ah, door bidis.
**predominate** *(pridomineyt) v.* Ka gacan sarreyn, ka awood iyo tiro badan.
**pre-eminent** *(prii-eminant) adj.* Ugu wanaagsan, ka wanagsan kuwa kale oo dhan.
**pre-exist** *(prii-igsist) v.* Hore u sii jiray, mawjuud sii ahaa.
**preface** *(prefiis) n.* Hordhac, sharax ka horeeya oo fasiraya muxurka buugga.
**prefect** *(prefekt) n.* Horjooge.
**prefer** *(prifee) v.* Ka door-bidid.
**preference** *(prefaranis) n.* Ka doorbidid ama ka doorasho.
**pregnant** *(pregnant) adj.* Uur leh (dheddigga).
**prehistoric** *(priihistorik) adj.* Dhigaalka ama qoraalka taariikhda ka hor, intaan taariikhda la qorin.
**prejudice** *(prejudhis) n.* Iska jeclaansho ama iska necbaansho, aan sabab laheyn.
**premature** *(premajuwa) adj.* Wax dhaca ama la falo wakjtigey ku habbooneyd ka hor.
**premise** *(premis) n.* Weedh sabab leh.
**preoccupy** *(pri-okyupaay) v.* Mashquulin, la mashquuliyo. (xagga mashaxda).
**preparation** *(prapareyshan) n.* Diyaarin, diyaar garayn.
**preparatory** *(pripaartari) adj.* La sameeyo inta aan shaqada weyn la guda gelin ka horeeya.
**prepare** *(pripee) v.* Diyaarin.
**prepay** *(prepay) v.* Sii bixin; qadimid.
**prescient** *(prishiyent) adj.* wax ka og ama wax ka sheegi kara wax soo socda.
**presence** *(presenis) n.* Joogitaan.
**present** *(present) adj., n., v.* Jooga; hadiyad; ugu deeqid; siin.
**presentation** *(presanteyshan) n.* Soo bandhigid.
**preserve** *(priseef) v.* Dhibaato ama khatar ka ilaalin, dhawrid.
**preside** *(prisaayd) v.* Xukun ama awood yeelasho (madax la noqdo); guddoomin shir.
**presidency** *(presihansi) n.* Xafiiska madaxtooyada.
**press** *(pres) v., n.*.Isku cadaadin; jariidad; daabicid; kaawiyadayn: ku dirqiyid.
**pressure** *(presha) n.* Cadaadis.
**prestige** *(prestiij) n.*Ixtiraam ka dhasha guul iyo lahaansho iyo wixii la mid ah.

**presto** *(prestow) adj., adv.* Degdeg; si dhaksho ah.
**presume** *(prisyuum) v.* In si laysaga qaato; in la isaga maleeyo.
**pretend** *(pretendh) v.* Iska yeelyeelid; matelid; iska dhigid.
**prettify** *(pritifaay) v.* Qurxin; la qurxiyo.
**pretty** *(priti) adj.* Ku soo jiidanaya; jinniyad leh; qurux leh.
**prevail** *(prifeyl) v.* Ka gacan sarreyn; ka guulaysi; ku guulaysatid in aad ka dhaadhicisid (ogolaysiisid).
**prevaricate** *(prifaarikeyt) v.* Ka warwareegid run ka sheegid si aad wax u khiyaamayso.
**prevent** *(prifent) v.*Iska hortaagid; ka celin; ka joojin.
**prevention** *(prifenshan) n.* Is hor taag; joojin.
**prewar** *(priwoo) adj.* Dagaalka ka hor; dagaalka hortii.
**prey** *(prey) n.* Xayawaan mid kale ku noolaansho u soo qabsada.
**price** *(praays) n.* Qiime; qiime wax lagu gado.
**prick** *(prik) v.* Daloolin.
**pride** *(praayd) n.* Isla weyni.
**primary** *(praaymeri) adj.* Wax walba ugu horreeya am ugu muhiimsan.
**prime** *(praaym) n.* Qayb ugu fiican; ugu sarraysa; muhiim loo baahan yahay.
**primeval** *(praaymiifal) adj.* Saameeya wakhtigii ugu horreeya taariikhda adduunka.
**primitive** *(primitif) adj.* Saameeya wakhtiyadii hore; ilbaxnimadiisu dambayso.
**primogenitor** *(priimoojenita) n.* Mid ka mid ah ciddii aad ka soo tafiirantay.
**primogeniture** *(praaymoo-jeniyta) n.* Curadnimada.
**prince** *(prinis) n.* Inanka boqor dhalay; ina boqor.
**princess** *(prinses) n.* Inanta boqorku dhalay; ganadha ina boqor.
**principal** *(princibal) n., adj.* Qofka dugsiga ka madaxa ah; ugu muhiimsan; maalgelinta inta aan faaiidada lagu darin.
**principle** *(prinsibal) n.* Hab wax u shaqeeyaan; qaynuun; run ku salaysan, mabda'.
**print** *(print) v.* Daabicid; la daabaco.
**priority** *(praayoriti) n.*Wax mudan; mudmaamsho la siiyo.
**prison** *(prisan) n.* Jeel; xabsi.
**prisoner** *(prisana) n.* Xidhan; maxbuus; qof jeelka ku xidhan.
**private** *(praayfit) adj.* Gaar loo leeyahay; sir.

**privation** *(praayfeyshan) n.* La'aansho waxyaabaha nolosha lagama maarmaanka ah.
**privilege** *(prifiliji) n.* Tixgelin ama mudnaan cid la siiyo; sed bursiinyo.
**prize** *(praays) n.* Abaalgud, jaa'isad.
**probable** *(probabal) adj.* Dhici kara; si noqon kara.
**probity** *(prowbiti) n.* Dabeecad toosnaan, daacadnimo run ah.
**problem** *(problem) n.* Mushkulad; xisaab ama su'aal la xalilo.
**procedure** *(prasiija) n.* Hab wax loo sameeyo; sida wax loo qabto.
**proceed** *(prowsiid) v.* Hore u socod; sii wadid.
**process** *(prowses) n.* Sida ama jidka wax loo yeelo ama qabqabto waxyaabo isku daba xidhan oo si isdaba joog ah u dhaca.
**procession** *(praseshan) n.* Tiro dad ama gadiid ah oo is daba socda.
**proclaim** *(prakleym) v.* Daboolka ka qaadid; dad-weynaha u soo bandhigid.
**procrastrinate** *(prowkraastineyt) v.* Dib u dhig; la daahid.
**prodigal** *(proodigal) adj., n.* 1. Ku loofarid xoolo ama lacag. 2. Qofka lacagta si laxaad leh oo micno la'aan ah u khasira, loofar.
**prodigy** *(proodiji) n.* Wax la yaab leh oo la moodo in waxyaabaha dabiiciga ah ku lid tahay. Qof (khusuunsan yar) oo maskax ama aqoon lala yaabo leh.
**produce** *(pradiyuus) v.* Soo saarid; dhalid; la soo saaro.
**production** *(pradak-shan) n.* Wax soo saar.
**productive** *(pradaktif) adj.* Wax soo saari kara; wax dhalin kara.
**profession** *(prafeshan) n.* Shaqo cidi qabato siiba loo baahan yahay (tababar iyo aqoon kaleba leh).
**professor** *(prafesa) n.* Macallinka jaamacadda wax ka dhiga.
**proffer** *(profa) v.* Ugu deeqid; deeq.
**proficient** *(prafishant) adj.* Xirfad leh, khibrad leh.
**profit** *(profit) v.* Macaash; faa' iido.
**profitable** *(profitabal) adj.* Laga macaashi karo; faa'iido keeni kara.

**profound** *(prafawndh) adj.* Si qoto dheer; si aad ah u qoto dheer.
**profuse** *(praf-yuus) adj.* Badan; aad u badan; la heli karo.
**prognosticate** *(prognostikeyt) v.* Wax ka sii sheegid wax dhici doona.
**programme** *(prowgraam) n.* Wax lagu tala galay in la fuliyo; borogaraam.
**progress** *(progaras) n.* Horumar; horusocod; horukac.
**progression** *(pragreshan) n.* Horosocodnimo).
**prohibit** *(prahibit) v.* Mamnuucid; wax la fali jiray oo la joojiyo.
**prohibition** *(prahibishan) n.* joojin (wax la samayn jiray); mamnuucid.
**project** *(projekt) v.* Mashruuc; qorshe.
**projector** *(projekta) n.* Qalab suurta geliya in sawirka lagu muujiyo gidaarka.
**proletariat** *(prowleteeriyet) n.* Xoogstada; dabaqada shaqaalaha ah.
**prolong** *(pralong) v.* Sii dheereyn.
**prominent** *(prominant) adj.* Si hawl yar loo arki karo; ka muuqaal dheer; la yaqaan.
**promise** *(promis) n.* Ballan; ballan-qaadid.
**promote** *(pramowt) v.* Dallacsiin; horu-dallicin. Dhiirigelin iibgelinta shay (la xayeysiiyo).
**promotion** *(pramow-shan) n.* Dallacaad; dhiirigelin iib.
**prompt** *(promt) adj.* Aan daahin; aan wakhtiga dib uga dhicin.
**pronoun** *(prownawn) n.* Magac-u-yaal (naxwe).
**pronounce** *(pranawnis) v.* Ku dhawaaqid; shaac ka qaadid.
**pronunciation** *(pranansi-eyshan) n.* Habka ama sida erayada loogu dhawaaqo.
**proof** *(pruuf) n.* Caddayn; sabab sheegid.
**propaganda** *(propaganda) n.* Dacaayad.
**propagate** *(propageyt) v.* Tarmin; si ballaaran u fidin.
**propel** *(prapel) v.* Hore u kaxayn; hore u wadid.
**proper** *(propa) adj.* Habboon; ku habboon.
**property** *(propati) n.* Hanti.
**prophet** *(profit) n.* Nebi; rasuul.
**proportion** *(prapooshan) n.* Xidhiidhka uu wax uga dhigmo wax kale; qayb.

**proportional** *(prapooshanal) adj.* Isku dhigma; u dhigma.
**proposal** *(propoosal) n.* Soo jeedin; waxa lagu taliyo in la yeelo ama la qabto.
**propose** *(prapows) v.* Ra'yi soo jeedin; in la doorto qof soo jeedin.
**prosecute** *(prosekyuut) v.* Denbi ku qaadid qof; maxkamad hor geyn.
**prospect** *(praspekt) n.* Wax mustaqbalka najixi kara; rajo.
**prospectus** *(prospektas) n.* 1. Caddayn rasmi ah oo wax soo socda ka waramaysa. 2. Qoraal munjinaya waxyaabaha aad jaamicadda (kulliyadda) ku qaadanayso.
**prosper** *(prospa) v.* Barwaaqaysi ama barwaaqayn.
**prosperity** *(propeeriti) n.* Barwaaqo.
**protect** *(pratekt) v.* Ilaalin; badbaadin; daaficid; ka ilaalin.
**protection** *(pretek-shan) n.* Ilaalis; badbaadis; dhib ka hor tegis.
**protective** *(pratektif) adj.* Ka ilaalin kara; ka hor tegi kara; ka celin kara.
**protectorate** *(pratekerit) n.* Maxmiyad; dal uu ilaaliyo dal kale oo ka awood weyni.
**protest** *(prowtest) n.* Diidmo; diidid; qaadicid.
**protocol** *(prowtakol) n.* Naqliga ama qoraalka hore ee heshiis.
**protractor** *(prataraakta) n.* Aalad lagu cabbiro xaglaha.
**proud** *(prawdh) adj.* Isla-weyn; kibir weyn; qab weyn; han weyn.
**prove** *(pruuf) adj.* caddeyn.
**proverb** *(profab) n.* Maahmaah.
**provide** *(prafaaydh) v.* Siin; u qaybin.
**province** *(profuns) n.* Qayb weyn oo maamul leh oo dal ka mid ah (gobol).
**provision** *(prafishan) n.* Qaybin cunto, dhar, iwm; waqtiga soo socda u sii kaydin; raashin qaybin.
**provisional** *(prafishanal) adj.* Ah xilliga marka la joogo oo qudha oo marka dambe la beddeli doono, ku meelgaadh.
**provoke** *(prafowk) v.* Ka cadhaysiin; laga caraysiiyo.
**proximate** *(proksimat) adj.* ugu dhawaan; ugu dhaw; ka hor ama ka dib.
**psyche** *(saayki) n.* Ruuxa bani-aadamka.
**psychology** *(saaykoloji) n.* Cilmi nafsi.

**puberty** *(piyuubati) n.* Baaluq; qofku markuu baaluq noqdo.
**public** *(pablik) n.* Dadweynaha ka dhexeeya.
**publicity** *(pablisiti) n.* Ka bixin war aad dad ama alaab ku xayeysiinayso; soo jiidasho dareenka dadweynaha ay xayeysiin ama jaraaid iwm ahi keenaan.
**publish** *(pablish) v.* Ogeysiin dadweynaha; daabicid ama soo saarid (buug, wargeys, maqaal iwm).
**puddle** *(padal) n.* Meel yar oo biyuhu ku fariistaan markuu roobku da'o, sida meelaha dariiqyada dhex ah.
**pudgy, podgy** *(paji) adj.* Gaaban oo buuran.
**puke** *(pyuuk) v.* Hunqaacid; matagid; la mantago.
**pull** *(pul) v.* Soo jiidid; so jiid; la soo jiido.
**pulse** *(pals) n.* Garaaca caadiga ah ee halbowlaha dhiigga qaada.
**pulverize** *(palfaraayz) v.* Shiidid; radqid; daqiiqid.
**pump** *(pamp) n., v.* Mishiin meel wax ka soo saara (sida ka neefta soo saara; ka biyaha soo saara iwm.), bamb; soo sarid biyo, batrool, iwm., adiga oo bamba isticmaalaya.
**punch** *(panj) n., v.* Qalab ama mishiin lagu jaro daloollada; feedhid; tatoomid; daloolin.
**punctual** *(pankjuwal) adj.* Aan ka dib dhicin wakhtiga.
**puctuate** *(pank-tyuweyt) v.* Ku kala soocid qoraal joogsi, hakad iwm.
**punish** *(panish) v.* Ciqaabid; karbaashid; la ciqaabo.
**puny** *(pyuuni) adj.* Yar oo taag daran; muhimad lahayn.
**pupil** *(pyuupil) n.* Ardayga dugsiga dhigta.
**purchase** *(peejas) n.* Iibsasho; gadasho.
**pure** *(pyuwa) adj.* Saafi ah; aan waxba ku khaldanayn.
**purify** *(pyuwarifaay) v.* Safayn; saafi ka dhigid.
**purpose** *(peepas) n.* Ujeeddo.
**purse** *(pees) n.* Shandad yar oo lacagta lagu qaato; boorso.
**pus** *(pas) n.* Malax.
**push** *(push) v.* Riixid.
**put** *(put) v.* Dhigid; la dhigo; dhig.
**putrid** *(pyuutrid) adj.* Qudhmay, uray.
**puzzle** *(pazal) n.* Su'aal ama mushkilad ay adag tahay sida loo fahmaa ama looga jawaabo, ama xal loogu helo.
**pyjamas** *(pijaamaz) n.* Shaati iyo surwaal lagu seexdo.

**pylon** *(paaylon) n.* Baalo ama biraha ama tiirka dheer ee xadhkaha dhaadheer ee korontada dusha laga marsho.
**pyramid** *(piramid) n.* Haram; buuro Qaahira (Masar) laga dhisay.
**python** *(paythan) n.* Jebiso; mas weyn oo waxa uu rabo inuu cuno isku marmara oo jejebiya-burbursha.

# Q

**quadrant** *(kwodarant) n.* Goobada rubuceed; afar meelood oo meel goobada.
**quadruped** *(kwodruped) n., v.* Xayawaanka afarta adin leh, afar adin.
**quadruple** *(kwodruupal) adj.* Afar meelood u le'g.
**quadruple** *(kwodruupal) v., n.* Afar ku dhufasho, afar jeer labanlaabin; afar meelood (qaybood) ka kooban.
**quadruplicate** *(kwodruuplikat) adj., v.* Afar jeer ku celin; afar ku dhufasho.
**quaff** *(kwaaf) v.* Aad u cabid.
**quail** *(kweyl) n.* Dib isu ururin baqdin awgeed.
**quake** *(kweyk) v., n.* Gariirid baqdin awgeed; dhul-gariir.
**qualification** *(kwolifikeyshan) n.* Qiimayn; aqoonsi.
**qualify** *(kwolifaay) v.* Aqoontii iyo tababarkii looga baahnaa gaadhey (helay); wax ka dhimid, diciifin: she qualified her statement.
**quality** *(kwolati) n.* Tayo.
**qualm** *(kwaam) n.* Shaki.
**quantity** *(kwontati) n.* Tiro.
**quarrel** *(kworal) v.* Cilaaqtan; cilaaqtamid.
**quarter** *(kwoota) n.* Rubuc; rubucayn.
**quarterly** *(kwootali) adj.* Saddexdii biloodba mar.
**quartz** *(kwaats) n.* Nooc macdanta ka mid ah.
**quash** *(kwosh) v.* Ka adkaan, ka guuleysi; baabiin, wax aan jirin ka dhigid: the higher court quashed the lower court's judgement.
**quaver** *(kweyfa) v., n.* Hadal googoynayo; hadal la gargariirid; cod ama muusig kaga danin.
**queen** *(kwiin) n.* Boqorad; naagta boqorka.
**quench** *(kwenj) v.* Damid (dabka); harraad tirid; qaboojin (biyaha).
**querulous** *(kweryulas) adj.* Cabasho badan.
**question** *(kweshan) n.* Su'aal.
**queue** *(kyuu) n.* Kuyuu; dad isku daba-xidhiidhsan.
**quick** *(kwik) adj.* Dhaqso; degdeg.
**quicken** *(kwikan) v.* Dedejin, ku dhaqsasho.
**quicklime** *(kwik-laym) n.* Nuurad.
**quick sand** *(kwiksand) n.* Ciidda guur-guurta.
**quiet** *(kwaayat) adj.* Sanqadh iyo hadal la'aan, aamusan.

**quietude** *(kwaayatyuud) n.* Degganaan, xasiloonaan.
**quietus** *(kwaayitas) n.* Naf ka saarid, dhimasho.
**quilt** *(kwilt) n.* Maro weyn (duraaxad) sariirta dusha laga saaro.
**quinine** *(kwiniin) n.* Kiniin.
**quinsy** *(kwinsi) n.* Cuna-xanuun.
**quintal** *(kwintaal) n.* Kiintaal, boqol kiilo-garaam.
**quip** *(kwip) n.* Eray ku jarid ah, jareexo.
**quisling** *(kwizling) n.* Khaa'in-waddan cadow war iyo taakulayn siiya.
**quit** *(kwit) v.* Ka tegid.
**quite** *(kwayt) adj.* Si buuxda.
**quiver** *(kwifa) n.* Ruxmid; gariirid.
**quiz** *(kwiz) n.* Suaalo weydiin aqoonta qoftka muuja.
**quotation** *(kwooteyshan) n.* Tusaalooyin, hal-ku-dhegy.
**quote** *(kwowt) v.* Ka soo xigasho.
**quotient** *(kwowshant) n.* Laba tiro marka la isu qaybsho waxa ka soo baxa.

## R

**rabbit** *(raabit) n.* Bakayle.
**rabies** *(reybiz) n.* Cudurka eyda ku dhaca ee waala.
**race** *(reys) v.* Orod; tartan; beratamid.
**race** *(reys) n.* Dad isku jinsiyad ah.
**racket** *(raakit) n.* Usha lagu ciyaaro kubbadda miiska.
**raconteur** *(raakonta) n.* Sheekeeye; qofka sheekeeya, sheeko-xariir.
**radar** *(reydaa) n.* Raadar.
**radiate** *(reydiyeyt) n.* Taangigga biyaha ee baabuurka.
**radio** *(reydiyow) n.* Reediyow.
**radius** *(reydiyas) n.* Gacan (dhexroorka nuskii).
**raffle** *(raafal) n.* Bakhtiyaanasiib jaaisaddu tahay alaab ee aanay lacag ahayn.
**rag** *(raag) n.* Maro calal ah; nooc jaas ah.
**ragamuffin** *(raagamafin) n.* Qof had iyo jeer hu' xun oo aan feedhan.
**rage** *(reyj) n., v.* Cadho, cadhooday.
**ragged** *(raagid) adj.* Jeex-jeexan; daldaloola (gaar ahaan dharka).
**ragout** *(raaguu) n.* Suqaar; hilib yar yar oo khudaar lagu daray.
**raid** *(reyd) n.* Weerar; dhacid.
**rain** *(reyn) n., v.* Roob; da'id.
**rainy** *(reyni) adj.* Da'aya, da'a.
**raise** *(reyz) v.* Sare u qaadid.
**rake** *(reyk )n.* Faraley (xashiishka yaa lagu ururiyaa).
**rake up** *(reyk ap) v.* Soo saarid, dibad soo dhiged: The newspaper raked up the politician's shady past.
**rally** *(rasli) n.* Isu soo ururid.
**ram** *(raam) n.* Sumal; wanka aan la dhufaanin.
**Ramadan** *(raamadaan) n.* Ramadaan; soon; bisha Muslimiintu soonto.
**ramble** *(raambal) v., n.* Temeshlayn.
**rampart** *(raampaat) n.* Daafac, difaac, hataqa qalcad ku wareegsan.
**random** *(raandam) n.* Nasiibin; ku nasiibin; aan qorshaysnayn.
**range** *(reynj) v., n.* Taxid; taxan (wax sida silsiladda xidhiidhsan); daajin; buuro xidhiidhsan.
**ranger** *(reynja) n.* Dhir ilaaliye; seere celiye (qof).
**rank** *(raank) n., v.* Derejo, derejeyn.

**rankle** *(rankal) v.* Ka cadhaysiin,,aad u arbushid (jecleysto).
**ransom** *(raansam) n.* Madax furasho.
**rant** *(raant) v.* Hadal ka bad-badin, qaylo lagu daro.
**rap** *(raap) n.* Sanqad aad gacanta ama ul shay ku dhufato.
**rapacious** *(raapeyshas) adj.* Hunguri weyn, lacagta aad u jecel.
**rape** *(reyp) v., n.* Kufsasho; kufsi.
**rape** *(reyp) n.* Hadhaaga cinabka ee khalka laga sameeyo.
**rapid** *(raapid) adj.* Deg-deg; dhakhso leh.
**rapprochement** *(raproshmant) n.* Isku soo laabasho; si saaxiibtinimo ah isugu soo laabasho, saaxiibtinimo soo ceshasho.
**rare** *(ree) adj.* Macduun ah; aan had iyo jeer jirin ama la arag; naadir.
**rarity** *(reeriti) n.* Macduunimo.
**rascal** *(raaskal) n.* Qof aan dacad ahayn.
**rash** *(raash) adj.* Marka si aan degganayn wax loo falo ama sameeyo, degdegid aan cilmiyaysnayn.
**rasp** *(raasp) n.* Nooc soofaha ka mid ah; cod ama sanqadh maskaxda dhibta.
**rat** *(raat) n.* Jiir, dooli; qofka saaxiibadii ka taga wakhtiga xun; qof shaqaale ah oo marka inta kale shaqada ka fadhiisato shaqeeya.
**rate** *(reyt) n.* Qiimaha aad bucshurad ku iibiso; qiime siyado ah: <u>rate of interest.</u>
**rate** *(reyt) v.* Qiimayn: <u>They rate her work highly</u>.
rather (raatha) adj. Ka doorbidis; doorbidid: <u>I would rather take this one</u>.
**ratio** *(reyshiyow) n.* Isku dhig.
**ration** *(raashan) n., v.* Raashin; yarayn (xadidid) inta qof shay ka isticmaalayo.
**rationale** *(rashanaal) n.* Sabab u yeelid; sabab leh; caqliyeyn.
**rationalize** *(raashenalaayz) v.* Sabab u yeelis.
**rattle** *(raatal) v.* Sameyn cod shugux-shugux leh.
**ravage** *(raafij) v.* Dhaawac weyn u geysasho.
**ravage** *(raafij) n.* Dhaawac: <u>the ravages of war</u>.
**rave** *(reyf) n.* Shinbir weyn oo madow; tukaha u eg.
**ravenous** *(raafanas) adj.* Aad u gaajoonaya; cirweyn.

**ravine** *(rafiin) n.* Meel godan oo laba meelood oo sarreeya hareeraha ka cigaan.
**ravish** *(raafish) v.* La tegid, kusasho.
**ravishing** *(raafishing) adj.* Qurux leh, aad u qanaagsan.
**raw** *(roo) adj.* Ceedhin, qeedhiin.
**raze, rase** *(reyz) v.* Baabi'in, burburin, dhul la simid: The house was razed to the ground in the fire.
**razor** *(reyza) n.* Makiinad; makiinadda ama sakiinta gadhka lagu xiiro.
**re-** *(rii) prep.* Mar labaad.
**reach** *(riij) v.* Gaadhid; tiigsaad.
**read** *(riid) v.* Akhriyid.
**re-address** *(riiadres) v.* Beddelid-cinwaan.
**reader** *(riida) n.* Akhriye; qofka aad wax u akhriya.
**readjust** *(rii-ajast) v.* La qabsasho; xaalad cusub isu habayn; ready (redi) adj. Diyaar; diyaar ah.
**ready-to-wear** *(redi-tu-weer) adj.* Aan lagugu qiyaasin, cid waliba xidhan karto (dhar).
**ready-made** *(redi-meyd) adj.* (Dharka) cid walba loogu talogaley.
**reaffirm** *(riiafeem) v.* Caddeyn ama u rumeyn mar labaad.
**real** *(riyel) adj.* Run ah.
**reality** *(riyaaliti) n.* Run, xaqiiq.
**realize** *(riyelayz) v.* Xaqiijisan, ogaansho.
**ream** *(riim) n.* Baako 500 xaashiyood ku jiraan.
**reap** *(riip) v.* Goyn (sida qasab goynta).
**reappear** *(riiapiye) v.* Soo muuqasho mar labaad, soo bixid mar kale.
**rear** *(riye) n.* Gadaal; xagga danbe.
**rear** *(riye) v.* Xannaanayn.
**rearm** *(riyaam) v.* Hubayn mar labaad.
**reason** *(riizan) n.* Sabab.
**reasonable** *(riizananal) adj.* Caqli gal; wax macquul ah ama sabab yeelan kara.
**rebel** *(ribel) v.* Ka soo horjeedsi (dawladda), laga soo soo horjeesto.
**rebel** *(rebal) n.* 1. Qofka dawlad ka soo horjeeda.
2. Qofka diidan waxa bulshada inta badani isku raacsan tahay.
**reassure** *(riiashuwa) v.* Shaki ka saarid, qalbiga u adkayn.
**rebind** *(riibaynd) v.* Isku xidhid mar labaad.

**rebirth** *(riibeeth) n.* Is beddel xagga niyadda ah, soo noolaansho sida xadaarad.
**rebound** *(riibawnd) n.* Ka soo boobid, sida kubbad gidaar lagu dhuftay.
**rebuff** *(ribaf) n., v.* Diidmo-deeqeed ama codsi; iska daaficid weerar.
**rebuild** *(riibild) v.* Dhisis mar labaad, dib u samayn.
**recalcitrant** *(rikalsitrant) adj.* Canaadi, aan la loolin karin.
**recall** *(rikool) v.* Xusuusasho, la soo noqosho, dib ugu yeedhid.
**recant** *(riikaant) v.* Ka noqosho aad dibadda ka sheeyto.
**recapitulate** *(riikapityuleyt) v.* Ku celin; dulmarid mar labaad.
**receipt** *(risiit) n.* Helitaan, rasiidh.
**receive** *(risiif) v.* Helid; gaadhsiin.
**recent** *(riisant) adj.* Aan fogayn (waqti).
**reception** *(risepshan) n.* Soo dhoweyn, casuumad rasmi ah oo cabbitaan leh.
**receptionist** *(risepshanist) n.* Xoghaye.
**recess** *(rises) n.* Waqtiga ay shaqadu istaagto, bireyg.
**recipe** *(resipi) n.* Hab ama dariiqo wax loo sameeyo (sida cuntada).
**reciprocal** *(risiprakal) n.* Sidii wax laguu siiyey wax u bixin, abaal-celin.
**reciprocate** *(risiprekeyt) v.* Siin adoo u gudaya wax hore laguu siiyey, abaal-celis.
**recite** *(risayt) v.* Akhriyid gabay.
**reckon** *(rekon) v.* Xisaabin; isku xisaabin.
**reclaim** *(rikleym) v.* La soo noqosho wax aad hore u lahayd; ka riixasho badda dhul.
**recline** *(riklayn) v.* Dekeyn.
**recluse** *(rikuluus) n.* Qofka aan jeclayn in dad kale la noolaado; saahid.
**recognition** *(rekagnishan) n.* Aqoonsi, garasho, sida: isla markiiba waan aqoonsaday.
**recognizance** *(rikognizanis)* n. Rahmaad; rahan, ballan gaad in aad wax lagu heshiiyey samaynayso.
**recognize** *(rekognaayz) v.* Aqoonsasho; garawsi.
**recollect** *(rekalekt) v.* Xusuusasho.
**recollection** *(rekalakshan) n.* Xusuusad, xusuus.
**recommend** *(rekamend) v.* Ku talin; amaanid: <u>to recommend a short story.</u>

**recompense** *(rekampens) v.* Abaal marin.
**reconsile** *(rekansayl) v.* Heshiin; heshiisiin.
**recondition** *(riikandishan) v.* Dib u hagaajin wax marka sidiisii hore lagu celiyo.
**reconnoitre** *(rekanooyta) v.* Soo sahamin; soo ilaaylayn oo basaasid.
**reconstruct** *(riikan-strakt) v.* Dib u dhisid; dib u kabid.
**record** *(rikood) v.* Xusuus qorid, diiwaangelin.
**record** *(rekood) n.* Rikoodh, naastro.
**recount** *(rikawnt) v.* Ka sheekayn.
**recount** *(rii-kawnt) v., n.* Dib u tirin; tirin mar labaad.
**recourse** *(riikoos) n.* Caawimo ka filid; gargaar ka dalbid, ku ciirid gargaareed.
**recover** (rikafa) v. Cudur ka ladnaansho, la soo noqosho, dib u helid.
**recover** *(rii-kafa) v.* Galayn, gelin gal cusub.
**recrimination** *(rikrimineyshan) n.* Kala cabasho, kala ashkatood.
**recriminate** *(rikrimineyt) v.* Ashkatood adoo ka aargudanaya ashkato hore laguugu sameeyey.
**recruit** *(rikruut) n.* Xubin cusub oo ku soo biira urur ama ciidan.
**rectangle** *(rektaangal) n.* Afar geesle; leydi (xisaab).
**rectify** *(rektifay) v.* Hagaajin; toosin; sixid.
**rectitude** *(rektityuud) n.* Aaminimo; dabeecad fiican.
**rectum** *(rektam) n.* Malawadka weyn.
**recumbent** *(rikambant) adj.* Jiif, dekeyn.
**recuperate** *(rikuupareyt) v.* Xoog yeelasho ka dib marka uu qof xanuunka ka bogsado (baan qaadasho hagaagta).
**recur** *(rikee) v.* Soo noqosho dhacdo, xannuun iwm.
**red** *(red) adj.* Casaan; midka cas; **in the red** *n.* deyn qaba.
**redden** *(redan) v.* Casayn; la caseeyey.
**redeem** *(ridiim) v.* La soo noqosho; soo furasho.
**redo** *(rii-duu) v.* Falid ama samayn mar labaad.
**redolent** *(redoolant) v.* Carfid, ur udgoon leh.
**redouble** *(riidabal)v.* Xoogeyn; laba laabid, mar labaad.
**redoubt** *(ridhawt) n.*Meel daafac aad u adag leh.

**redoubtable** *(ridawtabal) adj.* Xoog weyn oo cabsi wax gelinaya, baqe gelinaya.
**redound** *(ridawnd) v.* Saamayn waanagsan ama xumaan la yimaado: If you do good/ill it will redound to your credit/ discredit.
**redress** *(ridres) v.* Sixid khalad aad cid ku samaysay; hagaajin, sixid.
**reduce** *(ridyuus) v.* Yarayn; gudhin.
**reduction** *(ridagshan) n.* Yarayn.
**redundant** *(ridandant) adj.* Aan loo baahanayn; siyaado ah, aan shaqo loo hayn.
**reek** *(riik) n., v.* Ur qadhmuun; ur qadhmuum bixinaya.
**reel** *(riil) n.*Aalad lagu duubo dunta iwm., si ay u hawlyaraato isticmaalkeedu; shay cajelad leh oo wax soo duuba (sida aaladda kalluunka lagula soo baxo).
**reel** *(riil) v.* Ciirciirid, dhicdhicid.
**re-entry** *(rii-enteri) n.* Gelid mar labaad.
**refection** *(rifegshan) n.* Cunto iyo cabbid khafiif ah.
**refectory** *(rifektori) n.* Qolka cuntada; gaar ahaanna meelaha dadka badani ku nool yihiin.
**refer** *(rifer) v.* Tixraacid, ku halqabsasho.
**referee** *(refarii) n.* Garsoore (gaar ahaan ciyaaraha), siidhiwale.
**reference** *(refaranis) n.* Wax laga tusaale qaato.
**referendum** *(refarendam) n.* U oggolaan doorasho dadweyne.
**refill** *(riifil) v.* Buuxin mar labaad; dib u buuxin.
**refine** *(rifaayn) v.* Safayn, sida batroolka, iwm.
**refinement** *(rifaaynment) n.* Habka safaynta; safayn, safaysan.
**refit** *(riifit) v.* Dib u rakibid; dib u sameyn.
**reforest** *(riiforist) v.* Dib u dhirayn, beeris kale.
**reform** *(rifoom) v.* Dib loo habeeyo.
**reformation** *(refameyshan) n.* Dib u habeyn.
**refrain** (rifreyn) v. Ka joogsi, iska deyn: refrain from smoking.
**refrigeration** *(rifrijareyshan) n.* Qaboojin.
**refrigerator** *(rifrijireyta) n.* Qabooje.
**refuge** *(refyuuj) n.* Meesha nagangelyo laga helo.

**refugee** *(refyuujii) n.* Qaxooti (qofka), qof dalkiisii cadaadin uga soo cararay.
**refulgent** *(rifaljant) adj.* Widhwidhaya.
**refusal** *(rifyuuzal) n.* Diidmo.
**refuse** *(rifyuuz) v.* Diidid.
**refuse** *(refyuus) n.* Qashin.
**refute** *(rifyuut) v.* Beenayn; burin.
**regain** *(rigeyn) v.* Dib u helis; dib u helid.
**regale** *(rigeyl) v.* Ka farxin, farxad gelin; cunto fiican oo badan siin.
**regard** *(rigaad) v.* Tix-gelin.
**regency** *(riijansi) n.* Dal ama xukun qof sii hayo inta qof kii dhaxalka lahaa qaangadhayo.
**regent** *(riijant) n.* Qof si ku meel gaar ah meel loogu dhiibay.
**regicide** *(rejisaayd) n.* Qofka dila boqorka, dambiga dilista boqorka.
**regime** *(reyjiim) n.* Dawlad dal xukunta iyo habka ay ku xukunto.
**regiment** *(rejiment) n.* Ciidan joogta ah oo guutooyin ama kooxo loo kala qaybiyey oo uu xukumo sareeye gaas.
**region** (riijan) n. Gobol.
**register** *(rejistar) n., v.* Diiwaan; diiwaan gelin.
**registrar** *(rejistaraa) n.* Diiwaan-haye.
**registration** *(rejistareyshan) n.* Diiwan gelin.
**regret** *(rigret) v., n.* Ka calaacalid, ka shanlayn, is qoomamayn.
**regular** *(regyuula) adj.* Caadi ah.
**reign** *(reyn) n.* Xilli xukuumaadeed; xilli dawlad ama boqortooyo talin jirtay.
**reimburse** *(rii-imbees) v,* U magdhabid.
**reinforce** *(rii-infoos) v.* Xoojin.
**reinsure** *(rii-inshuua) v.* Dib u hubin, dib u xaqiijin.
**reject** *(rijekt) v.* Diidid; ku gacan saydhid.
**rejoice** *(rijooys) v.* Farxad gelin, rayrayn.
**rejoin** *(rijoon) v.* Dib u xidhiidhin; dib uga mid noqosho.
**relate** *(rileyt) v.* Sheekeeya, u sheekayn; xidhiidhin.
**relative** *(relatif) n.* Qaraabo; ehel.
**relax** *(rilaaks) v.* Debcin, mustareex.
**release** *(riliis) v.* Sii deyn.
**relent** *(rilent) v.* Debcin, arrin aad meel adag ka taagnayd debcinteed; (hawada ama roob) furfurmid, debcin.

**reliable** *(rilaayabal) adj.* Laysku halayn karo.
**reliance** *(rilaayanis) n.* Aaminid; isku hallayn.
**relieve** *(riliif) v.* Ladnaan; xanuun ka ladnaan; caawin; waardiyenimo ama hawl ka beddelid.
**religion** *(rilijan) n.* Diin, caqiidad: diinta Islaamka - Islamic religion.
**relinquish** *(rilingwish) v.* Samrid, ka hadhid wax.
**relocate** *(riilookeyt) v.* Meel kale u rarid; ka guurid.
**relocation** *(riilookeyshan) n.* Guurid.
**remain** *(rimeyn) v.* Hadhid, baaqi, reebid.
**remainder** *(rimeynda) n.* Hadhaa; baaqi.
**remand** *(rimaand) v.* Xabsi ku hayn iyada oo aan la xukumin, rumaan.
**remark** *(rimaak) n.* Jawaab gaaban.
**remarry** *(riimari) v.* Mar labaad la guursado, dib u guursi.
**remedy** *(remadi) n.* Daaweyn; hagaajin.
**remember** *(rimemba) v.* Xusuusasho.
**rememberance** *(rimembaraanis) n.* Xusuus.
**remind** *(rimaaynd) v.* Xusuusin.
**reminisce** *(reminis) v.* Ka fekerid ama ka hadlid, waxyaabo hore u dhacay.
**remiss** *(rimis) adj.* Dayacid (hawl), ihmaalid.
**remission** *(rimishan) n.* 1. Dembi dhaaf, saamaxaad; soo gaabin muddada xabsi (akhlaaq wanaagsi awgeed). 2. Soo rayn (xannuun).
**remit** *(rimit) v.* 1. Dirid lacag. 2. Boos ku dirid deyn lagugu leeyahay. 3. Kays maxkamad hoose dib ugu ceeliln si ay mar kale uga fiirsato.
**remittance** *(rimitanis) n.* Lacag dirid.
**remote** *(rimowt) adj.* Fog, qoto dheer.
**remove** *(rimuuf) v.* Ka qaadid meel ilaa meel kale; ka saarid (eryid).
**remunerate** *(rimyuunarwyt) v.* Abaal marin (shaqo, hawl qof qabtay).
**rename** *(riineym) v.* Magac cusub u bixin; dib u magacaabid.
**rend** *(rend) v.* Xoog ku kala qaybin, jeexid.
**render** *(renda) v.* Bixin lacag ama alaab lagugu lahaa; siin lacag, xoolo iwm.

**renew** *(rinyuu) v.* Cusboonaysiin; dib u cusboonaysiin.
**renown** *(rinawn) n.* Caannimo.
**renowned** *(rinownid) adj.* Caan.
**rent** *(rent) n., v.* 1. Dalool gaar ahaan dharka; jeexdin (dhar); jeexid. 2. Kiro, ijaar; kirayn.
**reopen** *(rii-oopan) v.* Dib u furid; furid mar labaad (dacwad).
**repair** *(ripee) v.* Dayactirid; dib u hagaajin.
**reparation** *(repareyshan) n.* Magdhow.
**repay** *(riipey) v.* U soo celin; u abaalgudid.
**repeat** *(ripiit) v.* Ku celin; dib u bixin (lacag).
**replace** *(riipleys) v.* Ka beddellid shaqo ama mansab; ka celin shay oo mid kale ugu beddelid.
**reply** *(riplaay) v.* Warcelin; u jawaabid.
**report** *(ripoot) n., v.* War-bixin.
**repression** *(ripreshan) n.* Cadaadin, cadaalad darro iyo cunfi ku dhaqid.
**reprieve** *(ripriif) v.* Dub u dhigid (sida qof la dilayo oo wakhtigii dib loogu dhigay).
**reprint** *(riiprint) v.* Dib u daabicid.
**reproof** *(repruuf) n.* Canaan; ceeb.
**reptile** *(reptayl) n.* Xayawaanka beerka ku socda; xamaarato.
**republic** *(ripablik) n.* Hab dawladeed oo ay dadku wax doortaan, jamhuuriyad.
**request** *(rikwest) n.* Codsasho, weydiisasho, codsi.
**require** *(rikuwaya) v.* U baahan; u baahasho; weydiisasho.
**rescue** *(reskyuu) v.* Badbaadin; ka samato bixin.
**research** *(riiseej) n.* Baadhis si wax cusub loo soo saaro, cilmi baadhis.
**resemblance** *(rizembalanis) n.* U ekaan; u eg, isku-ekaan.
**resemble** *(rizembal) v.* U ekaansho.
**resent** *(rizent) v.* Nebcaysasho; nebcaystay.
**reserve** *(rizeef) v.* Keydsasho; la kaydsaday.
**reservoir** *(rezafwaa) n.* Berked; meel biyaha lagu keydiyo.
**reset** *(riiset) v.* Kabid laf ama shay oo sidiidii hore ku celin; iibsasho ama iibin alaab aad ogtahay in la soo xaday.
**resettle** *(riisetel) v.* Dib u dejin.
**reside** *(rizayd) v.* Ku noolaansho, deganaan.

**residual** *(rezisyuwal) adj.* Gunku-hadh.
**residue** *(rezisyuu) n.* Hadhaa.
**resign** *(risayn) v.* Ka tegid (ruqsayn shaqo).
**resin** *(rezin) n.* Xanjadda dhirta.
**resist** *(rizist) v.* Caabiyid; u adkaysi.
**resistance** *(rezistenis) n.* Iska caabin, iska celin.
**resole** *(riisool) v.* Jaan saarid; ragcid (kab).
**resolve** *(rizolf) v.* Ku goosasho; ku tashi; dib u xallid.
**resource** *(rizoos) n.* Hanti; qaniimad; khyraadka dhulka.
**respect** *(rispekt) n., v.* Ixtiraam; ixtraamid.
**respiration** *(respireyshan) n.* Neefsi; neefsasho.
**respire** *(respaya) v.* Neefsasho.
**respond** *(rispond) v.* Ka jawaabid.
**response** *(rispons) n.* Jawaab, jawaab celin.
**responsibility** *(risponsibiliti) n.* Mas'uuliyad, xil.
**rest** *(rest) n., v.* Nasasho, nasad; inta kale, inta hadhay.
**restate** *(riisteyt) v.* Sheegid mar labaad.
**restaurant** *(restaran) n.* Hudheel cunto.
**restore** *(ristoo) v.* Soo celin (sida waa la soo celiyey alaabtii la xaday); xaaladdiisii hore ku celin (shay); caafimaad qab dib ugu celin.
**restrict** *(ristirikt) v.* Xadayn.
**result** *(risalt) n.* Go'aan; matiijo.
**resume** *(rizyuum)v.* Ambaqaad, mar danbe bilaabid; mar labaad xil qabasho ku noqosho: he resumed the premiership after a ten year break.
**resuscitate** *(risasitayt) v.* Miyirsaday, miyirsi.
**retain** *(riteyn) v.* Haysasho.
**retaliate** *(ritaaliyeyt) v.* Aargoosasho, wixu lagu sameeyey. oo aad ciddii ku samayso.
**retell** *(riitel) v.* Sheegid mar labaad.
**rethink** *(riithink) v.* Dib uga fekerid, dib u eegid (xagga maskaxda).
**retina** *(retina) n.* Liid xuub ah oo isha gadaal kaga yaal.
**retire** *(ritaya) v.* Hawl gabid; hurdo tegid: to retire to bed.
**retool** *(riituul) v.* Dib u qalabayn, qalab ka beddelid (sida wershadda).
**retort** *(ritoot) v.* Si kulul uga jawaabid, ka jawaabid ku jarid leh.

**retrace** *(riitreys) v.* Dib u raadin (adiga oo raadkii raacaya).
**retrieve** (ritriif) v. La soo noqosho, dib u helid.
**retrograde** *(retrowgreyd) adj.* Dib u noqonaya, dib u xumanaya.
**return** *(riteen) v.* Soo noqosho, soo noqod.
**revenge** *(rifenj) n.* Aar gudasho.
**reverse** *(rifees) v., n.* Xagga hoose kor soo marin; dib u jeedin, dib u celin; beddelaad buuxda: The government reversed its policy on transport.
**review** *(rifyuu) v.* Dib u hubin, wax ka qorid.
**revile** *(rifayl) v.* Naanaysid xun, cayn xun.
**revolution** *(refalyuushan) n.* Kacaan; wareeg buuxa.
**revolve** *(rifolf) v.* Ku warwareegin; ku meeerid.
**revolver** *(rifolfa) n.* Tamuujad; baastoolad (nooca is cabbeeya).
**reward** *(riwood) n.* Abaal marin.
**rewrite** *(riirayt) v.* Dib u qorid, qorid mar labaad.
**rib** *(rib) n.* Feedh.
**rice** *(rays) n.* Bariis.
**rich** *(rij) adj.* Taajir, maalgabeen; wax ku beerid ku fiican: rich soil.
**rich in** *(rij in) v.* Ka buuxa: Saudia Arabia is rich in oil.
**rickets** *(rikits) n.* Cudur lafaha gala oo gaar ahaan carruurta ku dhaca.
**ride** *(rayd) v.* Farda fuulid; fuulid.
**ridiculous** *(ridikyulas) adj.* Lagu qoslo: a ridiculous claim.
**rifle** *(rayfal) n.* Qoriga askarigu qaato.
**right** *(rayt) adj., n.* Sax, midig.
**rigid** *(rijid) adj.* Wax adag oo aan la qaloocin karin; sharciga ku adag; (qof) aan liil lahayn.
**rind** (raynd) n. Qolofta midhaha.
**ring** *(ring) n.,* v. Far-gal (kaatun); garaacis (gambaleyl); telifoon dirid.
**rinse** *(rinis) v.* Biyo kaga saarid; dhaqid khafiif ah adiga oo aan saabuun isticmaalin.
**riot** *(rayat) n.* 1. Qalalaaso, tumasho xaddhaaf ah oo buuq badan. 2. Qof qaylo iyo cayaar badan.
**ripe** *(rayp) adj.* Bislaad (sida midhaha).
**rise** *(rayz) v.* Soo bixin; sida dayaxa; qorraxda.
**risk** *(risk) n.* Khatar, halaag; wax khasaare la iman kara.
**river** *(rifa) n.* Webi.

**road** *(roowd) n.* Jid, waddo, dariiq.
**roam** *(roowm) v.* War-wareegis (socod) aan ujeeddo lahayn.
**roar** *(roo) v.* Samayn codka libaaxa oo kale ah.
**roast** *(roost) v., n.* Hogayn, shiilid; hilib la hogeeyey ama hilib roos ah.
**rob** *(rob) v.* Dhicid sida xoolaha la dhaco.
**rock** *(rok) n.* Dhadhaab; qof la isku halayn karo, aan is beddelin, mabda' adag.
**rogue** *(roog) n.* Qof khaain ah, qof aan mabda' lahayn.
**roll** *(rowl) v.* Giringirin.
**romance** *(rowmaanis) n.* Sheeko ku saabsan mashaakil qof soo maray; is jacayl isu tegid leh.
**roof** *(ruuf) n.* Saqafka; dedka, sida saqafka guryaha.
**room** *(ruum) n.* Qol.
**root** *(ruut) n.* Xidid, sida xididdada geedka.
**rope** *(rowp) n.* Xadhig.
**rot** *(rot) n., v.* Qudhmid, qaasiyid; qudhun.
**rotate** *(rowteyt) v.* Meel ku wareegid; meel ku wareejin, sida afar iyo labaatankii saacba dhulku mar buu isku wareegaa.
**rotten** *(roton) adj.* Qudhmay, khaayisay.
**rough** *(raf) adj.* Qalafsan.
**round** *(rawnd) adj.* Qaab goobaabin leh sida kubbadda, duuban.
**rouse** *(rawz) v.* Toosin; kicin, hurdo ka kicin; hiyi kicin.
**route** *(ruut) n.* Waddo.
**row** *(row) n.* Saf, taxan.
**rub** *(rab) v.* Masaxid; tirtirid.
**rude** *(ruud) adj.* Dabeecad xun.
**ruffle** *(rafal) v.* (Shimbir) baalal kicin ama isla dhac.
**rug** *(rag) n.* Roog, roogga dhulka.
**ruin** *(ruuwin) v.* Baabi'in; burburin.
**rule** *(ruul) n., v.* Xukumid, sida: wuxuu xukumaa gobol; sadaro is barbar socda samayn.
**rum** *(ram) n.* Khamriga laga sameeyo dheecaanka sonkorta.
**rumour** *(ruuma) n.* War aan rasmi ahayn ee dadku isla dhex maraan.
**rump** *(ramp) n.* Badhida xayawaanka ama xoolaha.
**run** *(ran) v.* Orday, ordid, orod, carar; soo saarid, daabicid: <u>That film runs at the local cinema next week</u>.
**run** *(ran) n.* Soo wareegid adiga oo baabuur ku jira: <u>She gave the kids a run in the car</u>.

**rupture** *(rapja) n.* Kala jajabid; khilaaf dhexmara saaxiibo ama dalal.
**rupture** *(rapja) v.* Qarxid, dilaacid: The tyre ruptured. The swollen wound ruptured.
**rush** *(rash) v.* Degdeg, dhaqso.
**rush hour** *(rash awa) n.* Wakhtiga dadka badidiisu shaqo tagayaan ama soo rawaxaan.
**rust** *(rast) n., v.* Daxal; daxalaystay.
**ruthless** *(ruuthlas) adj.* Bilaa naxariis; naxariis la'aan.

# S

**sabbath** *(saabath) n.* Maalin nasasho
**sable** *(seybal) n.* Xayawaan yar oo lagu qiimeeyo dhogortiisa qurxda badan; madow; murugo.
***sabot*** *(saabow) n.* Kab loox ka samaysan; qaraafiic.
**sabotage** *(sabataaj) n., v.* Curyaamin; burburin qalab iyo adeegyo adiga oo cadowga u adeegaya ama cadho raali la'aami keento.
**sabre** *(seyba) n.* Soodh ama binet lagu dagaallamo oo marmaroora.
**sack** *(sak) n.* Joonyad; kiish (maro ama wax kale ah).
**sack** *(saak) n., v.* burburin iyo rarasho magaalo ama meel: The town was sacked by the invading army; **the sack** *n.* Shaqo ka eryis: He was given the sack.
**sacred** *(seykrid) adj.* Barakaysan; barako leh; la xurmeeyo, qaderiyo.
**sacrifice** *(sakrifaays) n., v.* Sadaqo; sadaqaysasho.
**sad** *(sad) adj.* Murugaysan; murugo leh; murugoonaya.
**saddle** *(sadal) n., v.* Koore; kooraha faraska dhabarkiisa lagu fariisto; koorayn.
**saddler** *(sadal) n.* Qofka koorayaasha sameeysa.
**safari** *(safaari) n.* Socdaal, ugaadhsi ah siiba lagu isticmaalo bariga io badhtamaha Afrika.
**safe** *(seyf) n.* Khasnad; ammaan ah; ka dhowrsanaan khartarta; bedqaba.
**safety** *(seyfti) n.* Ammaan ah; dhawrsoonis; bedqabis.
**safety-pin** *(seyfti-bin) n.* Biinka dharka laysugu qabto ee xidhma.
**sag** *(sag) v.* Soo qalloocsamid; soo godmid; dhexda ka daacid.
**sagacious** *(sageyshas) adj.* Maskax wanaagsan.
**sage** *(seyj) n.* Qof xikmaawi ah; abwaan; qof murti badan.
**said** *(sedh) Pt.pp.* Yidhi; la yidhi.
**sail** *(seyl) n., v.* Shiraaca doonyaha; bad marista; bad maaxid; dhoofis markab, doon iwm.
**sailor** *(seyla) n.* Badmaax; badmareen; qofka markabka ama doonida ka shaqeeya ee la socda.
**saint** *(seynt) n.* Weli; qofka karaamada leh; qofka weliga ah.

**sake** *(seyk) n.* Faaiido ama dan (for some one's sake): I have done this for your sake.
**salaam** *(salaam) n.* Salaan.
**salable** *(seylabal) adj.* Iib geli kara; la iibin karo.
**salad** *(salaad) n.* Saladh; khudrad cunnada marka la cunayo lagu darsado.
**salary** *(saalari) n.* Mushaaro; lacagta qofka shaqaalaha caadiga ahi uu bishii mar qaato.
**sale** *(seyl) n.* Iib; gadasho.
**salient** *(seylynt) adj.* Ka muuqda; si hawlyar loo garan karo.
**saline** *(seylaayn) adj.* Milix leh; ay milix ku jirto.
**saliva** *(salaayfa) n.* Candhuuf; dhareerka afka.
**saloon** *(saluun) n.* 1. Qol markabka ka mid ah oo dadweynaha ka dhexeeya. 2. Fatoorad
**salt** *(soolt) n.* Milix.
**salutation** *(saalyuteyshan) n.* Salaan tixgelin mudan.
**salute** *(salyuut) n.* Salaan (siiba ta ciidammada).
**salvage** *(saalfij) n.* Badbaadinta hantida.
**salvation** *(saalfeyshan) n.* Badbaadin; qofka wax badbaasha.
**salve** *(saaf, saalf) n.* Walax dufan ah oo la mariyo dhaawaca ama gubashada; nabarrada iyo wixii la mida.
**salvo** *(saalfow) n.* Xabbad-ridid ama dab ridid looga jeedo salaan ama soo dhaweyn; tacshiirad.
**samaritan** *(samaaritan) n.* Qofka naxariista leh ee caawiya dadka dhibaataysan.
**same** *(seym) adj.* Isku mid ah; isla mid ah.
**sample** *(saampal) n.* Sanbal; mid la mid ah wax isku nooc ah oo tusaale ahaan loo soo qaaday, muunad.
**sanatorium** *(saanatooriyem) n.* Isbitaalka dadka jirada badan lagu xanaaneeyo.
**sanction** *(saankshan) n.* Fasax qof la siiyo si uu wax u sameeyo; ogolaansho lo siiyo awood inuu wax falo.
**sanctity** *(saank-titi) n.* Welinimo; barako.
**sanctuary** *(saankyuwary) n.* Meel baraysan; meel megangelyo lagu helo
**sanctum** *(saanktam) n.* Meel barakaysan; qol cid yar uun loo ogol yahay.
**sand** *(saand) n.* Ciid; camuud.

**sandal** *(saandhal) n.* Kabaha suumanka isweydaarsan leh; sandhal.
**sandwich** *(saanwij) n.* Cunto rooti la dhexgeshey.
**sane** *(seyn) adj.* Maskax fayow; aan waalayn.
**sang** *(saang) v. (p.t.)* Heesay; balweeyey.
**sanguinary** *(sangwinari) adj.* Dhiig badani ku daato.
**sanguine** *(saangwin) adj.* Rajo qaba; dhinaca fiican wax ka eega.
**sanitary** *(saanitari) adj.* Nadiif ah; ka dhowrsan wasakh iyo wixii kale ee jirro keenaya; fayow.
**sanitation** *(saanteyshan) n.* Isku dubbaridista ilaalinta fayada ama sixada.
**sanity** *(saanit) n.* Maskax fayoobi.
**sap** *(saap) n.* 1. Dheecaan dhirta ama jidhka ku jira. 2. Qofka nacaska ah.
**sapient** *(seyb-yant) adj.* Fiican; maskax wanaagsan.
**sardine** *(saadhiin) n.* Kalluun yaryar oo cad fiican oo macaan leh.
**sat** *(saat) v. (p.t.)* fadhiistay; fadhiyey.
**Satan** *(seytaan) n.* Shaydaan; shaydaan ah.
**satchel** *(saajal) n.* Shandada lagu qaato alaabta yaryar ee fudud siiba buugaagta (dugsiga iwm) waxaanay ka samaysan tahay saan ama shiraac iwm.
**sateen** *(saatiin) n.* Dhar dhalaala oo cudbi ka samaysan.
**satelite** *(saatalaayt) n.* Meere ku dul wareega mid kale; dayax gacmeed ku dul wareega dhulka.
**satiable** *(seysh-yabal) adj.* Si buuxda looga raalli noqdo; la dhergin karo.
**satiate** *(seyshiyeyt) v.* La buux dhaafiyo; raali gelin aan loo baahnayn la siiyo.
**satiety** *(sataayati) n.* Buux-dhaaf.
**satin** *(saatin) n.* Walax xariir ah oo dhinac ka jilicsan kana dhalaalaysa.
**satisfaction** *(saatisfaakshan) n.* Raalli-gelin.
**satisfactory** *(saatisfaktari) adj.* Raalli gelin leh; ku siinaya farxad iyo raalligelin.
**satisfy** *(saatisfaay) v.* La raalli geliyo; raalli gelin la siiyo.
**saturate** *(saat-areyt) v.* Rib ka dhigid (dareeraha); la gaadhsiiyo heerka ugu sarreeya ee suuragal ah.
**Saturday** *(saataday) n.* Sabti; maalinta sabtida.

**Saturn** *(saateen) n.* 1. A major planet. 2. An ancient Italian god associated with agriculture.
**sauce** *(soos) n.* Maraqa raashinka lagu darsado; suugo.
**saucepan** *(soospan) n.* Digsi dheg la qabto (sida maqliga) iyo fur leh oo suugada lagu sameeyo.
**saucer** *(soosa) n.* Seesar; saxan yar oo bagacasan oo koobka la dul saro.
**saunter** *(soonta ) v.* Temeshlayn; socod laafyood ah.
**sausage** *(sosij) n.* Soosej.
**saute** *(sowtey) v.* Shiillid.
**saute** *(sowtey) adj.* Shiilan; la shiilay (raashin).
**savage** *(saafij) adj.* Badow; badow ah; debad galeen ah; waxshi ah; axmaq ah.
**savanna** *(safaana) n.* Dhulka bannaan ee dhirtu ku yar tahay geedaha xooluhu ku badan yahay.
**savant** (saafant) n. Nin aqoon fiican leh, si weyn wax u dhigtay, xikmadlow.
**save** *(seyf) v.* Nabad-geliyey; la badbaadiyey; la keydsho; keydinta lagacta iwm; mustaqbalka loo dhigo.
**savour** *(seyfa) v.* Dhandhanmaya; dhadhansi ama ursi jeclaaneed leh.
**savoury** *(seyfary) adj.* Ku fiican urta ama dhadhanka; lagu raaxaysan karo.
**savoy** *(safooy) n.* Nooc kaabashka ka mid ah (khudaar).
**saw** *(soo) v. (p.t.)* La arkay; mishaarta lagu jarjaro qoryaha; la miinshaareeyo; minshaar ku jarid.
**sawyer** *(sooya) n.* Ninka shaqadiisu tahay inuu qoryaha ama looxaanta ku jarjaro miishaar ama minshaareeyo.
**saxophone** *(saaksafown) n.* Aalad muusikada oo la afuufo.
**say** *(sey) v.* Dhihid; dheh; la dhaho; la yidhi.
**scabbard** *(skaabad) n.* Galka soodhka; galka tooreyda.
**scaffold** *(skaafald) n.* Sakhaalad; waxa loo koro meesha la dhisayo; jaranjaro.
**scald** *(skoold) v.* Biyo kulul ku gubasho; ku gubid biyo kulul, lagu gubo biyo kulul.
**scale** *(skeyl) n.* 1. Qolofta kalluunka iwm. 2. Kefad miisaan.
**scales** *(skeylis) n.* Miisaan.
**scalp** *(skaalp) n.* Madaxa intiisa kale marka laga reebo wejiga; ama inta timaha leh mooyee madaxa intiisa kale.

**scalpel** *(skaalopal) n.* Mindi yar oo qaliinka dadka loo isticmaalo.
**scamp** *(iskaamp) n.* Ilmo ama qof rabshoole ah.
**scan** *(skaan) v.* Aad u eegid; eegmada ku celcelin; daymo.
**scandal** *(skaandal) n.* Fadeexad, dacaayad, faaxisho.
**Scandinavian** *(skaandineyfiyan) n., adj.* Magac laysku yidhaahdo waddammada kala ah: Dhenmaark, Noorway, Iswiidhan, Aayslaand.
**scant** *(skaant) adj.* Yar, ay adag tahay siday ugu filaato.
**scapegoat** *(skeypgowt) n.* Qof lagu ciqaabo ama lagu canaanto khalad uu qof kale ama cid kale sameeyey ama falay.
**scapula** *(skaapyuula) n.* Garabka intiisa ballaadhan ee qarqarka ka hooseeya.
**scar** *(skaa) n.* Xagtin, calaamada ka soo hadha marka uu nabarku bogsado.
**scarce** *(skees) adj.* Aan laga haysan tiro ku filan; ka yar intii loo baahnaa.
**scarcity** *(skeesitl) n.* Tiro yaraan, baahi.
**scarcely** *(skeesli) adj.* Yara, aan yara qeexnayn, yara malayn.
**scare** *(skee) v.* Baqdin gelin, ka bajin.
**scarf** *(skaaf) n.* Iskaaf, maro luqunta lagu xidho.
**scarlet** *(skaalit) n., adj.* Guduud ama casaan dhalaalaya.
**scatter** *(skasta) v.* Kala baahid, kala firdhin, firdhin.
**scavenger** *(iskafinja) n.* Xayaanka badktiga cuna ama kuba nool; qof shaxaad ku nool.
**scene** *(siin) n.* Meesha dhacdo dhab ah ama khayaali ahi ka dhacday; sharax shil ama qayb ka mid ah qof noloshii.
**scenery** *(siinari) n.* Waxyaabaha dabiiciga ah ee degmo leedahay; sida buuraha; kaymaha; dooxooyinka, iwm.
**scent** *(sent) n.* Ur-urdoon, urta naftu jeclaysato.
**scent** *(sent) v.* Dareemid: <u>I scent foul play</u>.
**sceptic** *(skeptik) n.* Qofka ka shakiya runta dood gaar ah ama fikrad gaar ah iwm leedahay.
**schedule** *(shedyuul/iskedyuul) n.* Faahfaahin ama qoraallo tusaya ku tala galay; jadwal.
**schematic** *(iskiimatic) adj.* (Wax) marka sawir ahaan lagu tusaaleeyo, ee qorshe ama nidaam (hab).

**scheme** *(iskiim) n.* Isku duba ridis; nidaam ama hab isku hagaajin, qorshe, isku dubaridid, hab u sii dejin mashruuc.
**schnorkle** *(shnookel) n.* Aalad ama qalab ka samaysan tuubo dheer oo maraakiibta badda hoos marta (gujis) u suurta gelisa in ay hawo neecaw ah helaan; qalabka, neefsashada ee dabbaal muquurashada.
**scholar** *(skola) n.* Qofka dugsiga dhigta, qofka aqoonta badan leh.
**scholarship** *(skolaship) n.* Deeq waxbarasho.
**school** *(skuul) n.* Dugsi, iskuul; meesha wax lagu barto, tiro weyn ama tiro badan oo kalluun ah; raxan kaluun ah oo wada dabbaalanaya.
**sciatic** *(saayaatik) adj.* Ee misigta, la xidhiidha misigta.
**science** *(saayanis) n.* Saynis, cilmi dabeecadeed.
**scientific** *(aayantifik) adj.* Cilmiyeysan, cilmi ku dhisan.
**scimitar** *(simita) n.* Seef gaaban oo yara qoolaaban oo laga isticmaali jiray Beershiya, Carabta iyo Turkiga.
**scissors** *(sizaz) n.* Maqas ama manqas; ka dharka marka la tolayo lagu jarjaro.
**sclerosis** *(sklaroowsis) n.* Jirro keenta ama dhalisa in xubnaha jiljilicsan ee halbowlayaashu ay adkaadan.
**scold** (skoowld) v. Canaan ay hadallo cadho lihi weheliyaan.
**scoop** *(skuup) n.* Masaf ama mafag, dhure.
**scooter** *(skuuta) n.* Dhugdhugley, mooto.
**scorch** *(skooj) v.* Engejin; qallajin; gubid ama kul ku engejin.
**score** *(skoo) n.* Inta dhibcood ee la helo (buundo tirsiga ciyaaraha); lagu calaamadeeyo ama lagu sunto jaris, xagtin, xariiq.
**scorn** *(skoon) n.* Xaqirid, la xaqiro, aan tixgelin la siin.
**scorpion** *(skoopiyan) n.* Dib-qalloc ama daba-qallooc, hangarale.
**scotch** *(skoj) v.* Joojin buuxda, baabiin.
**scoundrel** *(skawndral) n.* Qof aan waxba isku falayn, qof aanay waxba ka xaaraan ahayn.
**scour** *(skawa) v.* Xaquuq ama xoqid ku nadiifin, loo baadho si aan degganayn, degdeg ku daydayid (doondoonid).
**scout** *(skowt) v.* Sahamin.
**scout** *(skowt) n.* Qof, markab, dayuurad iwm, oo sahan ah.

**scowl** *(skawl) n, v*. Si xun u eegid; huruuf, weji duubid.
**scrag** *(skraag) n.* Qofka ama xayawaanka caatada ah, raqabada ama luqunta idaha inta lafaha ah ee maraqa lagala xaxo.
**scraggy** *(skraagi) adj.* Caato ah, aan hugiisu gurux lahayn ama timo jacdadsan.
**scram** *(skraam) int.* Bax, orod, carar.
**scramble** *(skrambal) v.* Gurguurasho ku korid, fanasho, kuwo kale la beratamid aan nidaamsanayn.
**scarp** *(skraap) n.* Faliidh, qidcad yar, qodobo aan la rabin ama qashin ah.
**scrape** *(skreyp) v.* Xaquuq; isku simid, ,saliilyo (sanqadha ama jiiqjiiqda ay dhaliso).
**scraper** *(skreypa) n.* Qalabka wax lagu xoqo ama xaquuqo.
**scratch** *(skraaj) v.* Xangaruufo, xagtin.
**scream** *(skriim) n., v.* Qaylada dhuuban (xayawaanka, carruurta, shimbiraha), is xoqa biraha iwm; qaylin.
**screen** *(skriin) n.* Boodhka filimka laga daawado; muraayadda hore ee baabuurka iwm.; wixii wax kala xidha.
**screw** *(skruu) n.* Aalad gariirato leh, iskuruu.
**script** *(skript) n.* Far gacanta lagu qoro; qoraalka ay raacaan jilayaashu.
**scultpure** *(skalpja) n.* Qoridda (qori, dhagax, bir, iwm).
**sea** *(sii) n.* Bad.
**seam** *(siim) n.* Meesha tolmuhu isaga yimaado; meeha laba qaybood ee shay iska galaan.
**search** *(seej) v.* Baadigoobid.
**season** *(siizan) n.* Xilli, fasal (gu', xagaa, jiilaal), qaybaha sannadka.
**seat** *(siit) n., v.* Kursi, fadhi, fadhiisin.
**second** *(sekand) adj., n.* Labaad, ka labaad, ilbiriqsi, 1/ 60 daqiiqad.
**secondary** *(sekandri) adj.* Laga muhumsan yahay; sare (dugsiga sare): secondary school.
**secret** *(siikrit) adj.* Sir; qarsoodi; qarsoon.
**secretary** *(sekritari) n.* Xoghaye.
**section** *(sekshan) n.* Qayb, qormo.
sector (sekta) n. Qayb bulsho ama dhaqaale ka mid ah: public or private sector funding.
**secure** *(sikyuuwa) adj.* Badbaadsan, nabadqab.

**sediment** *(sedimant) n.* Huubo, huubaha ka hara wax la isticmaalay.
**see** *(sii) v.* Arag, fiiri, arkid, fiirin.
**seed** *(siid) n.* Iniin, midhaha iniintoooda.
**seek** *(siik) v.* Doondoonid, raadin.
**seem** *(siim) v.* La moodo, u sansaan eg.
**seesaw** *(siisoo) n.* Leexo, loox dheer oo laba qof midba dacal kaga fariisto oo laysku ruxo.
**segment** *(segmant) n.* Gobol, go', qayb.
**segregate** *(segrigeyt) v.* Laga sooco inta kale, gooni ka geysid kuwa kale, takoorid.
**seismology** *(saaysmoloji) n.* Cilmiga (sayniska) dhulgariirka.
**seize** *(siiz) v.* Qabasho.
**seldom** *(seldam) adj.* Marmar ama wakhti, maaha had iyo jeer, naadir.
**select** *(silekt) v.* Ka doorasho, xulasho.
**selection** *(silekshan) n.* Xul, doorasho.
**self** *(selef) n.* Naf, iska, iskii, iskeed, iwm.
**selfish** *(selfish) adj.* Anaani, aan dan ka gelin kuwa kale, had iyo jeer aan u danayn cid kale.
**sell** *(sel) v.* Iibisid, gadid, sida dukaanka iwm.
**semen** *(siimen) n.* Mani, shahwada labka.
**semester** *(simesta) n.* Sannad dugsiyeedka barkii ama sannad jaamacadeedka badhkii.
**semi** *(semi)* prefix. (Hordhig) barkii, sida goobada badhkeed: <u>semi-final</u>.
**seminar** *(seminaa) n.* Aqoon-isweydaarsi, siminaar, wax-barasho gaaban.
**senate** *(senit) n.* Golaha mudanayaasha.
**send** *(send) v.* Dir, dirid, dirto, u dirid, loo diro ama la diro.
**senior** *(siinya) adj.* Ka sareeya, heer sare ah, u sarreeya xagga derejada, awoodda.
**sensation** *(senseyshan) n.* Dareen, dareemis.
**sense** *(sens) n.* Dareen, dareemeyaal sida indhaha, dhegta iwm.
**senseless** *(senslis) adj.* Maalayacni, nacasnimo.
**sensible** *(sensibal) adj.* Caqliga gali kara, la qaadan karo, macno samayn kara ama la rumaysan karo.
**sensitive** *(sensitif) adj.* Dareemi og, dareen badan.

**sentence** *(sentanis) n.* Weedh, weedho, erayo hadal macne leh sameynaya.
**sentry** *(sentari) n.* Askarig waardiyaha ah (ilaaliyaha).
**separate** *(separeyt) n. (seprit) adj.* Kala soocan, la kala qaybshay; kala gooni ah, kala sooc.
**September** *(septemba) n.* Bisha sagaalaad ee sannadka miilaadiga, Sibtembar.
**sequence** *(siikwenis) n.* Isku xigxiga, isdaba-jooga, isku xirxiriirsan.
**sergeant** *(saajant) n.* Saddex alifle (drajo ciidan), saajin.
**serial** *(si-riyal) adj.* Taxane ah.
**series** *(si-riiz) n.* Wax taxan, aan is beddelin; isku xidhiidhsan.
**serious** *(si-riiyas) adj.* Khatar ah, il-daran, halis ah; ka dhab.
**servant** *(seefant) n.* Qofka adeega, adeege, shaqaale.
**serve** *(seef) v.* U adeegid, adeegid.
**service** *(seefis) n., v.* Adeeg, jeegarayn baabuur muddoba mar: <u>the car was serviced last week</u>; <u>the car was given a service</u>.
**service** *(seefis) n.* Ciidamada qalabka sida midkood, sida ciidanka cirka, lugta, badda.
**set** *(set) v.* Dhicista (cadceedda, dayaxa, xiddigaha iwm), tiro alaab ah oo isku nooca; nidaamin, sixid.
**settle** *(setel) v.* Degid, dejin, la dego ama la dejiyo.
**settlement** *(setelmant) n.* Degganaansho, dejin, degmo.
**sever** *(sefa) v.* Jarid, goyn.
**several** *(sefral) adj.* Dhawr, saddex ama ka badan.
**severe** *(sifiye) adj.* Si adag, xaal adag, qallafsan, xoog leh.
**sew** *(sow) v.* Tolis; tolid, irbad iyo dun la isticmaalo.
**sewing machine** *(sowing-mashiin) n.* Makiinadda dharka lagu tolo; dawaar.
**sex** *(sekis) n.* Labood ama dheddig, jinsi.
**sexual** *(sekshuuwal) adj.* La xidhiidha galmo, iwm; saameeya lab iyo dheddig.
**shade** *(sheyd) n., v.* Hadh; hadhayn, hoos.
**shackle** *(shaakal) n.* Seeto, shakaal.
**shadow** *(shadow) n.* Hadh, hoosiis.
**shady** *(sheydi) adj.*
1. Hadhac; hadh leh.
2. Leh taariikh hore oo shaki leh.
**shaft** *(shaaft) n.* Daab; sabarad.

**shake** *(sheyk) v.* Lulid; ruxruxid; dhaqdhaqaajin.
**shaky** *(sheyki) adj.* Lulmaya, gariiraya; ruxmaya, aan adkayn.
**shallow** *(shalow) adj.* Aan hoos u dheerayn, gun dhow.
**shame** *(sheym) n.* Isku sheexid, isla yaabid.
**shampoo** *(shaampuu) n.* Saabuun dareere ah oo timaha madaxa lagu maydho/ dhaqo.
**shank** *(shaank) n.* Dhudhunka lugta (inta u dhexaysa jilibka iyo raafka).
**shape** *(sheyp) n.* Qaab, muuqaal, humaag.
**share** *(shee) n.* Saami, qayb.
**sharp** *(shaap) adj.* Fiiqan.
**shatter** *(shaata) v.* Burburin, qarxin, baabiin.
**shave (sheyf) v.** Xiirid, xiirista gadhka, gadh xiirid.
**shawl** *(shool) n.* Garbo-saar, shalmad, go' la huwado.
**she** *(shii) pron.* Iyada, qofka dheddigga iwm.
**sheep** *(shiip) n.* Adhi, ari, ido.
**sheet** *(shiit) n.* Harqad, durraaxad, xaashi ama harqad, iwm.
**shelter** *(shelta) n.* Hooy, gabood.
**shepherd** *(shepad) n.* Arijir, qofka ariga raaca.
**shield** *(shiild) n.* Gaashaan.
**shift** *(shift) v., n.* Meel ama jiho ka beddelid; koox shaqaale ah oo shaqada mar wada gala (qabta).
**shine** *(shaayn) v.* Widhwidhin, dhalaal cad.
**ship** *(ship) n.* Markab.
**shirt** *(sheet) n.* Shaadh, shaati, qamiis.
**shock** *(shok) n.* Naxdin, argagax.
**shoe** *(shuu) n.* Kab.
**shoot** *(shuut) v.* Toogasho, xabbad ku dilis.
**shop** *(shop) n.* Dukaan, daas ama macdaar.
**shore** *(shoo) n.* Qooriga badda.
**short** *(shoot) adj., adv.* Gaaban.
**shortage** *(shootij) n.* Yaraan, gaabnaan, aan ku filnayn.
**shorts** *(shoots) n.* Surwaalka gaaban (ka kubadda lagu ciyaaro).
**shoulder** *(showlda) n.* Garab, garabka gacanta dusheeda ah.
**shoulder** *(showlda) v.* Culays qaadid, kharash qaadid: Who is going to shoulder our holiday expenses?
**cold shoulder,** soo dhoweyn xumo, suqaal siin: She gave him the cold shoulder
**shout** *(shawt) v.* Qaylo, qaylin.

**shovel** *(shafal) n.* Manjarafad, ta ciidda iwm, lagu qaado.
**show** *(show) v., n.* Tusid, bandhig.
**shrimp** *(shirimp) n.* Nooc cuntada badda oo qolof sare leh; qof aad u gaaban oo nis yar.
**shrink** *(shirink) v.* Isku roorid, isku ururid, sida shaarka qaar marka la mayro.
**shroud** *(sharard) n.* Kafan, marada maydka lagu duubo.
**shrub** *(shrab) n.* Dhirta laama-yarada ah ee dhowrka jirridood (ee yaryar) leh.
**shrug** *(shrag) v.* Garab gundhin.
**shut** *(shat) v.* Xidh, xidhid.
**shy** *(shaay) adj.* Xishoonaya ama xishoonaysa; xishood leh.
**shy (from or away)** *(shaay) v.* Dib u gurasho, ka maagid.
**sick** *(sik) adj.* Buka, jirran, xanuunsanaya.
**sickle** *(sikal) n.* Majo, qalab lagu jaro cawska, gallayda, haruurka iwm.
**sickness** *(siknis) n.* Jirro, bukaan, xanuun.
**side** *(saayd) n.* Dhinac, hareer.
**siege** *(siij) n.* Ciidan ku wareejin meel si aad u qabsatid.
**siesta** *(siyesta) n.* Wakhtiga u dhexeeya duhurka iyo casarka ee la nasto ama la seexdo.
**sight** *(saayt) n.* Aragga, aragga ama wax arag, muuqaal, sawir.
**sightless** *(saaytlis) adj.* Arag darro, indho la'i.
**sign** *(saayn) n., v.* Summad, astaan, saxeexid.
**signal** *(signal) n., v.* Seenyaale; seenyaalayn.
**signature** *(signaja) n.* Saxeex.
**significant** *(signifikant) adj.* Aad muhim u ah, qiimo u ah, qiimo u leh.
**silence** *(saaylans) n.* Aamusnaan, jabaq la'aan, sanqar la'aan.
**silent** *(saaylant) adj.* Aamusan.
**silk** *(silik) n.* Xariir.
**silly** *(sili) adj.* Doqon, dabbaal.
**silver** *(silfa) n.* Qalin, macdan qaali ah.
**similar** *(simila) adj.* U eg, la jaad ah.
**simple** *(simpal) adj.* Fudud, aan adkayn, hawl yar ama muhiim ahayn; aan kibir ama isla-weyni iyo isqaad-qaad lahayn: <u>He remained a simple person even when he became very rich and famous</u>.
**simultaneous** *(simalteynyas) adj.* Dhaca iskku mar qudha.

**sin** *(sin) n.* Falid wax diinta ka soo horjeeda.
**sincere** *(sinsiye) adj.* Mukhlis ah.
**sing** *(sing) v.* Heesid, la heeso.
**single** *(singal) adj.* Keli ah, mid qudha, keli; aan guursan.
**singlet** *(singlit) n.* Garan, marada shaadhka laga hoos xidho.
**singular** *(singyula) adj.* Keli (naxwe).
**sink** *(sink) v.* Qarraqmid, degista biyaha la maquurto, madiibadda lagu fool dhaqdo ama weelka lagu xalo.
**sir** *(see) n.* Mudane, erey ixtiraam-muujin ah oo ragga lagu yidhaa.
**sisal** *(saaysal) n.* Xigga, xig, xaskusha.
**sister** *(sista) n.* Walaasha, walaal (gabadh ah).
**sit** *(sit) v.* Fadhiisin, fadhiisad.
**situated** *(sityuweytid) adj.* Yaal meel, ku yaalla.
**situation** *(sityuweyshan) n.* Degaan, xaal (siday arrimuhu yihiin).
**six** *(siks) adj., n.* Lix, tirada ah lix, 6.
**size** *(saayz) n.* Inta wax dhumucdiisu ama baaxaddiisu tahay.
**skeleton** *(skelitan) n.* Dhiska lafaha jirka.
**sketch** *(skej) n.* Sawir-gacmeed dhakhso loo sameeyey.
**skew** *(skyuu) adj.* Qalloocan, dhinac u qalloocin, aan toosnayn; (hadal) la qalloociyey, micno xun loo yeelay.
**skill** *(skil) n.* Xirfad.
**skin** *(skin) n.* Harag, maqaar, saan, diir.
**skip** *(skip) n.* Booddo awreed.
**skirt** *(skeet) n.* Kurdad, toob gaaban.
**skull** *(skal) n.* Lafta madaxa.
**sky** *(skaay) n.* Cirka.
**slap** *(slaap) v.* Dhirbaaxid, dhirbaaxo.
**slattern** *(slaatan) n.* Basari, baali.
**slaughter** *(sloota) n., v.* Gawracidda iyo qalista xoolaha, si axnaqnimo ah u dilid qof ama dad.
**slave** *(sleyf) n.* Addoon.
**slay** *(sley) v.* Gawracis, qalis, dilid (nafta ka qabasho).
**sleep** *(sliip) n.* Hurdo, seexasho.
**sleepy** *(sliipi) adj.* Lulaysan, laamadoodaya.
**slight** *(slaayt) adj.* Xoogay, yar.
**slip** *(slip) v.* Simbiririxasho, siibasho.

**slogan** *(slowgan) n.* Hal-kudheg (weer).
**slope** *(slowp) n.* Tiiro, janjeer.
**slot** *(slot) n.* God yar, jeexdin aan daloolin o wax lagu ridi karo.
**sloven** *(slafen) n.* (Qof) basari ah, lebbis xun leh.
**slow** *(slow) adj.* Qunyar, aayar, gaabinaya.
**sluggard** *(slagad) n.* Qunyarluud, caajis, aayar socda.
**slum** *(slam) n.* Guri dad ka tiro badani ku noolyihiin; magaalo inta aan la danayn ee dan yartu ku nooshahay.
**small** *(smool) adj.* Yar, aan weyneyn.
**smart** *(smaat) adj.* Widhwidhaya, xariif ah, si fiican u lebbisan.
**smell** *(smel) n.* Ur.
**smile** *(smaayl) n.* Ilka caddeyn.
**smith** *(smith) n.* Tumaal, birtun.
**smoke** *(smowk) n., v.* Qiiq, qaac, sigaar cabid.
**smooth** *(smuuth) adj.* Siman, aan xagtin lahayn, naacim.
**smuggle** *(smagal) v.* Koontarabaanin, koontarabaan.
**snake** *(sneyk) n.* Mas.
**snare** *(snee) n.* Dabin.
**snatch** *(snaaj) v.* Boobis, qaadid degdeg ah.
**sneak** *(sniik) v.* Dhuumasho, ka war-sheekood.
**sneexe** *(sniiz) n., v.* Hindhiso; hindhisid.
**sniff** *(snif) v.* Fiifsi, neef ka qaadasho xagga sanka oo sanqadh leh; ursasho.
**snore** *(snoo) n.* Khuurin, khuuro (hurdada dhexdeeda).
**snow** *(snoow) n., v.* Baraf; da'ya baraf.
**snuff** *(snaf) n.* Buuriga sanka, buuri san ka qaadasho.
**snug** *(snag) adj.* Dugsi leh; laga ooday dabaysha iyo dhaxanta.
**soak** *(soowk) v.* La qooyo, qooyn.
**soap** *(soowp) n.* Saabuun.
**soar** *(soor) v.* Hawada isu gano, is cirbixin.
**social** *(sooshal) adj.* Bulshada saameeya, bulsho wada noolaan.
**socialism** *(sowshalisam) n.* Hantiwadaag.
**society** *(sasaayati) n.* Bulsho wada nool oo isku dhaqan ah, mujtamac.
**sociology** *(sowsioloji) n.* Sayniska ama cilmiga dabeecadda iyo korniinka bulshada.

**sock** *(sok) n.* Sharaabaad, maro cagaha kabaha buudhka ah loo gashado.
**socket** *(sokit) n.* Meel ay wax ku dhex jiraan (sida godka isha); daloolada korontada laga qaato, bareeso.
**soda** *(sowda) n.* Walax kimiko oo lagu daro waxyaabaha khamiirinta u baahan ama saabuunta.
**sodium** *(sowdyam) n.* Curiye (na) milixda ku jira.
**sofa** *(soowfa) n.* Kursi fadhi oo dheer ee dhowr qofi ku fariisan karto.
**soft** *(soft) adj.* Jilicsan, naacim.
**soil** *(soyl) n.* Ciid.
**solar** *(soowla) adj.* Cadceedeed, cadceedda ah.
**solder** *(soolda) v.* Laxaamad; alxamid.
**soldier** *(soolja) n.* Askari.
**sole** *(sool) n.* Sarta hoose ee kabaha; kalluun balaaran oo badda ku jira.
**sole** *(sool) adj.* Keli.
**solemn** *(solam) adj.* Qaaday nidar, si niyad ah, si daacad ah.
**solid** *(solid) n.* Adke.
**solid** *(solid) adj.* 1. Adag: a solid surface. 2. La isku halayn karo: a solid person.
**solidarity** *(soladaariti) n.* Isku xidhnaan. isku duubnaan.
**solitary** *(solataari) adj.* Keli-nool, aan la wehelin, kelinimo.
**soluble** *(solyuubal) adj.* Milmi kara, ku dhex qasmi kara dareeraha.
**solution** *(saluushan) n.* Qoosh, xallilaad, xal.
**solve** *(solaf) v.* Xallilid, xal u helis.
**solvent** *(soolfant) n.* Mile.
**solvent** *(soolfant) adj.* 1. Mili kara shay kale. 2. Hanti leh, deyn bixi kara.
**some** *(sam) adj., pron., adv.* Xoogaa yar.
**somebody** *(sambadi) pron.* Qof.
**somehow** *(samhaaw) adv.* Si ahaan.
**something** *(samthing) pron.* Wax.
**sometimes** *(samtaaymis) adv.* Marmarka qaarkood.
**somewhat** *(samwot) adv.* Waa yara.
**somewhere** *(samwee) adv.* Meel, aan aad loo garanayn.
**son** *(san) n.* Igaar ama inanka la dhalay.
**song** *(song) n.* Hees.
**sonic** *(sonik) adj.* La xiriira dhaqaaqa, leh xawaaraha codka.
**soon** *(suun) adv.* Dhakhso.

**soot** *(sut) n.* Manduul, madowga meel ku samaysma qaac markuu ku baxo, qaaca wershahadu sameeyaan.
**soppy** *(sopi) adj.* Aad u qoyan; leh caadifad nacasnimo.
**sorghum** *(soogam) n.* Masaggo.
sorrow (sorow) n. Murugo.
**sorry** *(sori) adj.* Ka xumaansho, waan ka xumahay.
**sort** *(soot) n.* Nooc.
**soul** *(sowl) n.* Nafta, qudha, ruuxa.
**sound** *(sawnd) n.* Dhawaaq, jabaq, sanqadh, caafimad-qab; qiyaasta dhererka hoos ee badda, iwm.
**soup** *(suup) n.* Maraq, fuud.
**sour** *(sawa) adj.* Dhanaan.
**source** *(soos) n.* Meesha wax ka soo baxaan, sida ish biyaha ama mishiinka korontada dhaliya.
**south** *(sawth) n.* Koonfur (jiho).
**southern** *(sathan) adj.* Ee koonfureed, koonfur ah.
**sow** *(soow) v.* Shinniyeynta beerta, midho ku beeridda beerta.
**space** *(speys) n.* Meel banaan oo sidaas u sii wenayn; hawooyinka ee aan xad lahayn; masaafadda laba meelood, laba wax ama laba dhacdo u dhaxaysa.
**spade** *(speyd) n.* Manjarafad; nooc turubka ka mid ah.
**spanner** *(spaana) n.* Baanad, qalabka boolasha lagu furo.
**spare** *(spee) adj.* Shay shay kale la mid ah oo aad isticmaasho haddii ka hore lumo, keyd.
**spare** *(spee) v.* 1. Dil ama dhaawac ama dhiibaato laga dhaafo. 2. Awoodi kar: I can spare you half an hour. I can't spare you any money.
**spark** *(spaak) n.* Dhinbiil (fallidh dab ah), dharaarad.
**speak** *(spiik) v.* Hadal, la hadlo.
**spear** *(spiye) n.* Waran.
**special** *(speshal) adj.* Gaar, khaas, laba-daraale.
**specific** *(spesifik) adj.* Wax gaar ah, si gaar ah, si cad ama qeexan.
**specimen** *(spesimin) n.* Mid tusaale ah.
**spectator** *(spekteyta) n.* Daawadaha siiba ciyaar, qofka daawanaya wax ciyaar, riwaayad, iwm.; qof jooga laakin aan waxba ka qaybqaadanayn.
**speech** *(spiij) n.* Hadal, khudbad.

**speed** *(spiid) n.* Xawaare, xawaareyn.
**spell** *(spel) v.* Yeedhis erayo ah, xarfaha uu eraygu ka kooban yahay.
**spell** *(spel) n.* Muddo gaaban oo laba xaaladood u dhaxaysa: a spell of heavy rains; a spell of sunshine.
**spend** *(spend) v.* Kharash garayn, kharshiyeyn, isticmaalid.
**sperm** *(speem) n.* Manida labka, shahwada.
**spice** *(spaays) n.* Xawaash, walxaha raashinka iyo shaaha udgooneeya.
**spider** *(spaayda) n.* Caaro, naflay yar oo khafiif ah.
**spin** *(spin) n.* Samaynta dunta, wareejin ama duubid.
**spine** *(spaayn) n.* Laf-dhabar.
**spinal-cord** *(spaanalkood) n.* Xangulayda laf-dhabarta ku dhex jirta.
**spiral** *(spaayral) adj., n.* Garaaro leh.
**spirit** *(spirit) n.* Ruux, naf, niyad.
**spit** *(spit) v.* Candhuuf tufid.
**spittle** *(spitil) n.* Dhareerka afka, candhuuf.
**split** *(split) n.* Kala jabin, kala qaybin.
**spoil** *(spooyl) v.* Kharibaad, wax xumayn.
**spokesman** *(spookismaan) n.* Af-hayeen, nin af-hayeen ah.
**sponge** *(spanj) n.* Buush.
**spoon** *(spuun) n.* Qaaddo; malqacad.
**sport** *(spoot) n.* Ciyaar, ciyaar la daawado oo tartan ah.
**spot** *(spot) n.* Bar; dhibic, meel gaar ah.
**spot** *(spot) v.* Arkid.
**spray** *(isprey) n.* Buufin.
**spread** *(spread) v.* Firdhin; fidin, kala filqin.
**spring** (spring) n. Isbiriin, gariirad; kaamaan; gu' (fasalka dheexeeya jiilaalks iyo xagaaga).
**spy** *(spaay) n.* Basaas; jaajuus.
**square** *(sk-wee) n.* Labajibbaar.
**squeeze** *(sk-wiiz) v.* Maroojin.
**squint** *(isk-wint) v.* Indho is dhaafin, indho isku qabasho.
**squirrel** (sk-wiral) n. Soongur, (bahal yar oo dabagaalaha u eg.)
**stable** *(steybal) adj.* Xidhan; adag oon dhaqdhaqaaqayn; xerada fardaha.
**stadium** *(steyd-yam) n.* Xero loogu talagalay ciyaaraha lagu qabto; garoon ciyaareed.
**staff** (staaf) n. Shaqaale; shaqaale meel ka shaqeeya.

**stage** *(steyi) n.* Marxalad; meesha (meel kor u yara dheer) qofka hadlayaa ama qudbadeynayaa isku taago, masrax.
**stagger** *(staaga) v.* Heedadow; dhacdhacid (sida qofka sikhraansan).
**stair** *(sitee) n.* Jaranjaro.
**stammer** *(stama) n., v.* Haghago (marka la hadlayo oo hadalka la qabqabto); qabqabasho hadal.
**stamp** *(staamp) n.* Shaambad; tigidhh ama shati (ka bosta oo kale).
**stand** *(staand) v., n.* Istaag; sarejoog; kicin; mowqif (ra'yi).
**standard** *(staandad) n.* Heer la isla gartay oo wax looga qiyaas qaato ama lagu qiimeeyo.
**star** *(staa) n.* Xiddig; qof caan ah (la wada yaqaan), gabal (idaha iyo farduhu leeyihiin).
**stare** (stee) v. Ku dhaygagid (eegmo).
**start** *(staat) v.* Bilow; bilaabid.
**starve** *(staaf) v.* Macaluulid; macluulin.
**state** *(steyt) n., v.* Waddan; xaalad; sheeg.
**station** *(steyshan) n.* Meel (wax deggan yihiin), istaan ama boostejo; mansabka ama qadarinta aad bulshada dhexdeeda ku leedahay.
**statistics** *(staatistikis) n.* Tiro koob.
**statue** *(staat-yuu) n.* Sanam; meesha idaacadda ama TV-iiga hadalka iyo barnaamijyada laga sii daayo.
**stature** *(staaja) n.* Joogga qofka.
**stay** *(stay) v.* Joogis; joogid.
**steady** *(stedhi) adj.* Deggan, aan liic-liic lahayn.
**steam** *(stiim) n.* Qaac; uumi.
**steel** *(stiil) n.* Bir adag oo ah isku darka xadiidka iyo kaarboon ama curiye kale.
**steep** *(stiip)adj.* Aad ama si toos ku dhow kor ugu baxa: <u>a steep hill.</u>
**steer** *(stiya) v.* Hogaamin.
**steering** *(steyring) n.* Shukaan.
**steering committee** (steyring kamiti) n. Guddi qorshaysa oo nidaamisa sida hawl loo qaban lahaa.
**stem** *(stem) n.* Jirrid
**step** *(step) n.* Tallaabo.
**sterile** *(steraayi) adj.* Ma dhalays ah, aan midho dallin; wax soo saar lahayn.
**stethoscope** *(stetheskowp) n.* Qalab (aalad) uu takhtarku dhegaha gashado oo ay ku dhegaystaan sanqarta jidhka hoostiisa.

**stick** *(stik) n.* Ul.
**sticky** *(stiki) adj.* Dhegdheg leh.
**stiff** *(stif) adj.* Aan si hawl yar loo qalloocin karin ama la qaab beddeli karin..
**stifle** *(staayfal) v.* 1. Khasab ku celin sida qufac, hamaansi. 2. Neef-qabatow.
**still** *(stil) adv. adj.* Dhaqdhaqaaq iyo jabaq la'aan; weli (aan weli).
**stir** *(stee) v., n.* Walaaqid; lulid; xabsi.
**stock** *(stok) n.* Jirridda hoose; cammiraad; isku darka bucshuradda dukaan taal.
**stomach** *(istamak) n.* Calool.
**stone** *(stown)n.* Dhagax.
**stooge** *(stuuj) n.* Dabadhilif; ka lagu adeegsado ama adeegto.
**stool** *(stuul) n.* Kursi dheer; saxaro.
**stop** *(stop) v.* Joojin; istaag joogso.
**store** *(stoo) n., v.* Bakhaar; qolka kaydka; kayd; kaydin.
**storey** *(stoori) n.* Dabaq ka mid ah guriga ama dhismaha fooqa ah.
**storm** *(stoom) n.* Duufaan.
**straight** *(streyt) adj.* Toosan; qumman; qumati ah; aan qaloocnayn.
**story** *(stoori) n.* Sheeko.
**strange** *(st-reynj) adj.* Yaab; fajac; aan hore loo arag; qayra caadi.
**strangely** *(st-reynjli) adj.* Si aan la arki jirin.
**stranger** *(st-reynja) n.* Qof qalaad oo qariib ah.
**strangle** *(strangal) v* Cunoqabad lagu dilo; cunaha la qabto, ciijin.
**strategy** *(straatiji) n.* Qorshaynta iyo qaban qaabinta dagaal; siyaasad, baayac mushtar.
**stream** *(istriim) n.* Il (ta biyaha oo kale); iliilad.
**street** *(istriit) n.* Suuq; waddada magaalo ku taal ee aqalladu hareeraha kaga soo jeedaan (labada dhinac).
**strength** *(istrenth) n.* Xoog; quwad.
**stress** *(stres) n.* Cadaadin; xoog saaris; culays maskaxeed.
**stretch** *(strej) v.* Kala bixin; kala fidin.
**strict** *(strikt) adj.* Ku adag sharciga, waqtiga, saacadaha shaqada iwm.
**strike** *(straayk) n., v.* Shaqo joojin; giriifid; garaacid.
**string** *(string) n.* Xarig; khayd.

**strip** *(strip) v.* Ka bixin; qaawin (diir ama qolof); ka xuubin ama ka xayuubin; derajo.
**stroll** *(strowl) n., v.* Tamashlayn.
**strong** *(strong) adj.* Xoog ah; xoog leh; xooggan.
**structure** *(strakja) n.* Muuqaal; qaab, haykal.
**struggle** *(istragal) v.* Halgan, halgamid; tacab.
**stub** *(stab) n.* Gummud, (haash), dabo.
**stubborn** *(staban) adj.* Canaadi.
**stuck** *(stak) v.* Waa dhibdan yahay; aan dhanna u baxayn.
**student** *(styuudhan) n.* Arday (siiba ka jaamacadda dhigta).
**study** *(stadhi) n.* Wax-barasho.
**stuffy** *(stafi) adj.* Hawo cusub la'aan: We were so many in that room that it became stuffy.
**stumble** *(stambal) v.* Turunturootid.
**stupid** *(styuupidh) adj.* Fikrad gaab ah; nacas; damiin.
**style** *(staay) n.* Hab (qoraal hadal; dharxidhasho iwm).
**subcontract** *(sabkont-raakt) n.* Qandaraas cid kale la siiyey ka sii qaadasho.
**subdivide** *(sab-difaayd) v.* Sii kale qaybin kale.
**subject** *(sabjakt) n.* Maadad; hoos yimaada.
**submarine** *(sabmariin) adj.* Badda hoosteeda; gujis (markab dagaal oo badda hoos mara).
**submit** *(sabmit) v.* Is dhiiibid; dhiibid (arji).
**subordinate** *(saboodinit) adj.* Hooseeya; ka hooseeya; laba qof ka xil u hooseeya.
**substance** *(sabstanis) n.* Walax, shay; nuxurka arrin, ra'yi, hadal iwm.; hunti weyn (xoolo) lahaansho: She is a woman of substance.
**substitute** *(sabstityuut) n. v.* Ku beddelid; isku beddelid. Shay beddelkii.
**subtract** *(sabtaraakt) v.* Ka jarid; tiro laga jaro tiro kale 6 - 2 = 4
**succeed** *(saksiidh) v.* Guuleysi.
**success** *(sak-ses) n.* Guul.
**successive** *(sek-sesif) adj.* Isku xigxigga.
**succour** *(saka) n.* Mucaawimo; gargaar.
**such** *(saj) adj., pron.* Oo kale; sidaa oo kale.
**suck** *(sak) v.* Nuugid, nuug, jiqis.
**suckle** *(sakal) v.* Naas nuujin, naas jaqis, jaqid.
**suckling** *(sakling) n.* Caano-nuug.

**sudden** *(sadan) adj.* Si lama filaan ah; kediso.
**suffer** *(safa) v.* Ku dhacay ama haya (cudur, dhaawac).
**sufficient** *(safishant) adj.* Ku filan.
**suffocate** *(safakeyt) v.* Cabbudhid, cabbudhaad; cabbudhin.
**sugar** *(shuga) n.* Sonkor; sonkorayn.
**suggest** *(sajast) v.* Arrin soo jeedin ama soo bandhigid, ku talin.
**suicide** *(suuisaayd) n.* Is dilid; is dil.
**suit** *(suyuut) n., v.* Suudh; dhar isku joog ah (isku mid ah) koodh iyo surwaal isku nooc ah; ku habboon.
**suitable** (*suyuutabal) adj.* Ku habboon.
**sum** *(sam) n.* Wadar; xaddi lacag ah.
**summary** *(samari) n.* adj. Soo koobid; soo yarayn. Si degdeg ah oo caddaaladda ka fog: a summary execution.
**summer** *(sama) n.* Xagaaga: xilliga u dhexeeya bilaha Juun ilaa Ogosto.
**summit** *(samit) n.* Fiiqa, figta, halka ugu dheer; shir heer madaxweyneyaal ah.
**summon** *(samman) v* Uyeedhis; wacid; isku yeerid.
**sun** *(san) n.* Qorrax; cadeed.
**Sunday** *(sandey) n.* Maalinta axadda. Axad.
**superabundant** *(suuparabandant) adj.* Aad u xad dhaaf ah; ka badan intii ku filnayd.
**superior** *(suupeyeriye) adj.* Sarreeya; ka tiro badan; ka qiimo badan; ka xoog weyn.
**superlative** *(suupaleetif) adj.* Ugu heer sarreeya.
**superman** *(suupamaan) n.* Nin dadka caadiha ah ka awood badan, ama ka wanaagsan.
**superpower** *(suupapaawa) n.* Dal aad u xoog weyn sida Maraykanka.
**supersonic** *(suupasonik) adj.* Guuxiisa ka dheereeya; ka dheereeya guuxa.
**supertax** *(suupataaks) n.* Canshuur dheeraad ah, ka siyaado ah intii caadiga.
**supervisor** *(suupafaasya) n.* Qofka dusha ka illaliya ee kala wada hawsha iyo shaqaalaha.
**supper** *(sapa) n.* Casho, cuntada ha cuno habeenkii.
**supply** *(sapalaay) v.* Qaybqaybin; u qaybin, siin wax loo baahan yahay.

**support** *(sapoot) v.*Xejin xejiyo; taageerid.
**suppose** *(sapows) v.* Kaba soo qaad in, u malayn.
**supreme** *(suuprim) adj.* Ugu sareeya (darajo ama awood).
**surcharge** *(seejaaj) n. v.* Dulsaar; takhsiir; dulsaarid; ganaaxis.
**sure** *(shuwa) adj.* Sahki la'aan; xaqiiq.
**surface** (saafis) v., n. Sagxad; dusha.
**surgeon** (*saajan) n.* Dhakhtarka qalliinka.
**surgery** *(saajari) n.* Cilmiga iyo barashada nabarrada iyo cudurrada la qalo. Meesha iyo saacadaha dhakhtarkaaga la arko.
**surmise** *(saamays) v. n.* Malayn; male.
**surmount** *(saamawnt) v.* La xallilo; laga roonaado (dhibaato iwm).
**surname** *(saaneym) n.* Magaca qoyska.
**surplus** *(saaplas) n.* Siyaadp la ah intii loo baahnaa.
**surprise** *(saparays) n.* Amakaag; yaab, naxdin, yaabid, amakaagid.
**surrender** *(sarenda) v.* Is dhiibid (sida marka dagaalka). Uga degid (xafiis, mansab): He surrendered his position to her.
**surround** *(serawnd) v.* Ku soo wareejin, ku meerid.
**survey** *(seefey) v.* Sahamin.
**survive** *(sarfaayf) v.* Ka cimri dhereraan: she survived her husband. Ku noolaan: nomads survive on milk and meat.
**suspect** *(saspekt) v., n.* Ka shakiyid; qofka la tuhunsan yahay.
**suspend** *(sas-pend) v.* Soo laalaadin; hoos u soo laalaadin.
**suspicion** *(sas-penshan) n.* Shaki.
**swallow** *(iswolow) v.* Liqid; dejin (cuno maarin).
**swan** *(iswon) n.* Shmbir badeed (cad).
**swarm** *(swoom) n.* Raxan u wada socda (shinnida shimbiraha iwm): a swarm of locusts.
**sway** *(swey) v.* Lulmid; ruxmid.
**sweat** *(swet) n. v.* Dhididka jidhka; dhididid.
**sweep** *(iswiip) v.* Xaaqid; dhul xaadhid.
**sweet** *(swiit) adj.* Macaam; dhadhan macaan.
**swell** *(swel) n., v.* Barar; bararid.
**swift** *(swift) adj.* Dheerayn, degdegid.

**swim** *(swim) v.* Dabbaalasho; dabbaal ama la dabbaasho.
**swing** *(swing) v.* Leexaysi; laalaadin.
**switch** *(swiij) n., v.* Daaredamiye, daarid
**sword** *(sood) n.* Binnad, soodh, mindida bunduqa afkiisa ku jirta.
**swot up** *(swot) v.* Dadaalid (imitixaan)
**sycophant** *(sikofaant) n.* Qofka cid amaana si uu wax uga helo (lacag, shaqo, mansab iwm.
**syllabus** *(silabas) n.* Manhaj; muqarar.
**symbol** (simbal) n. Summad, astaan.
**symmetry** *(simitri) n.* Isu ekaansho; is le'kaansho.
**sympathy** *(simbathi) n.* Naxariis; u jidh-debecsanaan.
**synchronise** *(sink-ranaays) v.* Isku mar la dhaqaajiyo; isku mar dhaca; wakhtiga la isku buuxsado.
**syphilis** *(sifilis) n.* Cudurka la yidhaa xabbad ama waraabow.
**syrup** *(sirap) n.* Sharoobo, dawooyinka dareeraha ah.
**system** *(sistem) n.* Hab, nidaam.

T

**table** *(teybal) n.* Miis; jadwal wakhtiyeed.
**tabloid** *(taabloyd) n., adj.* Jariidad ka bog yar kuwa waaweyn oo badanaa swiro iyo weedho gaaban oo caadifad leh: The mass circulation newspapers are often in tabloid format, whilst the serious papers are called broadsheets.
**tack** *(taak) n.* Musmaar madax balaadhan.
**tacky** *(taaki) adj.* Aan weli qalalin (siiba rinjiga); ku dhegaya.
**tactics** *(taaktikis) n.* Xeelad, taaktiko.
**tadpole** *(taadpowl) n.* Rah yar, midho-xareeraad.
**tail** *(teyl) n.* Dabo (dabada xayawaanka oo kale); **turn tail** *(teen~) n.* cagaha wax dayo, baqo, cararo.
**tailor** *(teyla) n.* Dawaarle, ka dharka tola.
**take** *(teyk) v.* Qaadid, la qaado, qaad, wax qaadid.
**tale** *(teyl) n.* Sheeko.
**talent** *(taalent) n.* Karti, hibo.
**talk** *(took) v.* Hadal, la hadlo, hadlid.
**tall** *(tool) adj.* Dheer (siiba dadka), kor u dheer.
**talon** *(taalan) n.* Ciddida haadka.
**tame** *(teym) adj.* Rabbaayad, rabbaysan, carbisan.
**tangent** *(taanjant) n.* Xood.
**tangerine** *(tanjariin) n.* Liin yar yar oo macaan.
**tangible** *(tanjabal) adj.* La taaban karo; maskaxdu qaban karto.
**tank** *(taank) n.* Taangi, haan biyeed ama batrool, iwm. kaare, dabaabad; taangiga dagaalka.
**tankard** *(taankad) n.* Koob dheg leh oo weyn.
**tantalize** *(tantalaayz) v.* Ku hunguri gelin qof wax aadan haddana siinayn, ku walacsi.
**tap** *(taap) n.* Meesha qasabadda laga xidho ama laga furo.
**tap** *(taap) v.* 1. Kala soo baxdid qof lacag.
2. Wareentid geed jiriddiisa si aad xabag ugala soo baxdid: to tap a rubber tree.
**tapestry** *(taapistari) n.* Maro adag oo daabacan oo sawiro leh.
**tar** *(taa) n.* Daamur.
**target** *(taagit) n.* Meesha la shiisho, baadhka (halka wax lagu toogto; yool, ujeedo.
**task** *(taask) n.* Shaqo mucayan ah; shaqo adag.

**taste** *(teyst) n.* Dhadhan; dhadhamid.
**tax** *(taks) n.* Canshuur.
**taxi** *(taaksi) n.* Tagsi; baabuurka yar ee la kiraysto.
**tea** *(tii) n.* Shaah; caleenta shaaha.
**teach** *(tiij) v.* Barid, wax u dhigid; wax barid.
**teacher** *(tiija) n.* Macallin, bare.
**team** *(tiim) n.* Koox, shaqo wada qabata; koox cayaartoy ah.
**tear** *(tiya/tiir) n.* Ilmo, oohin.
**tear** *(tee) v.* Jeex-jeexid gaar ahaan warqadaha, dharka.
**technician** *(teknishan) n.* Farsamo-yaqaan.
**technique** *(tekniik) n.* Xeeladda wax qabasho.
**technology** *(teknoolaji) n.* Tignoolajiyad.
**teeth** *(tiith) n.(pl.)* Ilko.
**teethe** *(tiith) v.* Ilko u soo bixid: <u>the infant is teething</u>.
**teething problems** *(tiithing problimis) n.* Mashaakilka mashruuc leeyahay marka hawshu cusub tahay.
**tedious** *(tiidyas) adj.* Wax daalinaaya (waa hadal wax daalinaya), aan u riyaaqid lahayn.
**teenager** *(tiineyja) n.* Dhawr iyo toban jir, laga bilaabo 13-19 jir.
**telecommunication** *(telikam-yuunikeyshan) n.* Isgaadhsiin sida: idaacada, telifoonka, iwm.
**telegram** *(teligaraam) n.* Teligraam, taar (ka laysku diro).
**telephone** *(telifown) n.* Telifoon.
**telescope** *(teliskowp) n.* Aalad lagu eego xiddigaha iyo meerayaasha.
**television** *(telifishan) n.* Telifishan; raadiyaha layska arko.
**tell** *(tel) v.* U sheeg, loo sheego.
**temperature** *(temparija) n.* Kulsid, xaraarad.
**temple** *(tempal) n.* Dhafoorka; guri wax lagu caabudo, kaniisad.
**temporary** *(tempareri) adj.* Aan joogta ahayan.
**ten** *(ten) n., adj.* Toban (tiro ah 10).
**tenable** *(tenabal) adj.* La daafici karo, caqliga geli kara.
**tenant** *(tenant) n.* Qofka kiro ka bixiya meel uu kiraystay.
**tend** *(tend) v.* Ilaalin: <u>to tend camels, to tend a child</u>.

**tend (to)** *(~tuu) v*. U janneedhsanaasho (wuxuu u janjeedhaa in uu tago): He tends to be late for appointments.
**tender** *(tenda) n.* Arji loo qorto qandaraaska.
**tender** *(tenda) v*. Dhiibid: to tender one's resignation; tender a bid for work.
**tender** *(tenda) adj.* Jilicsan, burburi kara, go'i kara: tender meat.
**tendon** *(tendan) n*. Seed.
**tennis** *(tenis) n*. Teenis.
**tense** *(tens) adj.* Kala jiidan, kala jiidis aan deganayn (xagga maskaxda).
**tent** *(tent) n.* Taanbuug, teendho.
**term** *(teem) n.* 1. Waqti xaddidan; xilliyada waqtifa dhigashada iskuul ama jaamicadi u qaybsan yihiin. 2. Muddada qof ama dad loo doorto in ay xil haysaan (madaxweyne, xubno baarlimaan).
**termagant** *(teemagant) n.* Coon, naag qaylo iyo dagaal badan.
**terminal** *(teeminal) adj.* (cudur) dhimasho ku dhammaada.
**terminal** *(teeminal) n.* Meesha wax ku dhimmaadaan (garoon diyaaradeed, isteyshan tereen, bas).
**terminate** *(teemineyt) v.* Dhamayn, (qandaraaskii wuu ka dhammaaday), dhammaado.
**termite** *(teemaayt) n*. Aboor.
**tern** *(teen) n.* Shinbir badeed.
**terrestrial** *(tiresteriyal) adj.* Dhulka saameeya; beriga ku nool.
**terrible** *(teribal) adj*. Ku-naxdin geliya; kaa nixiya.
**terrify** *(terifay) v.* Bajin, ka bajin, baqo gelin.
**territory** *(teritari) n.* Dhul ay dawladi xukunto; degmo.
**terror** *(tera) n*. Baqdin badan.
**test** *(teest) v.* Imtixaanid; tijaabin.
**terse** *(tees) adj*. Gaaban ujeeddadii oo dhani ku dhan tahay, gaaban laakiin sugan.
**testament** *(testamant) n.* Dardaaranka; caddayn, buruuf.
**testate** *(testeyt) adj.* Dardaaran rasmi ah dabadeed dhinta.
**testicle** *(testikal) n*. Xiniin.
**testify** *(testifaay) v*. Caddayn, markhaati furid.
**testimonial** *(testimonyal) n*. Caddayn.
**testy** *(testi) adj*. Dhaqso u xanaaga, camal xun.

**tether** *(tetha) n., v.* Dabarka, xadhiga xoolaha lagu xidho marka ay daaqayaan; seetayn, dabrid.
**textile** *(tekstaay) n.* Maro cudbi laga sameeyey; alaabta ceedhin ee maryaha la sameeyo.
**thank** *(thaank) v.* Mahadnaq, u mahadnaqid.
**that** *(thaat) adj., pron.* Kaas.
**theatre** *(thiyeta) n.* Meesha riwaayadda ama filim lagu dhigo, masrax.
**theft** *(theft) n.* Tuugnimo, xatooyo.
**their** *(thee) adj.* Waxooda, kooda.
**then** *(then) adv.*Dabadeed.
**theodolite** *(thiodalayt) n.* Aalad lagu eego kala sarraynta iyo hoosaynta dhulka.
**therapy** *(therapi) n.* Daaweyn (mid jidheed iyo maskaxeedba).
**there** *(thee) adj.* Halkeer, halkaa.
**thermometer** *(thamomita) n.* Kul-beeg.
**thermos** *(theemas) n.* Falaasta sida ta shaaha lagu shubto.
**these** *(thiiz) adj., pron.* Kuwan.
**thew** *(thiyuu) n.* Muruqyo, weyni.
**they** *(they) pron.* Iyaga, iyaka.
**thick** *(thik) adj.* Dhumuc weyn.
**thicket** *(thikit) n.* Kayn, dhir badan oo meel ku wada taalla.
**thief** *(thiif) n.* Tuug, qof wax xada.
**thigh** *(thay) n.* Bawdada.
**thin** *(thin) adj.* Dhumuc yar, dhuuban.
**thing** *(thing) n.* Wax, walax.
**think** *(think) v.* Fekerid, la fekero.
**third** *(theed) adj., n.* Saddexaad.
**thirst** *(theest) n.* Harraad, marka wax la cabbo loo baahdo.
**thirteen** *(theetiin) adj., n.* Saddex iyo toban (13).
**thirty** *(theeti) adj., n.* Soddon.
**this** *(this) adj., n.* Waxaan, kan.
**thong** *(thong) n.* Suun ka samaysan saan.
**thorax** *(thooraks) n.* Sakaarka (shafka, laabta).
**thorn** *(thoon) n.* Qodax, waa geed qodax leh: (qof ama wax dhib kugu haya) thorn in one's side or flesh.
**thorough** *(thara) adj.* Dhammaystiran, dhammaystirid dhinac kasta.
**those** *(thooz) adj., pron.* Kuwaas.
**thought** *(thoot) n.* Hammi, fikrad.

**thousand** *(thawsand) adj., n.* Kun (1000).
**thrash** *(thraash) v.* Ulayn, karbaashid.
**thread** *(thred) n.* Dun, maraaraha iskuruugga.
**threat** *(thret) n.* Hanjebaad; khatar.
**three** *(thrii) n., adj.* Saddex (3).
**thresh** *(thresh) v.* Tumid, balka ka ridid.
**thrice** *(thrays) adv.* Saddex jeer.
**throat** *(throwt) n.* Cunaha.
**throb** *(throb) v.* Boodboodid, sida wadnaha garaaciisa.
**throes** *(throwz) n.* Xanuun kulul sida xanuunka ay la kulanto qofka dumari marka ay umulayso, ama marka qof naftu ka baxayso.
**throne** *(thoown) n.* Kursiga boqorka.
**throttle** *(throtal) v.* Ceejin (cuno ama hunguri ceejin).
**throw** *(throow) v.* Tuurid.
**thrush** *(thrash) n.* Cabeebka, xanuunka carruurta afka kaga dhaco.
**thug** *(thad) n.* Danbiile, mid ka mid ah koox qowleysato ah.
**thumb** *(tham) n.* Suul, suulka gacanta; under someone's thumb (loo talliyo).
**thunder** *(thanda) n.* Onkodka roobku dhaliyo, onkod.
**Thursday** *(theesdi) n.* Khamiis, maalin maalmaha toddobaadka ka mida.
**thus** *(thas) adj*, Sidaas oo kale, sidaa.
**thyroid** *(thaayrooyd) n.* Qanjidhaha xoqadaha.
**tibia** *(tibiye) n.* Labada mataanood ee addinka ta hore.
**tick** *(tik) n.* 1. Sanqadha ama codka ay saacaddu sameyso marka ay soconayso. 2. Shilinta, dhibiijo 3. Galka barkimada.
**tick** *(tik) n., v.* Calaamadda saxa (V) alaamadda saxa samay.
**ticket** *(tikit) n.* Tigidh, shati, sida tigidhka diyaaradda lagu raaco.
**tide** *(tayd) n.* Mowjad.
**tidy** *(taydi) adj.* Nadaamsan, habaysan.
**tie** *(tay) v., n.* Xidhid, isku xidhid; tay.
**tiger** *(tayga) n.* Shabeel. tigress (taygris) n. Shabeelka dhadig.
**tight** (tayt) adj. Adkaysan, xidhan.
**till** *(til) v.* Beer falid.

**till** *(til) prep., conj.* Ilaa, tan iyo (waqti); sanduuq ama khasnad yar oo lacagta lagu keydsho.
**tilt** (tilt) v. Janjeedhin.
**timber** *(timba) n.* Loox guryaha lagu sameeyo ama dhiso.
**time** *(taym) n.* Waqti ama millay.
**timid** *(timid) n.* Fuley.
**tinder** *(tinda) n.* Xansas, caws iyo qoryo yar yar oo dhaqso dabka u qabsada.
**tinderbox** *(tindaboks) n.* Qof xanaaq dhow, qof markiib xanaaq la qarxa.
**tine** *(tayn) n.* Afka farageytada.
**tinkle** *(tinkal) v.* Yeedhid gambalayl.
**tip** *(tip) n., v.* 1. Khidmad siin dheeraad ah, tib. 2. Caaro sida (faraha caaraddooda). 3. War qarsoodi u siin aad wax ku qabsato ama ku anfaca: she gave me a good tip.
**tire** *(taya) v.* Daalid, tabcaamid.
**title** *(taytal) n.* Cinwaan (buug. hadal, sheeko); magaca derajada qof.
**to** *(tuu) prep.* Ku.
**toad** *(towd) n.* Nooc raha ka mid ah.
**toast** *(towst) n., v.* Cunto la solay, solay; sol.
**tobacco** *(tabakow) n.* Buuri.
**today** *(tudey) adj., n.* Maanta.
**toddle** *(todal) v.* Gaangaanbin, socod butuluqsi (sida ilmo yar).
**toddler** *(todla) n.* Qofka yar ee socod-baradka ah.
**toe** *(tow) n.* Far cageed.
**toff** *(tof) n.* Qof xaragoonaya, si fiican u lebisan.
**together** *(tagetha) adj.* Wada jir, la jiro.
**toilet** *(toylit) n.* Qolka biyaha, suuliga, musqul.
**token** *(tooken) n.* Calaamad muujinaysa derajada ama awoodda qof.
**tolerate** *(tolareyt) v.* Loo dul qaato, u dul qaadasho.
**tomato** *(tamaatow) n.* Tamaandho, yaanyo.
**tomb** *(tuum) n.* Xabaal, qabri.
**tomboy** *(tombooy) n.* Gabadha sida ragga u dhaqanta ama u lebisata.
**tomcat** *(tomkat) n.* Bisadda lab, curri.
**tomfool** *(tomfuul) n.* Qofka aan sida fiican u fekrin.
**tomorrow** *(tumorow) adj.* Berri, berrito.
**ton** *(tan) n.* Tan.
**tongue** *(tang) n.* Carrabka dadka iyo xayawaanka; luqad.
**tonight** *(tanayt) n.* Caawa.
**tonnage, tunnage** *(tanayj) n.* Qaadka markab.

**tonsils** *(tonsil) n.* Xoqado, qanjidh ku yaala cunaha.
**tonsure** *(tonsha) n.* Xiiritaanka madaxa ama foodda ee ay diinaha qaar sameeyaan.
**too** *(tuu) adj.* Aad; sidaas oo kale.
**tool** *(tuul) n.* Qalab; qof lagu shaqaysto.
**toot** *(tuut) n., v.* Codka foorida ama hoon; hoon garaacid.
**tooth** *(tuuth) n.* Ilig.
**top** *(top) n.* 1. Dusha; halka ugu saraysa: top of his class. 2. Durbaan (kan carruurtu ku cayaarto).
**topic** *(topik) n.* Cinwaan; maadad hadal, dood, iwm.
**topple** *(topal) v.* Ruxmid, lulid, ridis keenta; ka ridid qof xukun.
**torch** *(tooj) n.* Toosh, tooj, kaarboono.
**tortoise** *(tootis) n.* Diinka.
**tortuous** *(tootyuuas) adj.* Qalqalooc ah, qalqaloocan.
**torture** *(tooja) v.* Ciqaabid maskaxeed; jidh-dilid.
**toss** *(tos) v.* Kor u tuurid.
**tot** (tot) n. Qofka yar ee carruurta ah.
**total** *(tootal) adj.* Wadar, isku-geyn.
**totter** *(tota) v.* Tukubid, jiitan.
**touch** *(taj) v.* Taabasho, la taabto.
**tough** *(taf) v.* Adag, xoog badan.
**tour** *(tuwa/tuur) n.* Socdaal, dalxiis.
**tourniquet** *(tu-anikey) n.* Aaladda lagu joojiyo dhiig bixidda.
**tow** *(tow) v.* Xadhig ku jiidid (sida markab).
**towards** *(tuwoodz) prop.* Xaggiisa; xaggaas.
**towel** *(towal) n.* Tuwaal, shukumaan.
**tower** *(tawa) n.* Qudbi, munaarad.
**town** *(tawn) n.* Magaalo, suuq (xaafad).
**toxic** *(toksik) adj.* Sun ah, sun leh.
**toy** *(tooy) n.* Alaabta yar yar ee carrurtu ku ciyaarto.
**trace** *(treys) n., v.* Raad, calaamad; raadin.
**track** *(trak) n.,* v. Raad, calaamad in qof, xayawaan, baabuur, iwm. meesha maray; raad-raacid, raadgurid.
**tractor** *(trakta) n.* Cagafcagaf.
**trade** *(treyd) n.* Ganacsi.
**tradition** *(tradishan) n.* Dhaqan, caado ummadi leedahay.
**traffic** *(traafik) n.* Socodka baabuurta, dadka, iwm.

**train** *(treyn) v.* Tababarid.
**train** *(treyn) n.* Tareen.
**trample** *(traampal) v.* Ku tumasho.
**tranquil** *(trankwil) adj.* Deggan.
**transfer** *(transfee) v.* Beddelid, la beddelo.
**transfigure** *(traansfiga) v.* Qaabka ka beddelid.
**transfix** *(traansfiks) v.* Ka taagid; meel ku qalalid baqe awgii.
**transform** *(transfoom) v.* Qaabka beddelid, qaab ka beddelid
**transgress** *(traansgres) v.* Ku xad gudbid, la gardarreysto.
**transit** *(traansit) v.* Dhaxdin marka meel loo sii hoydo, deedna laga guuro; **in transit** *n.* ku dhaxid.
**transition** *(traansidhan) n.* Kala-guur.
**transitional** *(traansishanal) adj.* Kala-guurid.
**translate** *(traansleyt) v.* Isku beddelid laba af, turjimid.
**translucent** *(traansluusant) adj.* If yar gudbiya.
**transmit** *(traansmit) v.* Dirid, sida war dirid, tebin, la tebiyo.
**tranparent** *(traanseerant) adj.* If gudbiya, if tebiya.
**transplant** *(traansplaant) v., n.* Abqaalid (beerta ama dhir); ku beddelid xubin jidka qof ka mid ah mid kale: He had a heart transplant.
**transport** *(traanspoot) v., n.* Daadgurayn; gaadiid.
**trap** *(trap) n.* Dabin.
**travail** *(trafeyl) n.* Hawl adag oo xannuun leh; xanuunka umilidda (markay naagtu dhalayso) xanafta foosha.
**travel** *(traafal) v.* Socdaal, socdaalid.
**traverse** *(travees) v.* Dhex marid, ka gudbid, ka gudgudbid.
**tray** *(trey) n.* Masaf, shay balaadhan oo alaabta fudud lagu qaado.
**treacherous** *(trejaras) adj.* Khiyaamayn leh, daacad la'aan, aan la isku aamini karin, khatar ah: The mountain has treacherous slopes.
**treasure** *(tresha) n.* Qaniimad; shay ama qof qiimo weyn leh.
**treasurer** *(treshara) n.* Qofka lacagta ilaasha ama xafida.
**treasury** *(treshari) n.* 1. Dakhliga dawladda. 2. Meesha dakhliga iyo kharashka dawladda laga maamulo. 3. (Ingiriiska) Wasaaradda maaliyadda.

**treat** *(triit) v.* La macaamilid, ula macaamilid.
**treat** *(triit) v.* Megdin, xoolayn: to treat (cure) skin or hide.
**treaty** *(triiti) n.* Heshiis.
**tree** *(trii) n.* Geed.
**tremble** *(trembal) v.* Gariirid, kurbasho (jidhka).
**tremendous** *(trimendas) adj.* Weyn, xoog badan.
**tremor** *(trema) n.* Ruxan, lulan; dhul-gariir yar.
**trench** *(trenj) n.* Saaqiyad, mooska biyaha daadka layskaga gudbo, moos magaalo ama calqad lagu wareejo.
**tress** *(tres) n.* Timaha dumarka.
**trial** *(traayal) n.* Tijaabo.
**triangle** *(traayangal) n.* Saddex xagal, saddex geesood.
**tribe** *(trayb) n.* Qabiil, qabiilo, qolo.
**trick** *(trik) n.* Khiyaanno, khiyaamo.
**trickle** *(trikal) v.* Qulqulid, is jiidanaysa.
**tricycle** *(traysikal) n.* Baaskiilad saddex shaag leh (bushkileyti).
**trigger** *(triga) n.* Keebka qoriga ama banduqa.
**trigonometry** *(triganomitri) n.* Nooc cilmiga xisaabta ka mid ah.
**trim** *(trim) adj.*Habaysan, nidaamsan; caafimaad qaba.
**trip** *(trip) n.* Socdaal.
**tripe** *(trayp) n.* Caloosha xoolaha qaybteeda la cuno.
**triplet** *(triplit) n.* Saadex carruur ah oo mar hooyo keliyi wada dhasho.
**trivet** *(trifit)* n. Dhardhaaro.
**troop** (truup) n. Koox ciidan ah.
**tropic** *(tropik) n.* Kulaalle.
**tropical** *(tropikal) adj.* Kullaaleyaasha u dhexeeya, kulul.
**trot** *(trot) v.* Guclayn (orod guclo ah).
**trouble** *(trabal) v.* Arbushid, la arbusho, dhibaatayn.
**troublesome** *(trabalsam) adj.* Rabshoole ah, qalqaalnimo ah.
**trough** *(trof) n.* Weelka xoolaha lagu waraabiyo.
**trousers** *(trawsas) n.* Surwaal.
**trowel** *(trawal) n.* Malqacadda ama qaadada sibidhka lagu qaado ee wax lagu dhiso.
**truck** *(trak) n.* Baabuur xamuul qaada.
**true** *(truu) adj.* Run ah.
**truncheon** *(tranjan) n.* Budh gaaban sida kan askarta oo kale.

**trunk** *(trank) n.* Jiridda geedka, maroodiga gacankiisa; jidhka qofka inta gacmaha iyo addimada u dhaxaysa.
**trust** *(trast) n.* Kalsooni, aamin, aaminid.
**truth** *(truuth) n.* Run.
**try** *(tray) v.* Tijaabin, isku dayid.
**tsetsefly** *(tetsifalay) n.* Dhuug (dukhsi qaniina lo'da, geela, iwm.).
**tube** *(tyuub) n.* Tuubo, tuunbo, dhuun; tareen.
**tuberculosis** (tyuubeekyulowsis) n. Qaaxo, cudur feedhaha ku dhaca.
**Tuesday** *(tyuzdey) n.* Salaasa, Talaada, maalin ka mida maalmaha.
**tug** *(tag) v. Soo* dhufasho, soo jiidis xoog ah.
**tumble** *(tambal) v.* Ka soo dhicid ama soo ridid si qaab daran.
**tumescent** *(tyuumesant) adj.* Bararan, bararid.
**tune** *(tyuun) n., v*. Naqamad; naqamad u samayn; **in tune** *n.* isla helid cod iyo muusig; **out of tune** *n.* dhabqin.
**turban** *(teeban) n.* Cimaamad.
**turn** *(teen) v., n.* Weecin, jeedin, leexin; laab (dariiq).
**turn** *(teen) n.* Kal, xilligaagii, fursad: It is your turn.
**tusk** *(task) n.* Fool dheer, sida foolka maroodiga ama ka doofaarka iyo wiyisha.
**tutor** *(tyuuta) n.* Macallin gaar ah.
**twaddle** *(twodal) n.* Hadal doqonimo, hadal nacasnimo, is la weyni hadal ama qoraal.
**twelfth** *(twelifth) adj., n.* Laba iyo tobnaad.
**twelve** *(twelif) adj., n.* Laba iyo toban.
**twice** *(tways) adj.* Laba jeer.
**twilight** *(twaylayt) n.* Shaac, shucaac sida kan marka qorraxdu soo baxayso; muddada qof xoogiisa jidh iyo awoodisa kaleba sii liciifayaan ama yaraanayaan.
**twin** *(twin) n.* Qofka mataanka ah.
**twinkle** *(twinkal) v.* Iftiin mar yaraanaya marna weynaanaaya.
**twist** *(twist) v.* Duubid, marid, marmarid.
**two** *(tuu) adj.* Laba.
**tympanum** *(timpaanam) n.* Dhegta dhexdeeda, dhegta gudaheeda; xuubka dhegta.
**type** *(tayp) n.* Nooc.
**type** *(tayp) v*. Teebgareyn, mishiin wax ku qorid.

**typhoid** *(tayfooyd) n.* Xanuun ku dhaca xiidmaha oo shuban keena.
**typhus** *(tayfas) n.* Xanuun, cudur ama jiro xummad badan iyo daciifin leh.
**tyranny** *(tirani) n.* Xukun caddaalad daro oo dhib iyo caddaadis badan.
**tyrant** *(tayrant) n.* Qofka caddaalad daro, caddaadis iyo dil wax ku xukuma.
**tyre** *(taaya) n.* Shaag.

# U

**udder** *(ada) n.* Candhada Xoolaha.
**ugly** *(agli) adj.* Fool xun.
**uglify** *(aglifay) v.* Fool xumayn, la fool xumeeyo.
**ulterior** *(altiiriya) adj.* Ka danbeeya (macanaha ama ujeeddada ka dambeysa), inta muuqata ka danbeeya.
**ultimate** *(altimeyt) adj.* Ugu danbayn; kama dambayn.
**ultimatum** *(altimeytam) n.* Go'aanka ugu dambeeya, digniinta ugu danbaysa.
**umbilical** *(ambilikal) adj.* Saameeya ama u eg xundhurta.
**umbilical cord** *(ambilikal kood) n.* Xundhurta.
**umbrage** *(ambrij) n.* Cadho, gef ka xumi.
**umbrella** *(ambrela) n.* Dallad, dalaayad.
**unable** *(aneybal) adj.* Aan kari karayn, la kari karin.
**unaccustomed** *(an-akastamid) adj.* Aan loo baran, aan loo caadaysan.
**unadvised** *(an-adfaysid) adj.* Aan waansanayan, aan laga tashan.
**unalloyed** *(an-alooyd) adj.* Saafi ah, waxba lagu darin (macdantoo kale).
**unalterably** *(anoltarabli) adj.* Aan la beddeli karin.
**unanimous** *(yuunanimas) adj.* Tageerid buuxda, la isku wada raacay.
**unanswerable** *(an-aansarabal) adj.* Aan laga jawaabi karin.
**unanswered** *(anaansad) adj.* Aan laga jawaabin.
**unapproachable** *(anaaprowjabal) adj.* Aan loo dhowaan karin.
**unarmed** *(anaamid) adj.* Aan hub sidan, aan hubaysnayn.
**unasked** *(anaaskid) adj.* Aan la weydiisan, aan loo baahnayn.
**unattached** *(an-ataajit) adj.* Aan cid ama wax ku xidhnayn; aan guursan ama la qabin.
**unattended** *(anatendid) adj.* Aan ka soo qayb gelin; aan ciddi ilaalin, baylah.
**unavoidable** *(anafooydabal) adj.* Aan laga fursan karin.
**unaware** *(anawee) adj.* Aan ogeyn.
**unbalanced** *(anbaalansid) adj.* Aan caadi ahayn (dadka, maskaxda); aan isu dheeli tirnayn.
**unbearably** *(anbeerabli) adv.* Aan loo adkaysan karin.
**unbounded** *(anbawndid) adj.* Aan xad lahayn.

**unbeliever** *(anbilifa) n.* Qofka aan Ilaahay rumaysnayn.
**unbuttoned** *(anbatanid) adj.* Aanay badhamadu u xidhnayn.
**uncalled** *(ankoolid) adj.* Aan loo baahnayn.
**uncared for** *(ankeed-foo) adj.* Aan la xannaanayn.
**uncertain** *(anseetan) adj.* Aan la hubin.
**uncivil** *(ansifil) adj.* Aan edeb lahayn.
**unclad** *(anklad) adj.* Qaawan.
**uncle** *(ankal) n.* Adeer. abti.
**unclean** *(ankliin) adj.* Nijaas, nadiif maaha, nijaas ah.
**uncoloured** *(ankalad) adj.* Aan la buunbuunin, aan lagu dar-darin.
**uncommon** *(ankoman) adj.* Aan caadi ahayn; aan badanaa la arag ama la helin.
**unconcerned** *(ankanseenid) adj.* Aan khusayn, aan muraad ka la hayn.
**unconditional** *(ankandishanal) adj.* Aan sabab loo yeelin.
**unconscionable** *(ankonshanabal) adj.* Aan mabda' lahayn: an unconscionable rogue; xad-dhaaf ah, loo miiyaan deyin: he is always making unconscionable demands.
**unconsidered** *(ankonsidad) adj.* Aan loo fiirsan, aan laga fiirsan.
**uncouth** *(ankuuth) adj.* Aan akhlaaq lahayn, edab lahayn.
**uncover** *(ankafa) v.* Dabool ka qaadid, aan daboolnayn, daaha ka qaaddid.
**uncrowned** *(ankaraqnid) adj.* Aan la boqrin, lama boqrin, lama caleema saarin.
**undecided** *(andisaydid) adj.* Aan weli go'aan qaadan, weli ka fekaraya.
**undeniable** *(andinayabal) adj.* Aan la dafiri karin.
**under** *(anda) prep., adv.* Hoos, xagga hoose.
**underact** *(andarakt) v.* Aan sidii la rabay loo jilin.
**under-current** *(andakarant) n.* Mowjad aan dusha ka muuqan laakin hoosta maraysa.
**under-dog** *(andadog) n.* Qof nolol xun ku nool; qofka laga guuleystey.
**under-done** *(andadan) adj.* Aan aad u karsanayn (gaar ahaan, hilibka), aad u bislayn.
**under-fed** *(andafed) adj.* Aan cunto ku filan helin, aan nafoqaysnayn.
**under foot** *(andafut) adj.* Cagta hoosteeda.

**undergraduate** *(andagraajuuwit) n.* Qofka jaamicadda ku jira ee aan qaadan shahaadadii uu jaamacadda kaga qalin jebin lahaa ee hore.

**underground** *(andagrawnd) adv.* Dulka hoostiisa: underground water.

**underhand** *(andahaand) adj. adv.* Si khiyaamo ah, si qarsoodiya.

**underlie** *(andalay) v.* Hoos jiifsasho.

**underline** *(andalayn) v.* Ku xoogsi ama ku nuux-nuuxsi hadal.

**underling** *(andaling) n..*Qofka qof kale ka hoos shaqeeya; daba-dhilif qof kale u ah.

**undermentioned** *(andamenshanid) adj.* Hoos lagu sheegay, sida aan hoos ku sheegi doono.

**undermine** *(andamayn) v.* 1. Hoos ka cunid ama diciifin (sida baddu ama biyo soconayaa gidaar u galaan. 2. Hoos ka liciifin: he undermines her confidence with his insulting statements.

**underpopulated** *(andapopyuleytid) adj.* Dad yaraan, marka loo eego dhulka weynidiisa ama khayraadkiisa.

**underproduction** *(andapradakshan) n.* Wax soo saar yarid, intii la kari lahaa aan soo saarin.

**undersigned** *(andasaynid) adj.* Hoos ku saxeesan.

**understand** *(andarstand) v.* Garasho, fahmid, la garto.

**undertaker** *(andateykar) n.* Qofka dad dhintay xabaalista u diyaarsha, aasana.

**undervest** *(andafest) n.* Garanka, garan.

**underwear** *(andawee) n.* Dharka hoosta laga xidho sida garanka, nigiska, qafaasada, googoradda, iwm.

**undo** *(anduu) v.* Furfurid.

**undoing** *(anduuwing) n.* Sabab u noqoshada xumaanta qof ama mansab sare ka soo dhiciisa.

**undomesticated** *(andamestikeytid) adj.* Aan la rabayn.

**undoubted** *(andawtid) adj.* Aan shaki lahayn, run ah.

**undying** *(andaying) adj.* Aan dhimanayn, ma guuraan.

**uneasy** *(aniizi) adj.* Raaxo lahayn, aan debecsanayn.

**uneconomic** *(anekonomik) adj.* Aan dhaqaalo ku fadhiyin, aan macaash keenayn.

**unemployment** *(animplooyment) n.* Shaqo la'aan.
**unending** *(anending) adj.* Aan dhammaanayn.
**uneven** *(aniifan) adj.* Aan isku sinayn.
**unexampled** *(anigsaampald) adj.* Aan tusaale la mid ahi jirin.
**unfair** *(anfee) adj.* Aan xaq ahayn, xaq maaha.
**unfaithful** *(anfeythful) adj.* Aan u daacad ahayn.
**unfamiliar** *(anfamiliya) adj.* Aan la aqoon, caan maaha.
**unfathomable** *(anfaathamabal) adj.* Aan guntiisa la gaadhin.
**unfeeling** *(anfiiling) adj.* Aan dareen lahayn, aan naxariis lahayn
**unfit** *(anfit) adj.* Aan u qalmin, uma qalanto ama qalmo.
**unfounded** (anfawndid) adj. Aan aasaas lahayn.
**unfurnished** *(anfeenishid) adj.* Aan gogol lahayn (guryaha).
**ungovernable** *(angafanabal) adj.* Aan la xukumi karin.
**unheard of** *(anheed-of) adj.* Aan hore loo aqoon: an unheard of singer, an unheard of species of snake, and unheard of situation.
**uniform** *(yuunifoom) adj., n.* Isku mid, aan bed-beddelayn; yunifoom.
**unify** *(yuunifay) v.* Midayn.
**unimpeachable** *(animpiijabal) adj.* Aan su'aal laga soo celin karin, aan laga shakiyi karin.
**union** *(yuuniyan) n.* Isutag, urur, midow.
**unique** *(yuuniik) adj.* Keli, gaar, aan wax u dhimaa jirin.
**unit** *(yuunit) n.* 1. Shay kelidii ah oo isu dhan.
2. Koox wax weyn ka mid ah.
**unite** *(yuunayt) v.* Ururid, isutegid.
**unity** *(yuuniti) n.* Midnimo.
**universe** *(yuunifees) n.* Caalam, kown.
**university** *(yuunifeesiti) n.* Jaamacad.
**unless** *(anles) conj.* Haddii, ilaa iyo.
**unlettered** *(anletad) adj.* Aan tacliin lahayn, aan baran waxba.
**unload** *(anlowd) v.* Ka rogid, rar-ka-dhigid.
**unlooked for** *(anlukt-foo) adj.* Aan la filayn, aan loo diyaargaroobin.
**unmatchable** *(anmaajabal) adj.* Aan lays le'ekaysiin karin.

**unmentionable** *(anmenshnabal) adj.* Aan laga sheekayn karin, xumaan awgeed.
**unmistakable** *(an-misteykabal) adj.* Aan lagu khaldami karin.
**unnatural** *(an-naajaral) adj.* Aan caadi ahayn, dabiici maaha.
**unnumbered** *(an-nambard) adj.* Ka badan wax la tirin karo, aan la tirin.
**unparalleled** *(anpaaraleld) adj.* Aan barbarro ahayn, aan wax u dhigma lahayn.
**unprecedented** *(an-presidantid) adj.* Aan hore loo aqoon, aan hore u dhicin.
**unprejudiced** *(anprejudisid) adj.* Aan eexan, dhexdhexaad ah.
**unprivileged** *(anprifilijd) adj.* Faqiir, dabaqadda ugu hoosaysa.
**unquestionable** *(ankwesh-anabul) adj.* Ka fog in laga shakiyo, run ah.
**unquestioned** *(ankweshand) adj.* Aan dood laga keenin.
**unravel** *(anraafal) v.* Faqid; soo saarid, xallin.
**unreasoning** *(anriizning ) adj.* Aan sabab lahayn, aan laga fakerin, aan caqli ku fadhiyin.
**unrest** *(anrest) n.* Aan degganayn, qalaq.
**unsay** *(ansey) v.* Ka Noqofho wax aad hor u tidhi.
**unseat** *(ansiit) v.* Xafiis ka qaadid, kursi ka qaadid.
**unseen** *(ansiin) adj.* Aan la arkayn, aan muuqan.
**unsettle** *(ansetal) v.* Ka beddelid meeshii u hore u deganaa, aan degin, aan la dejin; welwel gelin, arbushid (maskaxda).
**unsettled** *(ansetalid) adj.* Welwelsan, yoolyoolsan.
**unsightly** *(ansaaytli) adj.* Indhaha u daran.
**unspeakable** *(anspiikabal) adj.* Aan laga hadli karin, aan hadal lagu soo koobi karin (xumaan awgeed).
**unswerving** *(answeefing) adj.* Aan weecweecanayn, toos ah, aan is bedbedelin.
**unthinking** *(anthinking) adj.* Aan fekerin, aan maskax lahayn.
**until** *(antil) prep., conj.* Weli, ilaa iyo markay.
**untimely** *(antaaymli) adj.* Dhaca ama yimnaada waqti ama millay kahalad ah, ama aan loo baahaayn.
**untold** *(antowld) adj.* Aan la tirin karin, aan la soo koobi kaarin: untold brutality.

**untouchable** *(antajabal) adj.* Aan cay loo hayn, aan la dhaleecayn karin.
**untouchable** *(antajabal) n.* Qof ka mid ah dabaqadda la yaso ee Hindiya.
**untruth** *(antruuth) n.* Hadal aan run ahayn.
**untutored** *(antyuutad) adj.* Aan waxba aqoon, aan waxba barin.
**unwritten** (anritan) adj. Aan la qorin.
**up** (ap) adv., prep., v. Sare, kore.
**upbringing** *(abringing) n.* Barbaarin.
**update** *(apdeyt) v.* Soo gaadhsiin ama ku fadhiisin waqtiga am maalinta la joogo: to update a report.
**upgrade** *(apgreyd) v.* Kor u qaadid, dallacsiin.
**upheaval** *(aphiifal) n.* Is-beddel weyn oo degdeg ah, oo bulshada rabsho ku abuura.
**uphill** *(aphil) adj.* Dalcad, tiiro, jiiro, kor u bax leh; hawl adag u baahan xallin dedaal leh: an uphill struggle.
**upholster** *(aphowlasta) v.* Sharixid, marka qolka la dhigo kuraasta, daahyada, muunadda, iwm.
**upkeep** *(apkiip) n.* Dedaal iyo dayactir joogto ah; kharashka joogtada ah ee guriga (reerka).
**upper** *(apa) adj.* Sare.
upright (aprayt) adj. Qumman, taagan.
**uprising** *(aprayzing) n.* Ku kicitaan (ka dhiidhiyid).
**uproar** *(aproo) n.* Buuq iyo qaylo.
**uproot** *(apruut) v.* Rujin, xidid u saarid, xidid u siibid.
**upset** *(apset) v.* Qallibid, fadqalalayn.
**upside-down** *(apsaydown) adv.* Xagga kale u rogid, qallibaad (madax manjo u celin).
**upstairs** *(apisteez) n.* Dabaqa sarreeya.
**upstanding** (*apistaanding) adj.* Caafimaad-qab, kor isu taagid.
**upstart** *(apstaat) n.* Qof ama koox si dhaqso ah awood siyaasadeed ama maal (hanti) u hesha.
**up-to-date** *(aptadeyt) adj.* Wakhtiga la socda, casri.
**upturn** *(apteen) n.* Sare u jiidid kor u jeedin; horumar cafimaad ama dhaqaale.
**upward** *(apwad) adj.* Cir-u-bixid, sare u dirid, xagga kore.
**uranium** *(yuureyniyam) n.* Macdanta laga sameeyo qumbuladurriya, macdanta laga sameeyo quwadda nukliyar.

**urban** *(eeban) adj.* Reer magaal.
**urbane** *(eebeyn) adj.* Dabeecad fiican, dhaqan wanaagsan.
**urchin** *(eejin) n.* Ciyaale suuq.
**urgent** *(eejant) adj.* Deg-deg.
**urine** *(yuwarin) n.* Kaadi, kaadida.
**urinate** *(yuwarineyt) v.* Kaadi, kaadiyid; kaadi sii deyn.
**us** *(az) pron.* Annaga.
**usage** *(yuusij) n.* Sida wax loo isticmaalo, hab wax loo isticmaalo, isticmaalid.
**use** *(yuuz) v.* Isticmaalid, isticmaal, ka faa'iideyn.
**usher** *(asha) n.* Soo dhoweynta dadka gelaya riwaayadaha, siniimada, iwm.; qofka hawshaa qabta.
**usual** *(yuushuuwal) adj.* Caadi.
**usurp** *(yuuseep) v.* Xukun boobid.
**utensil** *(yuutensil) n.* Maacuun, qalabka weelka ah ee guriga.
**uterus** *(yuutaras) n.* Ilma-galeenka dumarka.
**utilize** *(yuutilayz) v.* Ka faa'iidaysi, isticmaalid.
**utmost** *(atmowst) adj.* Ugu fog, ugu shisheysa.
**Utopia** *(yuutowpiya) n.* Dal ama nolol khayaali ah oo barwaaqo iyo raaxo leh.
**utter** *(ata) v., adj.* Dhihid (hadal, jabaq); hadlid: do not utter a sound; ugu fog kaamil ah: the utter limits of the Republic; utter rubbish.
**uvula** *(yuufuula) n.* Hilib-dalqe.
**uxorious** *(aksooriyas) adj.* Naagtiisa aad u jecel ama aad moodid in ay u taliso.

# V

**vacancy** *(feykansi) n.* Jago bannaan, meel madhan.
**vacant** *(feykant) adj.* Madhan, bannaan.
**vacate** (feykeyt) v. Faaruqin, madhin.
**vacation** *(feykeyshan) n.* Fasax, shaqo ka nasasho.
**vaccinate** *(faaksineyt) v.* Tallaalid (sida tallaalka furuqa, daacuunka, iwm.).
**vacuum** *(faakyuum) n.* Meel aan hawo ku jirin, meel ka madhan hawo.
**vagabond** *(faagabond) n.* Qof aan lahayn meel loogu soo hagaago oo uu ku nool yahay; qof shaqo la'aan warwareegaya ama dawersi ku nool.
**vague** *(feyg) adj.* Aan qeexnayn.
**valiant** *(falyant) adj.* Geesi ah.
**valid** *(falid) adj.* Inta ay wax anfacoodu sugan yihiin; sharci ku fadhiyo.
**valuable** *(falyuabal) adj.* Qiimo leh, anfac leh.
**value** *(falyuu) n.* Qiime.
**valve** *(faalf) n.* Af yar oo wax maraan oo marna xidhma marna furma.
**vandal** *(faandal) n.* Qof hanti qof ama qaran ogaan u burburiya ama u *dumiya.*
**vanish** *(faanish) v.* Libdhid.
**vapid** *(feypis) adj.* Dhadhan lahayn; aan quwad ama dareen lahayn.
**vapour** *(feypa) n.* Uumi, bukhaar.
**variable** *(feeriyabal) adj.* Is-gedgeddiyaya, la beddeli karo, isbedbeddeli kara.
**variation** *(feeriyeyshan) n.* Bedbeddelis, gedgeddis.
**varicoloured** *(feerikalad) adj.* Midab kala geddisan.
**variety** *(farayati) n.* Noocyo.
**various** *(feeriyas) adj.* Kala jaadjaad ah.
**vary** (feeri) v. Kala duduwid, kala bedbeddelid, kala gedgeddin.
**vast** *(faast) adj.* Baaxad leh, aad u weyn.
**vegetable** *(fejitabal) n.* Khudrad, khudaar, sida: baradho, biin, kaabash, dabacase (noocyada la karsho).
**vegetarian** *(fejiteeriyan) n.* Qofka aan hilibka cunin.
**vehicle** *(fii-ikal) n.* Baabuur.
**velocity** *(filositi) n.* Kaynaan.
**vernerate** *(fenareyt) v.* Loo tixgeliyo si ixtiraam qoto dheer leh.

**venereal** *(finiyeriyal) adj.* Ay keento isu galmadu (sida cudurrada laga qaado isu tagga ragga iyo dumarka).
**vengeance** *(fenjanis) n.* Aar goosi, ka aar goosi.
**venison** *(fanisan) n.* Cadka ama hilibka ugaadha (sida deerada).
**ventilate** *(fentileyt) v.* Hawo siin, hawo u furid.
**veracious** *(fareyshas) adj.* Run ah, run badan.
**veranda(h)** *(faraanda) n.* Barandaha aqalka hortiisa ama bersedda.
**verb** *(feeb) n.* Fal (naxwe).
**verify** *(ferifaay) v.* Caddayso, la caddeeyo (runta, siday qax u dhaceen).
**verily** *(ferili) adv.* Run ahaan, dhabtii.
**versatile** *(feesatayl) adj.* Siyaabo badan loo isticmaali kar, hawlo badan qaban kara: <u>a versatile person</u>.
**verse** *(fees) n.* Bayt (gabay) ama aayad (Quraan).
**vertebra** *(feetibra) n.* Lafaha dhabarka (ee is-haysta) mid ah.
**vertical** *(feetikal) adj.* Qumman, kor u qumman.
**very** *(feri) adv.* Aad, si aad ah.
**vessel** *(fesal) n.* Weel; markab ama dooni weyn, marinnada dhiigga, xididdada dhiiggu maro.
**vestige** *(festij) n.* Raad yar oo la raaco.
**veto** *(fiitow) n.* Diidmada qayaxaan (codka ay dawladaha waaweyni awoodda u leeyihiin).
**vex** *(fekes) v.* Ka cadhaysiin.
**via** *(fiya/faya) prep.* Loo sii maro: <u>I am going to Djibouti via Addis Ababa</u>.
**viable** *(faayabal) adj.* Jiri kara, waari kara, is wadi kara.
**vial** *(faayal) n.* Dhalo yar (oo lagu shubo dawooyinka, iwm. dareere ah).
**vibrate** *(faaybareyt) v.* Ka gariirin.
**vibration** *(faaybreyshan) n.* Gariir.
**vice** *(faays) n.* Dhanka kale, ku xigeen (derejo) maamul, qalab laba daan leh oo xooggan oo lagu qabto waxa laga shaqo qabanayo.
**vicinity** *(fisiniti) n.* Isku dhowaansho, jiiraan.
**victim** *(fiktim) n.* Nafley (neef) sadaqo ahaan loo dilo; qofka dhaawac ama dhimasho soo gaadho; qofka la khiyaameeyey.
**victory** *(fiktari) n.* Guul.

**video** *(fidiyow) n.* Raadiyaha layska arko; telifiishan.
**view** *(fiyuu) n.* Aragti, ra'yi.
**vigorous** *(figaras) adj.* Xooggan, tamar leh, dhaqdhaqaaq iyo sharaarad leh.
**villa** *(fila) n.* Guri kelidii ah oo deyr ku wareegsan yahay.
**village** *(filij) n.* Tuulo, xaafad.
**vim** *(fim) n.* Tamar, nolol dhaqdhaqaaq.
**vinegar** *(finiga) n.* Khal.
**violate** *(fayaleyt) v.* Sharci jebin ama ku xadgudbin sharci.
**virago** *(firaagow) n.* Naag xun oo qaylo badan, naag dabeecad xun.
**virgin** *(feejin) n., adj.* Gashaanti (gabar); dihin aan la isticmaalin: virgin land.
**virus** *(faayras) n.* Wax sun ah oo dhaliya fiditaanka cudurrada faafa.
**vis-a-vis** *(fisafii) adv., prep.* Iska soo horjeeda, is wejahaya.
**visible** *(fisibal) adj.* La arki karo, muuqda.
**vision** *(fishan) n.* Quwadda ama awoodda aragga ama malaynta.
**visit** *(fisit) n.* Booqasho, siyaaro.
**visual** *(fisyuwal) adj.* Ku saabsan ama lagu isticmaalo araga.
**vital** *(faaytal) adj.* Nololeed, ku xiran oo lagama maarmaan u ah nolosha; aad muhim u ah.
**vitamin** *(faaytamin/fitamin) n.* Fiitamiin.
**vitiate** *(fishiyeyt) v.* Hoos u dhigid, daciifin wanaagii qof ama shay.
**vitrify** *(fitrifaay) v.* Loo beddelo side qaruuradda oo kale ah.
**vitriol** *(fitriyool) n.* Hadal uur-xumo ka muuqdo.
**vituperate** *(fityuuparwyt) v.* Caytan, af-xumayn.
**vivacious** *(fifeyshas) adj.* Nolol iyo farxadi ka muuqato.
**vixen** *(fiksan) n.* Dawacada dheddig, naag coon ah, dabeecad xun.
**vizier** *(fisiye) n.* Sarkaal darajo sare ka haya dalalka muslinka qaarkood.
**vocabulary** *(fakaabyulari) n.* Erayo ku liis garaysan buug; erayo la barto.
**vociferate** *(fowsifareyt) v.* Kor u dhawaaqid; qaylin.
**vodka** *(fodka) n.* Cabitaan alkool leh oo Ruushka laga isticmaalo.
**voice** *(foys) n.* Cod.
**void** *(foyd) adj.* Madhan, bannaan.

**voile** *(foyl) n.* Hu' la xidho oo khafiif ah.
**volcano** *(folkeynow) n.* Meelaha dhulka dillaaca ee qarax, qaac iyo milan dhagax yeesha.
**volley ball** *(folibool) n.* Kubbadda shabaqa laga laliyo.
**volt** *(fowlt) n.* Halbeeg lagu qiyaaso daafada korontada (voltage).
**voluble** *(folyubal) adj.* Hadalku u sahlan yahay, hadal badan.
**volume** *(folyum)* n. Mug; heerka dhawaaqa ama codka; qayb (buugta).
**volunteer** *(folantiiye) n.* Naftii hure; qofka hawl nutadawac qabta.
**vomit** *(fomit) v., n.* Matag, matagid, hunqaacid, mantag.
**voracious** *(fareyshas) adj.* Aad u gaajoonaya ama hunguri weyn; wax aad u jecel.
**vote** *(fowt) n., v.* Cod-bixin.
**voucher** *(fawja)* n. Xaashida lagu baxsho (lagu sameeyo) lacag-bixinta (mushaaro).
**vow** *(fow) n., v.* Cahdi, wacad adag (nidar); ballan qaad, axdi gal.
**vowel** *(fawal) n.* Shaqallada (af-Ingiriisi: a,e,i,o,u).
**voyage** *(foyij) n.* Safar dheer oo badda la maro.
**vulcanite** *(falkanaayt) n.* Balaastig, balaastig laga sameeyo rabar iyo salfar (curiye).
**vulgar** *(falga) adj.* Dooq xumo iyo dhaqan xumo leh: he behaves in a vulgar manner; he uses vulgar language.
**vulnerable** *(falnarabal) adj.* Hawl yare u qoonmi kara ama u dhaawacmi kara (jidh ahaan ama maskax ahaan).
**vulture** *(falja) n.* Gorgor.

# W

**waddle** *(wodal) v.* Ku socod tallaabo gaaban oo lulmis leh
**waffle** *(wofal) v.* Hadlid dheer oo aan ujeedadiisa la garan.
**wage** *(weyj) n.* Lacagta toddobaad ama maalin walba la qaato.
**waggon** *(waagan) n.* Baabuur carabi (ama tareen yar) oo balka dhuxusha, iwm., lagu qaado.
**waif** *(weyf) n.* Dibjir, qof aan hooy lahayn (siiba carruurta); baadi.
**waist** *(weyst) n.* Dhexda jidhka; feeraha iyo miskaha inta dhex ah.
**wait** *(weyt) v.* Sugid, la sugo, aad sugtid.
**wake** *(weyk) n.* Toosid, toosin, hurdo ka kicin.
**walk** *(wook) v., n.* Socod, lugo ku socod; socdaalka la lugeeyo.
**walk out** *(wook awt) v.* Shaqo ka bixid (diidid), istarayk..
**wall** *(wool) n.* Derbi, gidaar.
**wallet** *(wolit) n.* Kiishad yar oo jeebka lagu ridan karo.
**wander** *(wonda) v.* Warwareegga ama guurguuridda aan u jeeddo lahayn; ambasho.
**want** *(wont) v., n.* Doonid; u baahnaan; baahi.
**ward** *(wood) n.* Ilaalin, qayb ama qol gooni ah oo jeel ama isbitaalka ah.
**warden** *(woodan) n.* Ilaaliyaha xabsiga.
**wardrobe** *(woodrowb)* Kabadh ama armaajo lagu gurto dharka oo khaanado leh.
**warm** *(woom) adj.* Diirran.
**warn** *(woon) v.* U digid, ka digid ama ka waanin.
**warrant** *(worant) n.* Caddeyn ama awood, amar qoraal ah oo awood kuu siinaya wax.
**warrior** *(woriya) n.* Dagaalyahan.
**was** *(woz) v.* ...ahaa, wuxuu ahaa.
**wash** *(wosh) v.* Maydhid, dhaqis.
**washer** *(wosha) n.* Mishiinka dharka lagu dhaqo, carrab ama rabar yar ama saan yar oo boolka ama meel la xidhayo lagu adkeeyo, lingax.
**waste** *(weyst) adj.* Tuuris, aan qiimo lahayn.
**waste** *(weyst) n.* Qashin, wax tuuris ah, khasaare.
**wastrel** *(weystral) n.* Qofka aan waxba ku wanaagsanayn; wofka wax walba kasaareeya.

**watch** *(woj) v., n.* Indho ku hayn, eegid, ilaalin; saacad.
**water** *(woota) n., v.* Biyo; waraabin.
**water-bottle** *(wootabotol) n.* Dhalada weyn ee biyaha lagu shubto; weyso.
**water-closet (W.C.)** *(woota-klosat) n.* Qolka yar ee musqusha ah ee biyaha leh.
**watery** *(wootari) adj.* Biyo ah, biyo-biyo ah, biyo leh, badhax.
**watt** *(wot) n.* Halbeeg lagu cabbiro qiyaasta quwadda korontada.
**wave** *(weyf) v., n.* Lulid; mawjad, hir (mawjad).
**wax** *(waaks) n.* Xayd, laxda shinidu malabka ka samayso.
**way** *(wey) n.* Waddo, jid, marin.
**we** *(wii) pron.* Annaga.
**weak** *(wiik) adj.* Tamar-daran, daciif ah.
**wealth** *(welth) n.* Hanti, qaniimad.
**weapon** *(wepan) n.* Hub, qalabka lagu dagaal galo.
**wear** *(wee) v.* Xidhasho (dharka, iwm.); duugoobid.
**weary** *(wiyeri) adj.* Daalan, tacbaan.
**weather** *(wetha) n.* Jawiga (nooca ama qayb cimilada ka mid ah).
**weave** *(wiif) v.* Sameynta dharka.
**wedding** *(weding) n.* Aroos.
**wedlock** *(wedlok) n.* Meher, nikaax (is-guuris).
**Wednesday** *(wensdi) n.* Arbaco, maalinta Arbaco.
**weed** *(wiid) n., v.* Haramo (qashinka beerta ama dhirta ka hoos baxa); haramayn.
**weed out** *(wiid awt) v.* Ka saarid ama eryis ciddii aan la rabin ama xun: <u>to weed out troublesome members from the organisation</u>.
**week** *(wiik) n.* Toddobaad.
**weep** *(wiip) v.* Oohin, ilmayn.
**weigh** *(wey) v.* Miisaanid (qiyaasid culeys); ka fiirsasho, rogrogid arrin.
**weigh anchor** *(wey anka) v.* (Markab) barowsin qaadasho.
**weight** *(weyt) n.* Culays, miisaan.
**welcome** *(welcam) adj.* Soodhawayn, qaabilaad farxad leh.
**welcome** *(welkam) v.* Si faraxadi ku jirto u qaabilid, ama u soo dhoweyn.
**welcome** *(welkam) n.* Soodhoweyn.
**weld** *(weld) v.* Alxamid.

**welfare** *(welfee) n.* Xaaladda caafimaad wanaag, nolol raaxo, shaqo iyo barwaaqo leh.
**welfare state** *(welfee steyt) n.* Hab dal (qaran) oo dawladdu andoqaado nolosha iyo caafimaadka dadka.
**well** *(wel) n.* Ceel, fiican, hagaagsan.
**west** *(west) n.* Galbeed (jiho), qorrax u dhac.
**western** *(westan) adj.* Xagga galbeed, ee galbeed.
**wet** *(wet) adj.* Qoyan.
**wether** *(wetha) n.* Wanka la dhufaanay.
**wet nurse** *(wet nees) n.* Naagta nuujisa ilmo aanay dhallin.
**whale** *(weyl) n.* Nimmiri, nibiriga badda ku nool.
**what** *(wot) adj., pron.* Maxay? Waa maxay?
**whatever** *(wotefa) adj.* Wax kasta.
**wheat** *(wiit) n.* Qammadi ama sareen.
**wheel** *(wiil) n.* Shaag, cajalad weyn.
**wheelbarrow** *(wiilbarow) n.* Kaar-yoone, gaadhi-gacmeed.
**when** *(wen) adv.* Goorma? Waqtigee? Marka.
**whence** *(wens) adv.* Halkee? Meelma? meesha.
**where** *(wee) adv.* Halkee? meeshee?
**wherever** *(weerafa) adv.* Meel kasta.
**whet** *(wet) v.* Afayn, lisis, soofayn, (mindi, gudin).
**whether** *(wetha) conj.* In aad, haddii ay.
**whey** *(wey) n.* Caanaha ciirta ah ee subaggi laga saaray, faar.
**which** *(wij) inter., adj.* Kee?
**while** *(waayl) conj.* Markii, kolkii.
**whimper** *(wimpa) v.* Ooyid sida carruurta; cabasho daciif ah.
**whip** *(wip) n., v.* Shaabuug, shaabuugayn, karbaash.
**whisper** *(wispa) n., v.* Hoos u hadlid; faqid.
**white** *(waayt)* n. Cad (midab), midab caddan ah.
**who** *(huu) inter., pron.* Kuwa? kee? Kii.
**whoever** *(huuwefa) pron.* Qofkuu doono ha ahaadee....
**whole** (howl) adj. Dhan (aan wax ka dhineyn).
**wholesale** *(hoolseyl) n., adj.* Iibinta alaabta jimlada, tafaartiiq ma aha; jumlad ahaan.
**wholesome** *(hoolsam) adj.* Caafimaad-qab keena, caafimaad wanaagsan oo buuxo keena.

**whoop** *(huup) n.* Qaylo dheer, qufacaad (codka qufaca).
**whooping-cough** *(huuping-kof) n.* Kix, cududur carruurta ku dhaca oo qufac xiiq dheer leh, xiiq.
**why** *(waay) adv.* Waayo? Sababma?
**wicked** *(wikid) adj.* Xun, aan damiir lahayn, dhiblow.
**wide** *(wayd) adj.* Ballaaran.
**widow** *(widow) n.* Carmal, naagta nimkeedii dhuntay ee aan nin kale guursan.
**width** *(widith) n.* Balac, ballaar.
**wield** *(wiild) v.* Isticmaalid (hub ama awood).
**wife** *(wayf) n.* Afo, oori, naagta la qabo.
**wild** *(wayld) adj.* Debed galeen, waxshi, duurjoog, qalqalo bad.
**willing** *(wiling) adj.* U diyaar ah caawin, raali ka ah.
**win** *(win) v.* Guuleysi, libin gaadhid.
**wind** *(wind) n.* Dabayl.
**wind** *(wind) v.* Ka daacin ilmaha yar cuntada ka bacdi si neeftu uga soo baxdo.
**wind** *(waynd) v.* Duubid; (saacad buuxin).
**wing** *(wing) n.* Baal, kan shimbiraha, dayaaradaha, iwm.
**wink** *(wink) v.* Indho bidhiqsi, sanqasho, iljebin.
**winter** *(winta) n.* Jiilaal, fasalka u dhexeeya dayrta iyo guga.
**wipe** *(wayp) v.* Masaxid (nadiifin ama qalajin).
**wipe out** *(wayp awt) v.* Dumin, baabiin ama burburin buuxda.
**wire** *(waya) n.* Xadhig dheer oo bir ah, ama dunta oo kale ah.
**wire** *(waya) v.* U dirid teligaraam.
**wireless** *(wayalas) n.* Raadiyowga.
**wisdom** *(wizdam) n.* Xigmad, abwaanimo; waayo-aragnimo la biirshey.
**wise** *(wayz) adj.* Xikmad badan, waayo-aragnimo leh, xigmaawi.
**wish** *(wish) v.* Doonid, rabid.
**wit** *(wit) n.* Hadal ama qoraal kaftan leh; qof kaftan-low ah, xikmat-low.
**witch** *(wij)* . Saaxirad, naagta saaxirka ah, falka iwm. taqaan.
**with** *(with) prep.* Ay weheliso, ay weheliyaan, iwm., uu la jiro.
**withdraw** *(withdroo) v.* Ka soo saarid; ka bixid hay'ad; ka noqosho.
**without** *(withawt) prep.* Aan lahaysan.

**withstand** *(with-staand) v.* U adkaysi.
***witness*** (witnas) n. Marag, markhaati.
**witness** *(witnas) v.* Aragtid, goobjoog ka tahay wax dhacay.
**wizard** *(wizad) n.* Saaxir.
**wolf** *(wulf) n.* Yeey, yeey bahal u eg eeyga.
**woman** *(wuman) n.* Naag, qofka weyn ee dumarka (dheddig).
**womb** *(wuum) n.* Ilma galeen.
**wonder** *(wanda) n.* Wax lala yaabo, cajiib ah.
**wonder** *(wanda) v.* La yaabid, la la tacajubo: <u>I wonder at your bad behaviour</u>.
**wonderful** *(wandaful) adj.* Yaab-badan, cajiib ah (cajaa'ib) cajab leh.
**wood** *(wud) n.* Qori, loox.
**wool** *(wul) n.* Suuf, dhogorta timaha jilicsan ee ariga.
**word** *(weed) n.* Eray.
**work** *(week) n., v.* Shaqo; shaqeyn.
**world** *(weeld) n.* Adduun, dunida.
**worm** *(weem) n.* Dirxi; qof xun oo hoos wax kuu yeela.
**worn-out** *(woon-awt) adj.* Duugoobay; (qof) daaley.
**worry** *(wari) n.* Wel-wel, walaac.
**worse** *(wees) adj.* Ka sii xun.
worship (weeship) v. Caabudaad.
**worst** *(weest) adj.* Ugu xun, xumaanta ugu heer sarreysa.
**worth** *(weeth) adj.* Leh qiime u dhigma (u qalma).
**wound** *(wuund) n.* Dhaawac, nabar; qoon qofnimadaada la gaadhsiiyey.
**wound** *(wuund) v.* Qoomid, dhaawicid.
**wrap** *(raap) v.* Duubid, shaqlid.
**wrath** *(roth) n.* Cadho weyn, cadho xun.
**wreath** *(riith) n.* Xidhmo ubax ah (goobo ah).
**wreck** *(rek) n.* 1. Markab burburay ama qarraqmay. 2. Qof dhibaato waxyeelo ku reebtaa gaadhey ama jidh ha ahaato ama maskax.
**wrest** *(rest) v.* Ka xayuubin; xoog ka qadid; dhiibaato kula soo bixid ama natiijo ka gaadhid.
**wrestle** *(resal) v.* Legdan, loolan.
**wring** *(ring) v.* Maroojin aad ah.
**wrist** *(rist) n.* Jiqinjiq, jalaqleyda, jiqinjiqo (gacanta).
**write** *(rayt) v.* Qorid, qoris, (farta xarfaha) dhigis.

**writer** *(rayta) n.* Qofka wax qora, qore.
**wrong** *(rong) adj., v.* Khalad, aan sax ahayn; xumayn, u gefid.

# X

**Xmas** *(eks-mas/kirismas) n.* abbrev.('Christmas') ciidda masiixiyadda.
**X-ray** *(eks-rey) n.* Sawir fallaar ka dusta adkaha oo waxa ku hoos jira lagu arki karo, raajito, eksrey.
**xylophone** *(zaaylafoon) n.* Aalad muusiiqada tunta.

# Y

**yatch** *(yot) n.* Dooni shiraac fudud ama mootoor leh oo beratanka (tartanka) lagu galo, markab lagu raaxaysto.
**yam** *(yaam) n.* Baradho macaan.
**yank** *(yank) v.* Soo dhufasho, ka xayuubin dhaqso ah.
**yard** *(yaad) n.* Daarada, bannaanka dhismaha hortiisa ah; waarka (qiyaas) oo la mid ah 3 fuudh.
**yawn** *(yoon) v.* Hamaansi, af kala qaad, caajis ama lulo ku hayso awgeed.
**year** *(yee) n.* Sanad, sannad.
**yearling** *(yeeling) n.* Xoolaha ay da'doodu ka dhexaysa hal ilaa labo sano, sannad ama laba jir.
**yeast** *(yiist) n.* Walax lagu isticmaalo samaynta rootiga (khamiiris), khamiir.
**yell** *(yel) v.* Qaylo dhuuban oo dheer (sida ta damqashada).
**yellow** *(yelow) n.* Hurdi, huruud ah, midab.
**yellow journalism** *(yelow jeenalisam) n.* Jaraaid caadifadda kiciya oo qoraal iyo sawir jidh-tus leh.
**yen** *(yen) n.* Lacagta Jabaanka.
**yes** *(yes) adv.* Haa, aqbalaad.
**yesterday** *(yestadey) n., adj.* Shalay, maanta maalintii ka horreysay.
**yet** *(yet) adv.* Weli, sida: Weli muusan imaan Cali.
**yield** *(yiild) v., n.* Wax soo saar dabiici ah bixisa, bixiya wax soo saarid lagu macaasho, laga helo miro, iwm.; wax-soo-saar, midhaha soo baxa.
**yoghourt, yogurt** *(yoogat) n.* Caano la fadhiisiyey, ciir.
**yoke** *(yowk) n.* Harkhoodka ama harqoodka.
**yolk** *(yowk) n.* Ukunta inteeda dhexe ee huruudka ah.
**you** *(yuu) pron.*Adiga, idinka (wadar).
**young** (yang) adj. Da'yar (aan gaboobin), dhallin yar.
**your** *(yu'ar) adj.* Kaaga, kiina (wadar).
**yours** *(yu'arz) adj., pron.* Waxaaga.
**yourself** *(yooself) pron.* Naftaada, qudhaada, iskaa.
**youth** *(yuuth) n.* Dhallin-yaro.

# Z

**zany** *(zeyni) n.* Qof wuxu sameeyaa kaa qosliyaan, jaajaale, qof mansuukh ah, segagar.
**zeal** *(ziil) n.* Khushuuc, u qiirood, xamaasad.
**zealous** *(zelas) adj.* Khushuuc badan leh, qiiro farxadeed leh, xamasad leh.
**zealot** *(zelat) n.* Qofka qiiro weyn u haya diin, xusbi, wax dhacay, iwm.
**zebra** *(zebra/ziibra) n.* Gunburi, dameer-dibadeed.
**zebu** *(ziibuu) n.* Xayawaan ama xoolo la dhaqdo oo dibida u eg (waxaa laga helaa Asiya iyo Afrikada bari).
**zenith** *(zenith) n.* Meesha ugu saraysa, kugta: He reached the zenith of his achievements.
zero (ziyerow) n. Eber, 0.
**zest** *(zest) n.* Ahmiyad weyn; farxad siyaado ah, xamaasad siyaado ah: He showed zest for his work; she brought zest to the party.
**zig-zag** *(zigzaag) v., n.* Layn ama waddo dhuuban oo qalqaloocan, xaglo leh.
**zip** *(zip) v.* Shanqadha ka baxda rasaasta (xabbad) hawada maraysa ama maro la jeexay; sibka dharka.
**zip (fastener)** *(zipfaasana) n.* Siibka dharka lagu tosho ee ilkaha isgala leh; **zip up** xidhis sibka.
**zone** (zown) n. Degmo.
**zoo** (zuu) n. Beerta xayawaanka la daawado lagu dhaqo.
**zoology** *(zuuwalaji) n.* Cilmiga sayniska xayawaanka.

ADDENDUM

These extra pages are provided for you to collect additional vocabulary useful to you

# ADDENDUM

These extra pages are provided for you to collect additional vocabulary useful to you

# ADDENDUM

These extra pages are provided for you to collect additional vocabulary useful to you

HAAN Associates are specialist publishers of material on and for the Horn of Africa. A selection of our dual-language educational materials for Somali speakers are as follows:

***New Student Dictionary: Dikshaneeriga Cusub Ee Ardayda***
Editor: S.M. Adam; 1SBN 1 874209 33 2, LONDON 1999
***Barashada Naxwaha af Soomaaliga*** *(A Somali School Grammar)*
A. Puglielli, A.O. Mansur; 1SBN 1 874209 03 0, LONDON 1999
***Furaha Layliyada Barashada Naxwaha af Soomaaliga*** *(Answers to Exercises in A Somali School Grammar)*
A. Puglielli, A.O. Mansur; ISBN 1 874209 53 7, LONDON 1999
***Somali Learner's Dictionary: Qaamuuska Barashada***
Jawahir Abdulla Farah, ISBN 1 874209 70 7, REVISED EDN 1994
***Somali-English Phrasebook for Schools***
A. Suleiman, ISBN 1 874209 35 9, SIXTH PRINTING 1998

HAAN Associates titles in English on the Horn of Africa, for the specialist and non-specialist reader with an interest in the area, cover social and cultural anthropology, politics and society, media and communications, literature, poetry and folklore.

Haan International Standard Book Numbering prefix is 1 874209

Enquiries on availability of Haan books in your country, Rights enquires, current catalogue, etc., should be directed to

Haan Associates Publishing, PO Box 607, London SW16 1EB
Tel: +44 (0)181769 8282 . Fax: +44 (0)181 677 5568
e-mail: mail@haan.demon.co.uk